Egmont R. Koch, geboren 1950, studierte Biochemie und Biologie in Hannover und Bremen. Er ist als Autor zahlreicher investigativer Fernsehfilme bekannt geworden, u. a. »Gesucht wird... Edelhoffs Giftmüll«, »Gesucht wird... Bombengeschäft«, »Grenzenlose Geschäfte«. Koch schreibt auch für den STERN und GEO und ist Buchautor: »Seveso ist überall« (1978), »Im Ernstfall hilflos« (1980, 1986), »Die Lage der Nation. Umwelt-Atlas der Bundesrepublik« (1983, 1985), »Im Kopf ein Paradies« (1984).

Von Egmont R. Koch ist in Zusammenarbeit mit Holge Koppe außerdem erschienen:

Bombengeschäfte (Band 4865)

Dieses Buch wurde auf chlor- und säurefreiem Papier gedruckt.

Vollständige Taschenbuchausgabe Juli 1992
Droemersche Verlagsanstalt Th. Knaur Nachf., München

Umschlaggestaltung Manfred Waller, Reinbek
Umschlagabbildung The Image Bank/Jerry Kolacz
Satz MPM, Wasserburg
Druck und Bindung Elsnerdruck, Berlin
Printed in Germany 5 4 3 2 1
ISBN 3-426-04864-7

Egmont R. Koch

Grenzenlose Geschäfte

Organisierte Wirtschaftskriminalität in Europa

kn219

Knaur®

Mitarbeit am Kapitel »Um Knopf und Kragen«:
Heinz Hünger

Inhalt

Vorbemerkung

Unter den Wirtschaftsganoven gibt es Fußvolk und Spitzenkräfte, miese Typen und »ehrenwerte« Kaufleute: Es gibt Nepper, Schlepper und Bauernfänger, die auf Kaffeefahrten mit gestohlenen Perserteppichen, Hehlerware oder billigem Schund alte und gutgläubige Menschen um ihre Ersparnisse bringen — unzählige ungelöste Aktenzeichen, denen der »Fernsehkommissar« Eduard Zimmermann fortwährend auf den Fersen ist. Und es gibt gewissermaßen die High-Society des Wirtschaftsbetrugs, eine Schar ausgebuffter, in gutes Tuch gekleideter Geschäftsleute, die ihre diversen Firmen und das Handwerk der Steuerhinterziehung so geschickt beherrschen wie Einbrecher Dietriche.

Von einigen dieser Geschäftsleute, ihren Helfern und Helfershelfern soll hier die Rede sein: von Syndikaten, die ihre heißen Waren quer durch Europa, mitunter auch von Kontinent zu Kontinent verschieben, nur um Spuren zu verwischen und ihre schwarzen Geschäfte am Fiskus vorbei ungestört betreiben zu können; von Organisationen, die Zigaretten und Alkohol auf Umwegen über den Ostblock nach Südeuropa und Nordafrika schmuggeln, Textilien aus Fernost illegal in die europäischen Märkte schleusen, verbotene Computer und Elektronik aus den USA und Westeuropa in die Staaten des Warschauer Pakts liefern, Zubehör für den Bau atomarer und chemischer Sprengsätze exportieren, und die, wenn es sein muß, auch mit Waffen und Drogen dealen, weil manche Länder grundsätzlich bei Schwarzmarktgeschäften nur eine Währung kennen: Waffen und Drogen.

Viele Euroganoven haben überall beste Beziehungen, verkehren mit Bossen und Politikern, in Westeuropa ebenso wie in der DDR oder in anderen Staaten des Ostblocks. Sie arbeiten, wenn es den Geschäften nützt, mit der süditalienischen Mafia oder Camorra und der spanischen ETA, dem terroristischen Flügel der baskischen Separatisten, zusammen. Sie bestechen Zöllner, lassen Frachtpapiere fälschen, Siegel brechen, und mitunter lassen sie auch schon einmal jemanden über die Klinge springen. Sie haben ihre Syndikate straff organisiert, regieren sie in der Regel aus der Schweiz, der europäischen Hochburg für Wirtschaftskriminelle, bedienen sich obskurer Mittelsmänner und Dutzender von Briefkastenfirmen, um die Zollfahnder in den Ländern der Europäischen Gemeinschaft an der Nase herumzuführen.

Als ich Anfang 1985 damit begann, ersten Hinweisen auf organisierte Wirtschaftskriminalität nachzugehen, hatte ich keine Vorstellung davon, in welchem Ausmaß es eine »Untergrundwirtschaft« in der Bundesrepublik Deutschland und in anderen europäischen Staaten gibt. Nach ersten Recherchen und Gesprächen trieb mich die journalistische Neugier dann auf die Spurensuche: Fast zwei Jahre lang prüfte ich Verdachtsmomente und Beschuldigungen, sammelte Fakten und Indizien, verfolgte dubiose Frachtsendungen quer durch Europa und gewann nach und nach das Vertrauen einiger Ermittlungsbeamter, Fahnder und Versicherungsagenten — und auch einer Reihe von Ganoven aus dem Mittelbau. Mit den Spitzenleuten, Geldgebern und Hintermännern habe ich dagegen keinen Kontakt gesucht. Ich versprach mir davon keine erhellenden Informationen und glaubte, auf deren »Moral von der Geschichte« gut verzichten zu können. Außerdem ging es auch um journalistischen Selbstschutz: Die größten Gangster haben stets auch die besten Anwälte. Meine Recherchen fanden ihren bisherigen Niederschlag in zwei Fernsehreportagen über Atomschmuggel nach Pakistan und Indien (ARD, 3. November 1986) und über Zigarettenschmuggel, die das ZDF am 6. Oktober 1987 unbeanstandet ausstrahlte, sowie diversen Beiträgen für den Stern. Die meisten Ergebnisse meiner Nachforschungen werden allerdings hier erstmals veröffentlicht.

Was kann dieses Buch, oder besser gefragt: Was kann es nicht? In realistischer Bescheidenheit kann und will es nicht den Anspruch erheben, alle Aspekte organisierter Wirtschaftskriminalität zu durchleuchten. Kein Reporter kann gleichzeitig in die Rolle Hunderter von Strafverfolgern schlüpfen, selbst wenn er eine Reihe von Mitstreitern hätte. Weder sind wir Journalisten auf diesem Gebiet Spezialisten, noch haben wir die Möglichkeit und schon gar nicht das Recht, beim Verfolgen, Aufdecken und Anprangern von Straftaten mit den dafür zuständigen staatlichen Institutionen in Konkurrenz zu treten. Ich sage dies, obwohl ich mir bewußt bin, daß gerade in Fällen großer und größter Wirtschaftskriminalität manche Strafverfolgung nur im Kriechgang betrieben wird und manches Gericht zu — ich will mich vorsichtig ausdrücken — recht merkwürdigen oder wenigstens merkwürdig milden Urteilen gelangt. Die Presse hat ihre Funktion einer »vierten Gewalt« zu erfüllen, ohne die Rolle der dritten Gewalt, der Rechtsprechung, übernehmen zu dürfen. Wir Journalisten beobachten und hören zu, wir stellen je nach Bedarf phantasievolle, unbequeme oder auch naive Fragen, und wir genießen durchaus einige Privilegien gegenüber den staatlichen Ermittlern: Wir können zu jeder Zeit an jedem Ort Recherchen führen und auf unkonventionelle Weise mit unkonventionell arbeitenden Personen, auf dieser wie auf jener Seite des Gesetzes, in Kontakt treten.

Indes müssen wir uns hüten, mit unseren Veröffentlichungen den Fahndern ins Handwerk zu pfuschen. Ein Ganove, der aus der Presse den Stand der Ermittlungen gegen sich erfährt, weiß immer, was er unverzüglich zu tun hat, wie er Beweismittel beiseite schaffen oder gar sich selbst absetzen kann. Daher muß ich mir die Darstellung einiger aktueller Fälle vor allem im Bereich des Textilschmuggels in diesem Buch verkneifen, auch wenn das zugegebenermaßen schwerfällt.
Hinzu kommt etwas anderes: Kein Journalist kann mit auch nur annähernd hundertprozentiger Genauigkeit Ereignisse rekonstruieren, Zusammenhänge aufdecken, Tatbestände nachprüfen. Das Erinnerungsvermögen der meisten Beteiligten ist oftmals ebenso geschwächt, wie der Erinnerungswille von Eigeninteressen beeinflußt. Und nicht alle Dokumente sind in ihrem Aussagewert immer eindeutig zu interpretieren. Ein Journalist versucht sich daher vor Ungenauigkeiten und falschen Zeugnissen zu schützen, indem er seine Erkenntnisse anhand mehrerer Quellen überprüft, die nicht voneinander abhängig sein dürfen.
Diese Grenzen des sogenannten investigativen, nachforschenden Journalismus sollten Autor *und* Leser nicht vergessen. Wenn in diesem Buch gleichwohl eine Vielzahl von Personen und Großunternehmen namentlich in einem Atemzug mit organisierter Wirtschaftskriminalität genannt oder illegaler Machenschaften beschuldigt werden, dann deshalb, weil mir die Plausibilität der Fakten, Indizien und Verdachtsmomente nach umfangreichen und in obengenanntem Sinn sorgfältigen Recherche dafür ausreichend erscheint. Um auch den Leser davon zu überzeugen, habe ich zahlreiche wesentliche Dokumente als Faksimiles in den Text hineingenommen. Andere schriftliche Belege, auf die ich mich beziehe, sind in meinem Besitz, werden jedoch

mit Rücksicht auf meine Informanten nicht abgedruckt, weil sich oft aus Winzigkeiten Rückschlüsse auf die Herkunft der Unterlagen ziehen lassen. Berichte der deutschen Stafverfolgungsbehörden über das Gangstertum in der Wirtschaft werden, zumal wenn prominente Personen beteiligt sind, nur in abgezählten Exemplaren ausgegeben und neuerdings an versteckten Stellen unauffällig markiert, um gegebenenfalls ermitteln zu können, von welchem Exemplar eine Kopie angefertigt wurde. Dies sei, so wurde mir von kompetenter Seite glaubhaft versichert, eine interne Konsequenz aus der Weitergabe der Akten in der Flick-Parteispenden-Affäre an den SPIEGEL.

Das Material zu diesem Buch geht auf Gespräche mit schätzungsweise siebzig Personen zurück; mit etwa dreißig von ihnen bin ich mehrere Male zusammengetroffen. Gerne würde ich dem Leser jeden dieser Informanten nennen. Wegen der Brisanz des Themas kamen jedoch die Gespräche nur unter der Bedingung zustande, daß die Anonymität der Gewährsleute gewahrt bliebe. Im Text finden sich bei solchen Quellen allenfalls allgemein gehaltene Hinweise, die über Nationalität und Funktion, nicht jedoch über ihre Identität Aufschluß geben.

Andere Informanten, die häufiger oder ausführlich zu Wort kommen, habe ich mit veränderten Namen versehen, darunter auch die Gesprächspartner aus Ganovenkreisen, die kein unnötiges Risiko eingehen wollten. All diesen Informanten bin ich zu großem Dank verpflichtet. Der Tatsache, daß sie sich über Anweisungen, Verbote, geschriebene oder ungeschriebene Gesetze hinwegsetzten, verdanke ich ganz wesentliche Erkenntnisse.

Danken möchte ich auch einigen Kollegen, zu allererst Heinz Hünger in München, einem Journalisten mit jahrelangen Erfahrungen auf dem Gebiet des Textilschmuggels,

der wesentlich am dritten Kapitel (»Um Knopf und Kragen«) mitgewirkt hat; daneben haben Jean Marie Stoerkel in Mülhausen, Simon Henderson in London, Irene Meichsner in Köln und Jürgen Roth in Frankfurt auf die eine oder andere Weise meine Arbeit unterstützt.
Nicht zuletzt danke ich Wolfgang Schuler, der gleich mit seinem ersten eigenen Verlagsprogramm den Mut beweist, dieses Buch zu veröffentlichen. Das ist, wie ich erfahren habe, keine Selbstverständlichkeit: Jener Mut kam nämlich meinem bisherigen Verleger, der sich noch dazu für die Speerspitze des unbequemen, nachforschenden Journalismus in der Bundesrepublik hält, einige Wochen vor dem vereinbarten Erscheinungstermin abhanden, als ihn ein Anwalt auf mögliche rechtliche Konsequenzen der Veröffentlichung hinwies. Es verunsicherte ihn offenbar nicht, daß gerade der Partner des besagten Anwalts just einen der Oberganoven vertritt, über die ich in diesem Buch ausführlich berichte.

Bremen, im Dezember 1987 *Egmont R. Koch*

EUROGANOVEN

Nach der im Jahr 1986 vom Bundesjustizministerium veröffentlichten Statistik wurden 1985 mehr als eine halbe Million Wirtschaftsstraftaten von den Staatsanwaltschaften erfaßt, die Anzahl der abgeschlossenen Ermittlungen erreichte mit 3939 Verfahren ebenso einen Höchststand gegenüber den Vorjahren wie die Anzahl der Beschuldigten mit 7542. In 57 Prozent der Fälle wurde der Staat von den Wirtschaftsganoven zur Ader gelassen, in 33 Prozent ein fremdes Unternehmen, in zehn Prozent der eigene Arbeitgeber, bei dem der Täter meist in verantwortlicher Position tätig war. Nach den offiziellen Angaben summiert sich der Gesamtschaden auf 4,4 Milliarden Mark, wobei allerdings bei einem Teil der Verfahren das Schadensausmaß überhaupt nicht festzustellen war. Und niemand bezweifelt, daß in kaum einem anderen Bereich der Kriminalität die Aufklärungsquote so gering, die Dunkelziffer so hoch ist wie bei Wirtschaftsverbrechen.
Das Schwarzgeldbusiness kommt nach Schätzungen von Günther Kaiser von der Forschungsgruppe Kriminologie des Max-Planck-Instituts für ausländisches und internationales Strafrecht in Freiburg deshalb auf ein Geschäftsvolumen von neunzig Milliarden Mark. Das entspräche rund einem Drittel des Bundeshaushalts. In den siebziger Jahren, so Kaiser, hätten die jährlichen Verluste bei »nur« etwa zehn bis fünfzig Milliarden Mark gelegen.
Aber auch diese Zahlen, fürchte ich, sind noch zu niedrig gegriffen. Denn das nur annähernde Ausmaß der Straftaten durch die »Verräter an der Marktwirtschaft« (so der 1976 verstorbene Nestor der deutschen Wirtschaftskriminali-

stik, Walter Zirpins) wird von den Geschädigten, in erster Linie dem Fiskus oder den betroffenen Unternehmen, in der Regel schamvoll verschwiegen. Es gilt einerseits, Nachahmungen zu vermeiden, andererseits, das Vertrauen in die Autorität des Staates oder die Seriosität der betreffenden Firma nicht zu gefährden. Deshalb ist es zum Beispiel bis heute nicht möglich, verläßliche Zahlen über die Computerkriminalität von den Großbanken zu erhalten. Und ich bin sicher, daß VW die Verluste des gigantischen Devisenskandals im eigenen Laden am liebsten in aller Stille abgebucht hätte, zumal das meiste Geld ja ohnehin unwiederbringlich verloren war. Unter dem Teppich haben solche Fälle wenigstens keine Folgeschäden — für Portemonnaie und Renommee.

Der Schaden illegaler Transaktionen in Privatbetrieben ist, auch wenn er auf die Dividende der Kleinaktionäre durchschlägt, nicht so immens wie bei der Hinterziehung von Steuern, die unmittelbar zu Finanzierungslücken in den öffentlichen Haushalten führt und damit in jedem Fall die Steuerzahler trifft. Aber es wird nicht nur die Allgemeinheit geschröpft, organisierte Wirtschaftskriminalität kann erhebliche Wettbewerbsverzerrungen und Betriebsschließungen, mithin die Vernichtung einheimischer Arbeitsplätze zur Folge haben. Wenn beispielsweise große Kauf- und Warenhäuser Textilien in Fernost produzieren und unter Umgehung internationaler Abkommen über dunkle Kanäle am Zoll vorbei auf den deutschen Markt schleusen, dann führt das auf den ersten Blick zu »sozialen Preisen« bei den Angeboten, weil diese Unternehmen billiger kalkulieren können. Doch spätestens auf den zweiten Blick wird deutlich, daß durch dieses kriminelle Verhalten viele Arbeiter in der bundesdeutschen Textilindustrie mittel- und langfristig ihren Job verlieren. Wirtschaftskriminelle schädigen

also nicht einen anonymen Staat, sondern die Allgemeinheit; sie bringen ihr Schäfchen ins trockene und ihr Kapital ins Tessin — auf unsere Kosten.
»Die Ausbreitung der Wirtschaftskriminalität hat derart zugenommen, daß die soziale Normenstruktur bedroht ist«, glaubt denn auch der Präsident der Deutschen Kriminologischen Gesellschaft, Armand Mergen. Mit anderen Worten: Wirtschaftsverbrechen stellen auch eine ernsthafte Bedrohung des Rechtsfriedens dar, weil das Rechtsempfinden des Bürgers ausgehöhlt wird. Da müsse doch der Arbeiter und Angestellte, der ohnehin kaum die Möglichkeit habe, das Finanzamt zu betrügen, weil die Lohnsteuer gleich abgezogen werde, das Gefühl bekommen, Korruption und Skrupellosigkeit lohne sich eben doch und führe zu Ansehen und Reichtum, als sei »freie Marktwirtschaft identisch mit Catch-as-catch-can«, meint der Frankfurter Juraprofessor Friedrich Geerds.
Dallas ist überall. Das Vertrauen in die Redlichkeit des Handels mit Waren und Dienstleistungen jedweder Art leidet erheblich unter Kaufleuten, die mit weißem Kragen, aber schmutziger Weste ihr Ziel der Profitmaximierung rücksichtslos verfolgen. Skandale wie die um die Neue Heimat oder den Flick-Konzern haben in der Öffentlichkeit den Eindruck verstärkt, daß eigentlich in allen Bereichen gemauschelt und unter Umgehung des Finanzamtes in die eigene Tasche (oder in schwarze Parteikassen) geschoben wird. Dennoch: in weiten Teilen der Bevölkerung ist das Unrechtsbewußtsein fast ebenso verkümmert wie bei den Wirtschaftsgangstern. Großschmuggler, Steuerhinterzieher und Kapitalflüchtige gelten, wenn sie nicht gerade mit Rauschgift und Waffen handeln, noch immer als wenig anrüchig, keineswegs als asoziale Elemente (obschon sie dies im Sinne des Wortes eigentlich sind). Sie genießen den Ruf

besonderer Cleverness, weil sie es verstehen, dem Fiskus ein Schnippchen zu schlagen, was eigentlich jeder möchte, der sieht, wie Vater Staat mit unserem Geld umgeht. Hinzu kommt: Die Größenordnungen, mit denen dort jongliert wird, liegen für den Durchschnittsbürger soweit jenseits der eigenen Einkünfte, daß ihr Abstraktionsgrad bei weitem das Schuldempfinden überschreitet. So gesehen ist jemand, der tausend Mark klaut oder unterschlägt, ein größerer Schuft als einer, der dem Finanzamt eine Million vorenthält.

Und wo das Unrechtsbewußtsein nicht sehr stark ausgeprägt ist, hält sich auch die Justiz vornehm zurück. Nur ein verschwindender Bruchteil der Prozesse bei Wirtschaftsstraftaten endet mit mehr als Bußgeldern oder Strafbefehlen. Gewinnabschöpfung oder Gefängnisstrafen, beide gehören durchaus zum möglichen Strafmaß für Wirtschaftskriminalität, bleiben die Ausnahme. Die Herren mit Nadelstreifen, Kroko-Aktenkoffer und Rolex am Arm laufen kaum Gefahr, ihre liebgewonnene, teure Umgebung mit dem wenig einladenden Ambiente einer Gefängniszelle tauschen zu müssen. Sollten die Ganoven dennoch einmal an einen »uneinsichtigen« Richter geraten und zu einer Freiheitsstrafe verurteilt werden, ist ihre Resozialisierung nie in Frage gestellt: bei der Entlassung eines hochkarätigen Wirtschaftsstraftäters, so erfuhr ich bei meinen Recherchen in einer deutschen Großstadt, habe es vor einigen Jahren statt Katerstimmung noch vor dem Gefängnistor ein Champagnerfrühstück gegeben.

Viele Wirtschaftsgangster von heute bedienen sich modernster Techniken, sie haben sich international organisiert, arbeiten über viele Grenzen hinweg. »Die Spezialisten und die Einzelkämpfer sterben aus«, macht mir Germain Sengelin deutlich. Sengelin ist Untersuchungsrichter im französischen Mülhausen, einem Knotenpunkt internationaler Schwerkriminalität.

»Früher haben sich viele der Ganoven auf einzelne Gebiete beschränkt. Wer Zigaretten schmuggelte, verschob vielleicht auch Alkohol, aber handelte weder mit Rauschgift noch mit Waffen.« Das sei heute anders geworden: »Internationale Gangs machen alles, was man sich denken kann: Gold- und Devisenschmuggel, Subventionsschwindel mit Lebensmitteln, Menschenhandel mit Afrikanerinnen für die europäischen Bordelle, Beschaffung und Vertrieb von Nobelkarossen für den Vorderen Orient. Sie schmuggeln Parfüm, Spirituosen, Zigaretten und Hemden ebenso wie Heroin und Kleinkalibergewehre.« Ist es die Mafia? Diese Frage wird immer wieder gestellt, wenn es um organisiertes Verbrechen geht, und tatsächlich geht es fast überall, wo sehr viel illegal verdientes Geld im Spiel ist, um organisiertes Verbrechen.

Doch was ist *die* Mafia? Der Begriff steht zunächst stellvertretend für vier kriminelle Großfamilien, die ihre Wurzeln in Süditalien und Sizilien haben: Mafia, Camorra, 'Ndrangheta und Cosa Nostra. Von Mafia und Mafiamethoden spricht man inzwischen allerdings auch bei allgemeinen kriminellen Interessengruppen, die über eine klare Hierarchie verfügen und in denen ähnliche Strukturen wie in den Großfamilien existieren, »weil sie sich als zweckmäßig erwiesen haben, um zu Geld zu kommen und die Polizei zu

unterlaufen«, schreibt Dagobert Lindlau in seinem hervorragenden Buch *Der Mob* (1987). Sein Fazit des Definitionsstreits: »Die Mafia ist organisiertes Verbrechen. Aber bei weitem nicht jedes organisierte Verbrechen ist Mafia.«
Was haben danach internationale Wirtschaftsverbrechen mit der Mafia zu tun? Schutzgelderpressungen, illegales Glücksspiel, Rauschgifthandel, Domänen der Mafia also, dazu alle Formen des Geschäfts mit Angst und Gewalt, spielen bei den internationalen Syndikaten, die Steuern hinterziehen und Produkte illegal vertreiben, wenn überhaupt, dann nur eine untergeordnete Rolle. Zwar sind in Süditalien Mafia, Camorra und 'Ndrangheta nicht nur am Drogen- und Waffenhandel, sondern auch am Zigarettenschmuggel beteiligt (einige der in der Schweiz lebenden Finanziers des Großschmuggels verfügen über blendende Kontakte dorthin), aber die Formen von organisierter Wirtschaftskriminalität, von denen in diesem Buch die Rede sein soll, haben nur am Rande mit der Mafia im engeren Sinne zu tun.
Das hängt nicht so sehr mit einer Ganovenmoral zusammen, auf die ich bei den Tätern immer wieder gestoßen bin (»Zigaretten: ja, Heroin: um Gottes willen, nein!«), sondern mit der pragmatischen Erkenntnis, daß Schmuggelgeschäfte und Steuerhinterziehungen gerade in Südeuropa von den Behörden noch äußerst lax geahndet, fast geduldet werden, bei Rauschgift und Waffen inzwischen aber selbst italienische, griechische und spanische Staatsanwälte und Richter keinen Spaß mehr verstehen. Und schließlich haben die meisten der Wirtschaftsstraftatbestände, von denen hier die Rede ist, in jenen Ländern ihren Ursprung, in denen ökonomische Potenz und Bruttosozialprodukt hoch sind: in der Schweiz, in der Bundesrepublik Deutschland, in den Beneluxstaaten.

Mafiöses Verhalten im Sinne der klaren Rangordnung, der Abschottung nach außen, der Korruption ist in solchen Konföderationen hingegen durchaus anzutreffen. Auch die Methoden der Einschüchterung, der Nötigung und des psychischen Terrors sind, wie ich festgestellt habe, jenen Weiße-Kragen-Trägern nicht fremd, die sich wahrscheinlich mit allen juristischen Mitteln gegen die Verdächtigung verwahren würden, sie seien Mafiosi. Bei der organisierten Wirtschaftskriminalität, so kann man vielleicht zusammenfassen, heiligt der Zweck, Steuern zu hinterziehen, zwar viele und viele nicht eben feine Mittel, aber nicht *alle* Mittel. Noch nicht jedenfalls.

Konto in Vaduz, Villa im Tessin

Vaduz, Fürstentum Liechtenstein. Ein unscheinbares Städtchen, weder alt noch neu, weder Fisch noch Fleisch, am auffälligsten die Burg des Fürsten am Berg — illuminiert bei Nacht. Und dennoch hat diese Kleinstadt wie tausend andere eine ungewöhnliche Anziehungskraft, weniger für Touristen, mehr für Steuerflüchtlinge, die ihr Kapital vor dem Fiskus verbergen und somit uneingeschränkt genießen wollen. Der Reichtum in Liechtenstein freilich bleibt dem Auge weitestgehend verborgen: Auf den Straßen sieht man kaum größere Limousinen, Nobellokale sind selten, die Läden wenig exklusiv. Kein Wunder: Das Kapital ist in Vaduz, Schaan, Balzers und Triesen nicht konkret-materiell anwesend, sondern nur auf dem Papier — also auf dem Bankkonto. Ist eine Firma mit Sitz in Vaduz an internationalen Geschäften beteiligt, werden Zollfahnder und Steuerermittler meist hellhörig: Hinter der Fassade zu vieler Treuhandgesellschaften verbergen sich krumme Finanztransaktionen — mit dem ausschließlichen Ziel, dem Fiskus in den EG-Staaten vorzuenthalten, was ihm eigentlich zusteht. Domizilfirmen in den Steueroasen Panama, Monaco, den Kanalinseln und Liechtenstein ermöglichen oder erleichtern Betrugsmanöver in großem und größtem Stil. Bei organisierter Wirtschaftskriminalität und Gaunerstücken jedweder Art sind fast immer Adressen in diesen Kleinststaaten mit von der Partie, weil sich dubiose Geschäfte auf solche Weise anonym und ohne Aufsehen abwickeln lassen. Einem minimalen Einsatz steht ein maximaler Gewinn gegenüber — das nährt den mitunter freilich auch unberechtigten Verdacht, wer in den Steuerparadiesen über einen Briefkasten verfügt, habe auch dem Finanzamt etwas zu verbergen, wenn nicht gar Dreck am Stecken.

Liechtenstein ist das bekannteste Briefkastenimperium in Europa. 26 000 Landeskindern stehen allein in Vaduz mehr als 30 000 Firmenadressen gegenüber. Die meisten Unternehmen sind in der Rechtsform einer Anstalt des liechtensteinischen Rechts registriert, einer einzigartigen Konstruktion, zu der es in anderen europäischen Ländern keine Parallele gibt. Ohne die Gründer einer solchen Anstalt irgendwelchen Verpflichtungen oder Verbindlichkeiten zu unterwerfen, sichert sie dem Fiskus, und damit dem Fürsten, eine zusätzliche Einnahmequelle und einer Hundertschaft von Rechtsanwälten, Steuer- und Unternehmensberatern liechtensteinischer Staatsbürgerschaft eine fette Pfründe. Die Treuhandgesellschaften sind die wichtigste Säule, auf die sich die Existenz des Fürstentums stützt.

Anstaltseigner in Liechtenstein kann jeder werden, ohne Ansehen seiner Nationalität — oder seines Vorstrafenregisters. Einzige Bedingung: Er muß ein Gesellschaftskapital von 30 000 Schweizer Franken bereitstellen, über das er allerdings nach der Eintragung in das Handelsregister wieder verfügen kann. Folge: Im Fall der Zahlungsunfähigkeit bekommen die Gläubiger keinen Rappen zu sehen, wenn das Anstaltskapital bereits für laufende Geschäfte eingesetzt wurde — was der Regel entspricht. Die Gesellschaft haftet also de facto nicht mit der Einlage wie eine GmbH oder eine GmbH & Co KG in der Bundesrepublik. Der frühere Hofer Oberstaatsanwalt Dr. Rudolf Müller, der eine Reihe von Ermittlungen gegen europäische Textilganoven leitete (vgl. Seite 179), hat die Anstalten des liechtensteinischen Rechts deshalb einmal als ein »Nichts mit beschränkter Haftung« bezeichnet.

Für die Gründung einer Anstalt benötigt man einen vertrauenerweckenden Namen und einen der zahllosen Treuhandverwalter, im Volksmund häufig abwertend als »Briefkastenleerer« bezeichnet. Dieser sorgt dann für die wenigen Formalitäten: die Abführung der Gründungskapitalsteuer und sonstiger Gebühren an die fürstliche Steuerverwaltung, die Eintragung ins Handelsregister. Als Gegenleistung wird der Treuhänder zum Verwaltungsrat der neugegründeten Firma ernannt, mit einem Jahressalär von 3000 Schweizer Franken. Da er diese Funktion für vielleicht zwei, vielleicht drei oder vier Dutzend andere Anstalten ausübt, kommen fürs Nichtstun schon recht ordentliche Einkommen zustande. Die Institution des Verwaltungsrates ist gesetzlich vorgeschrieben. Er muß Liechtensteiner, darüber hinaus rechtskundig sein, muß bestimmte Qualifikationsmerkmale aufweisen. Von der Verantwortung für die Geschäftsaktivitäten der Anstalten ist der Verwaltungsrat laut Mandatsvertrag entbunden, auch für die Seriosität oder Bonität steht er natürlich nicht gerade.

Der Anstaltseigner wird in der Regel weder in der Gründungsurkunde noch in den Statuten oder im Handelsregister namentlich genannt. Er bleibt anonym, trifft aber als Alleinherrscher sämtliche Entscheidungen und ist niemandem Rechenschaft schuldig. Sowohl der Verwaltungsrat als auch der — zumeist mit diesem identische — Repräsentant in Liechtenstein sind nicht mehr als Gallionsfiguren, an Weisungen gebundene Befehlsempfänger. Die Anstaltseigner dagegen können nach Belieben die Statuten ändern, den Verwaltungsrat feuern, die Anstalt liquidieren, vererben oder verkaufen.

Die Liechtensteiner Treuhänder selbst halten ihre Tätigkeit naturgemäß für einen Ausbund an Seriosität. Dr. Peter Ritter zum Beispiel, Chef der Vaduzer Präsidial-Anstalt, verkündete im September 1986 in der Schweizer Wirtschaftszeitschrift *Bilanz*, das Fürstentum habe »im Kampf um seinen guten Ruf... entschlossen den Weg in die Sorgfalt eingeschlagen«. Deshalb sei inzwischen gewährleistet: »Zweifelhafte Elemente haben keine Chance mehr, unsere Institutionen zu mißbrauchen.«

Zwei Monate später berichtete wiederum die *Bilanz* über denselben Herrn Ritter, er werde beschuldigt, zusammen mit einem Luzerner Finanzakrobaten undurchsichtige Geschäfte zu Lasten des süddeutschen Medienkonzerns Rheinpfalz betrieben zu haben. Der Rheinpfalz-Chef bekundete laut *Bilanz*, »mit dem Doktor Ritter noch ein Wörtchen reden« zu müssen.

Und wieder einige Monate später stellte sich heraus, daß eben dieser Peter Ritter auch in zwielichtige Transaktionen mit verbotener Atomtechnik verwickelt ist (vgl. Seite 267).

Und schließlich berichtete der *Spiegel* in der letzten Woche des Jahres 1987, der Hauptakteur in der VW-Devisenaffäre, Joachim Schmidt, habe rund zehn Millionen Mark, den größten Teil seines ergaunerten Vermögens, bei der Präsidial-Anstalt »geparkt« — in der Hoffnung, diese Summe VW vorenthalten und damit nach der Haft einen Neuanfang wagen zu können.

202

Vaduz (0 75)

Treuhandgesellschaften und -büros Hasler Lisbeth Haus Montana Buchenweg 6 2 97 87
Treuhandgesellschaften und -büros Hasler Ludwig Erben Egertastr. 15 2 11 73
Treuhandgesellschaften und -büros Hilti Gottlieb jun. Haus Obera Altenbach 8 2 39 13 2 43 54

Treuhandgesellschaften und -büros Hilti Eduard Treuhand AG Schwefelstr. 33 2 37 88 2 60 55 2 83 11
Treuhandgesellschaften und -büros Industrie- und Finanzkontor Etablissement Altenbach 8 2 21 35
Treuhandgesellschaften und -büros Juricon Treuhand Anstalt Lettstr. 37 2 49 42

- Kafina AG Zweigstelle Vaduz Schaanerstr. 13 2 80 30

Treuhandgesellschaften und -büros Kaiser Silvia Rhätikonstr. 31 2 69 24
Treuhandgesellschaften und -büros Konsolidations-Anstalt Gründungen Austr. 42 2 62 82
Treuhandgesellschaften und -büros Kranz Helmuth Rechts- und Treuhand-Büro Heiligkreuz 14 2 48 56
Treuhandgesellschaften und -büros Laternser Franz R. Finanz- u. Vermögensverwaltungen Mitteldorf 1 2 19 92
Treuhandgesellschaften und -büros Marxer Horst Dr. iur. Lettstr. 4 2 86 55 2 85 33
Treuhandgesellschaften und -büros Mercotrust AG Aeulestr. 5 2 77 97
Treuhandgesellschaften und -büros Miselva Etablissement Josef-Rheinberger-Str. 29 2 22 95 2 88 66
Treuhandgesellschaften und -büros Näff Treuhand AG Aeulestr. 45 2 93 99
Treuhandgesellschaften und -büros Nägele Treuhand AG 9495 Triesen Landstr. 670 2 42 14
Treuhandgesellschaften und -büros Ott Guntram Aeulestr. 56 2 21 10

Treuhandgesellschaften und -büros Treuhand-Anstalt Altmann Robert Beckagässli 10 2 21 81
Treuhandgesellschaften und -büros Treuhandgesellschaft Strub AG Pradafant 11 2 11 66
Treuhandgesellschaften und -büros Union-Revision KG Lettstr. 2 2 38 10
Treuhandgesellschaften und -büros Union-Treuhand Anstalt Steuer- u. Revisionspraxis Lettstr. 2 2 24 05
Treuhandgesellschaften und -büros WGE Verwaltungs- und Treuhand-AG Aeulestr. 80 2 90 20 Büro Eschen (FL) 3 20 80
Treuhandgesellschaften und -büros Wohlwend Joseph Städtle 11 2 14 14
Trevisor Treuhand u. Kontrollstellen Aktiengesellschaft Werdenberger Weg 11 2 55 66

Trivent AG
Herstellung und Vertrieb von Entlüftungsgeräten Produktion 2 89 11
Verkauf 2 12 21

Troisio Lucia Immagass 2 2 87 65
Trust für Verwaltung & Wirtschaftsberatung reg. Aeulestr. 5 2 42 88
Tschol Irene (-Matt) Prok. Bartlegroschstr. 3 2 37 62
Tschütscher Josef Kaufmann Landstr. 7 2 15 32
Tschütscher Siegbert Kaufmann Landstr. 5 2 37 65
Tschütscher Walter (-Ospelt) Direktor Kirchstr. 49 2 36 09
Tschugmell Maria Kindergärtnerin Pradafant 9 2 51 75
Tschugmell Otti (-Kerber) u. Fam. Erikaweg 16 2 58 74
TTB Tropical Timber AG Lettstr. 10 2 50 66
Tubamet Aktiengesellschaft Buchenweg 6 2 81 41
Türkischer Verein im FL Ebenholzschule Schlossstr. 38 2 59 49
Tuor Magnus Ing. HTL Schaaner Str. 6 2 73 25
Turnauer Industrie- und Familienstiftung Altenbach 1 2 89 60

Briefkastenimperium: Das Telefonbuch von Vaduz weist unzählige Treuhandgesellschaften auf. Die Präsidial-Anstalt soll in merkwürdige Geschäfte verstrickt sein.

Ergo: Was »zweifelhafte Elemente« einer liechtensteinischen Finanzpolitik sind, ist, fürchte ich, eine Frage des Maßstabs, den man anlegt. Das Fürstentum bleibt ein Paradies für Schwarzgeld und krumme Geschäfte. Die meisten Wirtschaftsganoven haben denn auch eine Adresse dort, Geschäftsanschrift und Wohnsitz jedoch zumeist in der Schweiz.

Eine andere Metropole für Wirtschaftskriminalität jeder Ausrichtung ist die Schweizer Stadt Zug, äußerlich kaum minder bieder und unscheinbar als Vaduz. Westlichen Nachrichtendiensten sind in Zug allein fünfzig Firmen bekannt, die meisten davon in der Baarer Straße ansässig, die sich in erster Linie oder sogar ausschließlich mit dem Schmuggel von High-Tech, Elektronik und Computern — Embargoware also — in den Ostblock befassen; auch heiße Geschäfte mit nuklearem Material und Zubehör für den Bau von Kernwaffen werden von Zug aus getätigt — dies alles unter den Augen der eidgenössischen Behörden, die sich auf den Standpunkt zu stellen scheinen: Solange keine Schweizer Gesetze gebrochen und wenigstens zeitweilig freiwillig Steuern gezahlt werden, interessieren uns die Aktivitäten der Kaufleute (oder ihrer Briefkastenfirmen) sehr wenig oder gar nicht.

Die Zusammenarbeit der Strafverfolgungsbehörden in den EG-Staaten mit den Kollegen in der Schweiz gestaltet sich daher fast immer schwierig, um nicht zu sagen unmöglich. Die Eidgenossen verschanzen sich hinter ihrem sehr ganovenfreundlichen Bank- und Steuergeheimnis, verzögern die Rechtshilfe oder verweigern sogar schlichtweg Auskünfte. Jede Zoll- und Steuerfahndungsstelle oder mit Wirtschaftsstrafsachen befaßte Staatsanwaltschaft in der Bundesrepublik verfügt diesbezüglich über einschlägige Erfahrungen. Zwar haben die Schweizer Justizministerin Elisabeth Kopp und ihr amerikanischer Kollege Edwin Meese Anfang November 1987 ein Memorandum zur bilateralen Rechtshilfe unterzeichnet; dabei wies Frau Kopp darauf hin, daß die Schweiz »bereit, willens und in der Lage« sei, mit ausländischen Behörden bei der Bekämpfung von internationalen Verbrechen weitestgehend zusammenzuarbeiten, solange die Souveränität ihres Landes gewahrt bleibe. Die Schweiz könne aber auf keinen Fall tolerieren, daß von Ermittlungsbehörden Rechtshilfekanäle umgangen würden. Die Berner Justizministerin verteidigte darüber hinaus nachdrücklich das Bankgeheimnis ihres Landes: Es sei keineswegs eine Schutzmauer, hinter der sich das Geld von Kriminellen aus aller Welt verstecken lasse.

Ob sich am Status quo etwas ändert, darf bezweifelt werden, weil die Schweiz Fragen ihrer Souveränität stets sehr eng auslegt. Und die beschriebenen inoffiziellen Informationskanäle sind keineswegs Einbahnstraßen. Einige der nach meinem Empfinden wackeren Eidgenossen, die hinter den Kulissen arbeiten und mit denen ich während der Recherchen zusammentraf, sehen das übrigens nicht anders. Der Frust hält sich in Grenzen, weil es »private Berufskontakte« zu den europäischen und amerikanischen Kollegen gibt. »Auf dem großen Dienstweg läuft doch nichts«, kritisierte einer von ihnen – »und das soll es wohl auch nicht.«

Für die Wirtschaftsgangster dürfte die Schweiz demnach auch in Zukunft als sicherer Hort Bestand haben. Dort, wo zum »rechtlich angenehmen Klima« das schöne Wetter kommt, im Tessin, haben infolgedessen viele Euroganoven ihren Wohnsitz. Über die Banken des Kantons fließt wohl der größte Teil schwarzen Geldes in ganz Europa. In und um Lugano sind Mafiosi, Waffenhändler und Großschmuggler versammelt wie nirgendwo sonst auf der Welt. Die sonnige Stadt am gleichnamigen See, nahe der italienischen

Grenze, zieht wie kaum eine andere zwielichtige Gestalten und Kriminelle aus allen Ländern, die Hautevolee der finanziellen Unterwelt, an.

»Das Tessin ist schon ein Kanton, wo die Polizei mitsieht und mithilft, wo sie ihren Segen gibt zu vielen dieser Geschäfte«, weiß einer der Wirtschaftsgangster, die in der attraktiven Umgebung von Lugano leben und sich regelmäßig mit Offiziellen zum »Meinungsaustausch« treffen. Er sei einmal eingeladen gewesen, »da waren auch Leute aus der Regierung, aus Bellinzona. Die haben mit Champagner den Boden aufgewaschen, die Flasche für fünfhundert Franken. Die Kaviarbrötchen wurden an die Wand geschmissen. Man glaubte, es seien Säue eingeladen.«

Freilich habe in der italienischen Schweiz Schmuggel, also gewerbsmäßige Steuerhinterziehung, schon immer eine andere Rolle gespielt als zum Beispiel in Zürich. So sei der Grenzübergang Chiasso seit Jahrzehnten für bestechliche Zöllner bekannt, erzählt er weiter. »Im Tessin ist der Schmuggel allerdings auch eine keineswegs anrüchige Beschäftigung. Wenn ich in Lugano auf das Gericht gehen muß und meine Schmuggelgeschäfte angesprochen werden, ist man darüber nicht entsetzt, das ist etwas ganz Normales. Es hat nicht einmal den Hauch von etwas Kriminellem.«

Eine solche Erfahrung habe ich auch gemacht: Als wir Anfang Juni 1987 bei den Dreharbeiten für die ZDF-Reportage über internationalen Zigarettenschmuggel einen der nach Erkenntnissen mehrerer europäischer Zollfahndungsbehörden Beteiligten, Corrado Bianchi, in seinem Apartmenthaus in Lugano, Via Casserinata, um ein Interview baten, schickte dieser seine Frau vor. Als sie bemerkte, daß gefilmt wurde, verständigte sie über die Haussprechanlage ihren Mann, der daraufhin seinen Anwalt rief. Die Kantonspolizei kam, beschlagnahmte sämtliches Filmmaterial, obwohl wir vor den Augen der Beamten die belichtete Rolle vernichteten und auf dem Rest nur Aufnahmen aus Italien waren. Trotz unseres Protestes konnte erst das vom ZDF eingeschaltete Schweizer Fernsehen die Staatsanwaltschaft des Kantons Tessin von der Notwendigkeit überzeugen, die konfiszierten Filme umgehend zu entwickeln und zu besichtigen. Rund sechs Wochen später gab sie das Material wieder frei. An unserer Begründung für die Filmaufnahmen zeigte weder die Kantonspolizei noch die Staatsanwaltschaft ein Interesse. Als ich den Beamten, der uns vernahm, fragte, ob er nicht auch überrascht gewesen sei, daß Corrado Bianchi selbst während der ganzen, rund zweistündigen Polizeiaktion vor dem Apartmenthaus in der Via Casserinata nicht heruntergekommen sei, sondern sich hinter seiner Frau und seinem Sohn verschanzt habe, rang er sich gerade noch ein Schmunzeln ab.

Löcher im Eisernen Vorhang

Zweimal im Jahr war Messe in Leipzig. Sie galt nicht nur als Konjunkturbarometer für den internationalen Handel, sondern stets auch als Nabelschau für die Leistungsfähigkeit der DDR-Wirtschaft. Zur Messezeit gaben sich Politiker aus West und Ost die Klinke in die Hand, bestimmten die politische Großwetterlage, indem sie die Minuten zählen, die der Staatsratsvorsitzende Erich Honecker für seine bundesdeutschen Gäste zur Verfügung stand. Das war die Leipziger Messe, wie sie regelmäßig in den Medien stattfand.

In Leipzig trafen sich aber regelmäßig auch Gestalten aus Ost und West, die die Öffentlichkeit scheuen wie der Teufel

das Weihwasser: Die Messe zog viele Wirtschaftsgangster an, für die es keinen Eisernen Vorhang gab, die zwischen Ost und West pendelten, mit Niederlassungen hüben wie drüben, und die im Doppelsinn des Wortes grenzenlose Geschäfte machten. Im Ringmessehaus hockten dann beispielsweise die Textilganoven zusammen und heckten neue Schmuggelmöglichkeiten aus, wie sich der innerdeutsche Handel, dieses sensibelste Instrument politischer Verständigung zwischen beiden deutschen Staaten, mißbrauchen ließe, um beispielsweise Hemden aus Fernost unter Mißachtung internationaler Quotenregelungen und unter Umgehung des bundesdeutschen Zolls in die Auslagen der Kaufhäuser und die Kataloge der Großversender zu bringen (vgl. Seite 175).
Noch interessanter waren freilich die Geschäftskontakte, die auf den Ausstellungsständen einer Reihe multinationaler DDR-Firmen geknüpft wurden: Da war zum Beispiel die Intrac Handelsgesellschaft mbH mit Sitz in Berlin-Pankow, Pestalozzistraße 5 bis 8. Laut Messekatalog des Jahres 1986 betrieb das Unternehmen »internationale Handelsgeschäfte aller Art, u. a. Kauf und Verkauf von Metallen, Erzen, Erdöl, Erdölprodukten und anderen Rohstoffen«. Die Intrac hatte eine Vielzahl ausländischer Töchter: unter anderem die Intrac S. A. in Lugano, die Intrac Americana Latina in Panama, die Elmsoka in Vaduz und die Intrac AG in West-Berlin. Hinter diesem Firmenkonsortium stand ein Mann: Ottokar Hermann. Er ist nach Einschätzung westlicher Nachrichtendienste einer der erfolgreichsten High-Tech-Händler, der Embargogüter über dunkle Kanäle in die DDR schmuggelte.
Noch bedeutender freilich ist Dr. Günther Forgber. »Wahrnehmung von Interessen für Industrie und Handel« steht reichlich mehrdeutig im Messekatalog. Seinen Wirkungsbe-

reich charakterisiert das Unternehmen Forgber, Berlin, Schlegelstraße 15, so: »Geschäftsvermittlung auf den Gebieten Textilmaschinenbau, allgemeiner Maschinenbau, Erzeugnisse der Elektronik für Wissenschaft, Forschung und Entwicklung« – das ist sogar eine ziemlich präzise Beschreibung seiner Tätigkeit. Da westliche Elektronik legal nicht in die DDR gelangen durfte, habe Forgber auch illegale Geschäfte vermittelt, seine Firma Exportcontact hatte Büros in Ost-Berlin, Zürich und Wien, erfahre ich. Das eröffnete manche Möglichkeit (vgl. Seite 229).
Wie Ottokar Hermann und Günther Forgber gehörte auch Joachim Farken zum Kreise der Ostberliner Beschaffer, die dem Ministerium für Außenhandel der DDR beziehungsweise dessen »Abteilung KoKo« (»Kommerzielle Koordinierung«) unterstanden. Das versichert man mir an kompetenter Stelle. Farken soll in der DDR-Hauptstadt neben einer Kunst und Antiquitäten GmbH auch die Delta GmbH betrieben haben. Dieses Unternehmen war, wie im Juli 1986 Recherchen des NDR-Redakteurs Joachim Wagner für *Panorama* ergaben, in Schiebereien mit Korn, Whisky, Wodka, Cognac und Rum verwickelt. Ein internationaler Schmuggelring hatte allein zwischen Mai und Dezember 1985 über 260000 Flaschen mit Hochprozentigem, darunter 36000 Flaschen Oldesloer Korn, aus der Bundesrepublik über die Niederlande nach Ost-Berlin geliefert. Die Delta GmbH, über deren Lager in Mühlenbeck, dreißig Kilometer außerhalb von Ost-Berlin, der Schnaps lief, hatte den Klaren »für die Versorgung von Diplomaten und Sonderbedarfsträgern in der DDR« geordert. In Wirklichkeit waren die Delta-Manager wie Farken Mitarbeiter des Staatssicherheitsdienstes der DDR, die mit diesen Schmuggelgeschäften westliche Devisen ergaunern sollten. Acht Prozent Provision vom Einkaufspreis strich der Stasi ein, dazu der Vermittler des

Blendende Kontakte: Die Ostberliner Firma Exportcontact wirbt regelmäßig auf der Leipziger Messe für ihre weltweiten Verbindungen zum internationalen Beschaffungsmarkt. Exportcontact hat Niederlassungen unter anderem in Zürich und Wien.

Ost-Berlins bester Mann: Dr. Günther Forgber, hier auf dem Flughafen Wien-Schwechat, gilt als Drahtzieher im illegalen West-Ost-Handel. (Foto: *Bunte*/Ruch)

krummen Ost-West-Geschäfts, Günther Forgber, noch einmal zwei Prozent. Dennoch lohnte sich für die bundesdeutschen Partner der Deal mit Delta: Oldesloer Korn zum Beispiel kostet im Großhandel auf dem bundesdeutschen Markt rund sieben, im Export dagegen nur knapp zwei Mark. Die riesige Preisdifferenz kommt durch die Branntwein- und Mehrwertsteuer zustande. Sie wurde von den Schnapsschiebern via Ost-Berlin hinterzogen, denn die Flaschen kamen natürlich aus Mühlenbeck in die Bundesrepublik zurück, über den Berliner Grenzübergang Prinzenstraße, unbehelligt vom deutschen Zoll. Kommentar des Vorstehers im Berliner Hauptzollamt Süd: Da sei »sicher nicht in allen Fällen mit der nötigen Aufmerksamkeit gehandelt« worden.

Später tauchten Oldesloer, Gorlowka oder Napoleon dann als Schwarzware auf dem bundesdeutschen Markt auf, der Aquavit zum Beispiel drei Mark unter dem Ladenpreis.

Lothar Schmittke (Name geändert) fuhr einige Male den Schnaps-Lkw aus den Niederlanden nach Berlin (Ost), bekam dann Skrupel und offenbarte sich der *Panorama*-Redaktion. Er weiß zu berichten, daß viele solcher Transaktionen zwischen dem kapitalistischen und dem kommunistischen Deutschland im Ostberliner Palast-Hotel abgesprochen werden. Das sei nach seinen Eindrücken ein »internationaler Treff der westlichen Geschäftswelt. Kaufen konnte man im Palast-Hotel bei diesen Geschäftsleuten alles: Kosmetika, Schnaps, Zigaretten, alles im großen Stil gegen harte Dollars«. Hinter den Gangstertouren mit dem Klassenfeind, so heißt es bei westlichen Nachrichtendiensten, stand der stellvertretende Leiter von KoKo, Manfred Seidel, hauptamtlich Offizier im besonderen Einsatz des DDR-Staatssicherheitsdienstes. Die Leitung der entsprechenden Abteilung im übergeordneten Ministerium für

Außenhandel soll in Händen von Staatssekretär Dr. Alexander Schalck-Golodkowsky gelegen haben.
Doch es geht beileibe nicht nur um Hemden, Kosmetik, Zigaretten und Spirituosen. Der DDR war zur Beschaffung von Westgeld nahezu jede Beteiligung am Schwarzhandel recht. Die SED wußte: Jeder Bundesregierung in Bonn, gleich welcher politischen Couleur, waren die Beziehungen zu Ost-Berlin viel zu wichtig, als daß sie energische Schritte gegen die dubiosen Wirtschaftsbeziehungen volkseigener Betriebe zu Wirtschaftsgangstern unternommen hätte. Man muß sich das einmal vergegenwärtigen: Da der innerdeutsche Handel keine Zollgrenzen kannte, zum Teil sogar indirekt aus dem Bonner Staatssäckel subventioniert wurde, nahmen Waren aus allen Teilen der Welt, die beim Grenzübertritt in die Europäische Gemeinschaft verzollt, also besteuert werden mußten, den lukrativen Umweg über die DDR. Und Ost-Berlin machte dann durch simplen Etikettenschwindel (»Made in the GDR«) aus x-beliebiger Ware x-beliebiger Herkunft DDR-Erzeugnisse.
Am Erlös war sie in Form harter Devisen beteiligt — sie bediente sich selbst aus der bundesdeutschen Steuerschatulle, zusammen mit den an solchen krummen Touren beteiligten Firmen und Kaufleuten. So gesehen lieferte der Arbeiter- und Bauernstaat auch nicht für etwa sieben Millionen Verrechnungseinheiten jährlich Ware zu uns, wie es in den amtlichen Statistiken heißt, sondern für wesentlich weniger. Ein Gutteil wurde lediglich durchgeschleust. In großem Stil praktiziert wurde auch der Stahlschmuggel mit Hilfe der DDR. Im November 1987 berichteten Zollfahnder aus Düsseldorf, 1985 und 1986 seien mindestens 160 000 Tonnen DDR-Stahl in die EG verschoben und dabei rund fünfzehn Millionen Mark an Zöllen hinterzogen worden. Eine Tonne Walzstahl aus der DDR kostete etwa siebenhun-

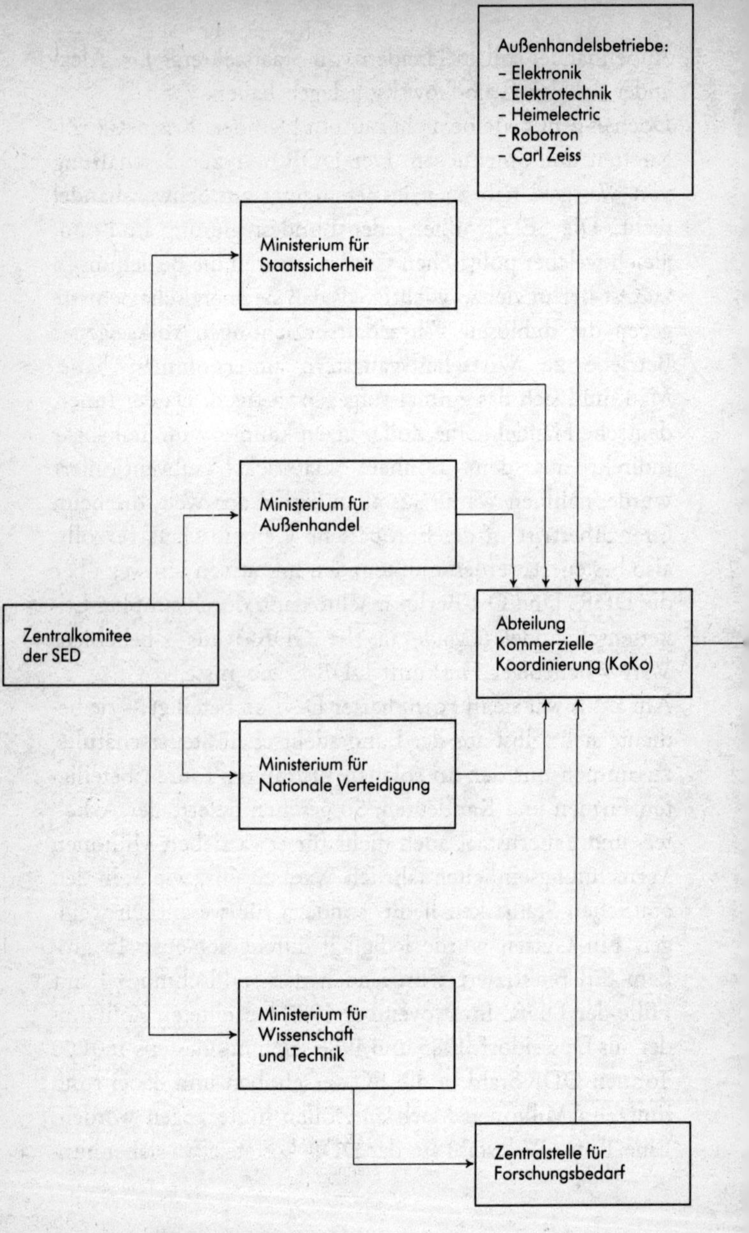
Außenhandelsbetriebe:
– Elektronik
– Elektrotechnik
– Heimelectric
– Robotron
– Carl Zeiss
Ministerium für Staatssicherheit
Ministerium für Außenhandel
Zentralkomitee der SED
Abteilung Kommerzielle Koordinierung (KoKo)
Ministerium für Nationale Verteidigung
Ministerium für Wissenschaft und Technik
Zentralstelle für Forschungsbedarf

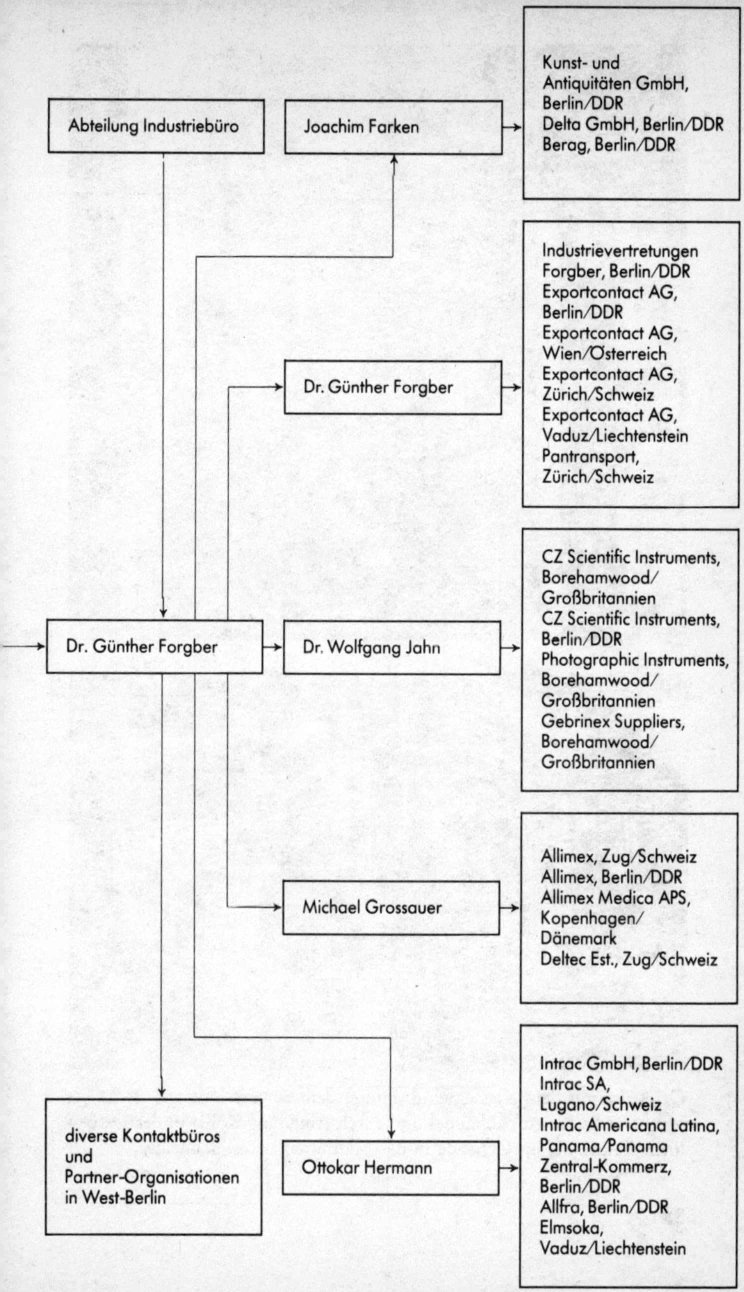
Abteilung Industriebüro
Joachim Farken
Kunst- und Antiquitäten GmbH, Berlin/DDR
Delta GmbH, Berlin/DDR
Berag, Berlin/DDR
Dr. Günther Forgber
Industrievertretungen Forgber, Berlin/DDR
Exportcontact AG, Berlin/DDR
Exportcontact AG, Wien/Österreich
Exportcontact AG, Zürich/Schweiz
Exportcontact AG, Vaduz/Liechtenstein
Pantransport, Zürich/Schweiz
Dr. Günther Forgber
Dr. Wolfgang Jahn
CZ Scientific Instruments, Borehamwood/Großbritannien
CZ Scientific Instruments, Berlin/DDR
Photographic Instruments, Borehamwood/Großbritannien
Gebrinex Suppliers, Borehamwood/Großbritannien
Michael Grossauer
Allimex, Zug/Schweiz
Allimex, Berlin/DDR
Allimex Medica APS, Kopenhagen/Dänemark
Deltec Est., Zug/Schweiz
diverse Kontaktbüros und Partner-Organisationen in West-Berlin
Ottokar Hermann
Intrac GmbH, Berlin/DDR
Intrac SA, Lugano/Schweiz
Intrac Americana Latina, Panama/Panama
Zentral-Kommerz, Berlin/DDR
Allfra, Berlin/DDR
Elmsoka, Vaduz/Liechtenstein

Geschäfte mit dem Klassenfeind: Hinter dem Steuerschmuggel steckt das Ministerium für Außenhandel und deren Abteilung KoKo in der Ostberliner Wallstraße, im Gebäude in der Bildmitte. (Fotos: Schneider)

dert Mark, neunhundert Mark der mit Steuergeldern subventionierte EG-Stahl. Dieser Differenz bei illegal eingeschleuster Ware stünde bei legalen Geschäften allenfalls eine Gewinnspanne von zehn Mark pro Tonne gegenüber, machte die Düsseldorfer Oberfinanzdirektion deutlich.

Eine undurchsichtige Rolle im Schwarzhandel und bei geheimdienstlichen Tätigkeiten zwischen Deutschland-Ost und Deutschland-West spielte jahrelang auch ein Mann namens Simon Goldenberg. 1974 und 1975 liefen in Wien zwei Prozesse gegen Alkoholschmuggler, die zwischen 1960 und 1972 gigantische Mengen Rohalkohol aus volkseigenen Brennereien in die Bundesrepublik und nach Österreich verschoben hatten, und dabei war Goldenberg mit seiner Firma Simetal als der Drahtzieher in Ost-Berlin entlarvt worden. Goldenberg wurde 1914 in Istanbul geboren, seine Familie mußte vor der Judenverfolgung in der Türkei fliehen, erst nach Kairo, dann, 1921, nach Paris. Als die Deutschen 1940 in Frankreich einfielen, wurden seine Eltern und zwei Geschwister verhaftet, sie kamen später in Auschwitz um. Goldenberg schloß sich der Resistance an, erhielt nach dem Krieg, 1948, die französische Staatsbürgerschaft. Sie wurde ihm vier Jahre später jedoch wieder aberkannt, nachdem er im April 1951 nach Ost-Berlin übergewechselt war, »weil ich dort gute geschäftliche Möglichkeiten sah«. Goldenberg lernte die Tochter eines hohen SED-Funktionärs kennen, heiratete sie, wurde DDR-Staatsbürger und durfte eine Privatfirma in Ost-Berlin gründen »Von Computern bis zu Südfrüchten« habe er mit allem Geschäfte gemacht, erinnert sich Goldenberg; der Jahresumsatz lag nach eigenem Bekunden bei einer »halben Milliarde Dollar«. Name seiner Firma: G. Simon Industrievertretungen, später kam noch die Firma Tradimex mit Sitz in Ost-Berlin und Paris hinzu.

BAYERISCHES LANDESAMT
FÜR VERFASSUNGSSCHUTZ

München, den [illegible]. Juli 1977
Briefanschrift: 8 München 33 · Postfach 269

Az.: IV A 1 - 111-P-060 470- 3/77 VS-Vertr.
Bei Rückantwort bitte Akte[illegible] angeben.

Herrn
Staatsminister
Dr. Alfred Seidl - persönlich -
Bayer. Staatsministerium
des Innern
Odeonsplatz 3
8000 M ü n c h e n 22

Der Bayerische Staatsminister des Innern
Eingel. 11. [illegible] 1977
Nr. [illegible]

GOLDENBERG Simon, geb. 17.09.1914 in Konstantinopel,
verh. Kaufmann, wohnt in Rang, Wendelsteinstr. 13,
LK Rosenheim

Sehr verehrter Herr Staatsminister,

Im Hinblick auf die Beziehungen des Vorsitzenden
der CSU, Herrn Dr. Franz Josef STRAUSS, zu den Gebr.
MÄRZ, darf ich Sie, sehr verehrter Herr Staatsminister,
um Entscheidung bitten, ob und gegebenenfalls welche
weiteren Klärungsmaßnahmen durchgeführt werden können.

Zwielichtige Figur: Der Ost-West-Händler Simon Goldenberg hat beste Kontakte zum Freundeskreis von Franz Josef Strauß, wie das Schreiben des Bayerischen Landesamtes für Verfassungsschutz (Ausriß) illustriert. (Foto: *stern*/Ebelseder)

Nach Erkenntnissen französischer Nachrichtendienste soll Goldenberg mit einem anderen Ostberliner Schwarzhändler namens Herschel Libermann alias Wischnewski bei allerlei illegalen Transaktionen zusammen gearbeitet und High-Tech, Embargoware, aus dem Westen in den Osten, Alkohol, Zigaretten und Waffen aus dem Osten in den Westen geschmuggelt haben. Der Untersuchungsrichter Germain Sengelin im elsässischen Mülhausen erzählte mir von Erkenntnissen des französischen Nachrichtendienstes Direction de la Surveillance du Territoire (DST). Danach sei Goldenberg angeblich ein Mitglied des östlichen Netzwerkes und in den »illegalen Zigaretten- und Waffenhandel zwischen der Bundesrepublik und Spanien« verwickelt gewesen, über den die militärisch organisierten baskischen Separatisten der ETA versorgt wurden. Sengelin: »Deutschen Quellen zufolge konnte diese Person in Bayern auf hochstehende politische Freunde und die Unterstützung rechtsextremer Gruppen zählen.«

1976 setzte sich Simon Goldenberg aus der DDR ab, siedelte nach Bayern über, Familie, Hausstand und Wertgegenstände folgten wenig später. Bei den Gebrüdern März, Freunden des CSU-Chefs Franz Josef Strauß, wurde Goldenberg zunächst aufgenommen. Nach eigener Aussage erhielt der Aussiedler innerhalb von vierzehn Tagen westdeutsche Papiere. Weitere pikante Details wurden durch das Buch *Operation Eva* von Frank P. Heigl über die Erinnerungen des bayerischen Staatsschützers Dr. Hans Langemann und den sich anschließenden Untersuchungsausschuß im Bayerischen Landtag bekannt: Der damalige Präsident des Bayerischen Landesamtes für Verfassungsschutz, Dr. Ziegler, habe kurz nach der Übersiedlung Goldenbergs in den Freistaat seinem Innenminister, Dr. Alfred Seidl, mitgeteilt, der Mann aus Ost-Berlin sei »1956 als Kontaktperson östlicher Nachrichtendienste und als Inhaber einer Ostberliner Firma bekannt, die sich u. a. mit dem Handel von Embargogütern befaßte«. Goldenberg durfte nach Meinung von Ziegler nur deshalb mit offiziellem Visum aus der DDR ausreisen, weil er mit »Veröffentlichung seiner Erfahrungen aus seiner DDR-Zeit gedroht habe«. Abschließend bat Ziegler um eine Entscheidung, was zu tun sei »im Hinblick auf die Beziehungen des Vorsitzenden der CSU, Herrn Dr. Franz Josef Strauß, zu den Gebr. März«.

Und dann geschah zunächst nichts. Erst fünf Jahre später wurde Simon Goldenberg zu seiner Vergangenheit in der DDR befragt. »Der Hintergrund dieser Angelegenheit«, so heißt es im Bericht der SPD-Minderheit im Untersuchungsausschuß des Bayerischen Landtags über die Affäre Langemann, »liegt noch weitgehend im dunkeln.« Und da wird er wohl auch bleiben, da kaum jemand ein Interesse daran hat, der Sache auf den Grund zu gehen.

Auch in Frankreich ist Simon Goldenberg inzwischen wieder gerne gesehen. Dreißig Jahre nach Aberkennung seiner französischen Staatsbürgerschaft verlieh ihm der damalige Bürgermeister von Paris und heutige Premierminister Jacques Chirac im Januar 1981 die Medaille der Stadt Paris. Goldenberg soll seitdem in Südfrankreich leben.

Heinrich Ashauer ist ein alter Hase beim Zoll mit ausgeprägtem Spürsinn. »Aus langer Berufserfahrung« wisse er, wie Zöllner einen Schmuggler an der Grenze erkennen. Man habe dann »ganz einfach so ein Blubbern in der Blase«.

Ashauer ist Chef des Zollkriminalinstituts (ZKI), das in einem unscheinbaren Gebäude in der Kölner Innenstadt untergebracht ist und von vielen Fahndern gerne als Bundeskriminalamt des Zolls oder als Zentrale der bundesdeutschen Finanzpolizei charakterisiert wird. Ein Blick hinter die Kulissen macht freilich deutlich, daß in dieser Einschätzung sehr viel Wunschdenken steckt, und das hängt – zumindest indirekt – auch mit dem Blasenblubbern des Chefs zusammen.

Die Behörde, 1952 zunächst als eine Art chemisches Laboratorium des Zolls gegründet (daher rührt der Begriff »Institut«), erhielt nach und nach die Aufgabe, die in- und ausländischen Informationen der Zollfahndungen zu sammeln, auszuwerten und die Ermittlungen der fast tausend Mitarbeiter in den insgesamt sechzehn bundesdeutschen Zollfahndungsämtern zu koordinieren. Doch erst seit 1986 sind diese Funktionen auch gesetzlich festgeschrieben. Die Leitstelle gegen Wirtschaftskriminalität wurde freilich personell und organisatorisch an eine der sechzehn Oberfinanzdirektionen angegliedert und nicht als selbständige Behörde direkt dem Bonner Bundesministerium der Finanzen unterstellt; nach Einschätzung der Insider, mit denen ich sprach, ist diese Hierarchie einer effektiven Arbeit mitunter eher hinderlich. Aber auch sonst hat das ZKI sicherlich noch nicht die Schlagkraft, um es mit vielen der Euroganoven aufnehmen zu können.

Die bei den Zollfahndungsämtern anfallenden Daten werden in einem Großrechner gespeichert (»Inzoll«). Ein Zollbeamter kann so bei einer Grenzkontrolle, wenn das berüchtigte Blubbern einmal ausbleibt, blitzschnell erfahren, ob die Person, die er gerade überprüft, in jüngerer Zeit beispielsweise als Rauschgiftschmuggler aufgefallen ist.
Die Grenzer werden auch vom ZKI darüber auf dem laufenden gehalten, welche Schmuggelverstecke und Schiebertricks gerade neu in Mode gekommen sind. Denn die Wirtschaftskriminellen wenden viel Phantasie auf, um immer neue Methoden auszutüfteln. Keine Ganovenbranche ist so innovativ wie die der Schmuggler und Schieber. Die Aufklärung der Zöllner über neue Tricks erfolgt über ein regelmäßig erscheinendes Informationsblättchen. Die Kommunikation gleicht dem Wettrennen zwischen Igel und Hase: Wenn sich die Grenzkontrolleure endlich kundig machen konnten, haben sich die Dealer schon etwas Neues ausgedacht. Es ist noch immer die Crux aller Zollfahnder, daß sie nur reagieren können und mit ihren Erkenntnissen immer Monate, manchmal Jahre den aktuellen Ereignissen hinterherhinken. Der Abstand ließe sich freilich erheblich verringern, der Erfolg von Fahndungsmaßnahmen damit um ein Vielfaches steigern.
Das gilt auch für die sogenannte Marktbeobachtung, bei der Preisbewegungen im In- und Ausland verfolgt, Angebote durchforstet, also gewissermaßen die wirtschaftlichen Rahmenbedingungen überprüft werden, die sich für Schmuggelaktionen als attraktiv und lukrativ erweisen könnten. Doch da für eine systematische Überwachung die personelle und finanzielle Ausstattung fehlt, bleibt auch dieser Bereich Stückwerk.
Um so wichtiger wäre es, alle Möglichkeiten der modernen Datenverarbeitung bei den Ermittlungen gegen Wirt-

schaftsgangster zu nutzen. Doch die Zollkriminalisten in Köln sind für Fälle hochkarätiger Wirtschaftskriminalität geradezu steinzeitlich ausgerüstet; mit Telefonen, Aktenordnern, betagten Schreibmaschinen und Karteikästen — die für jeden »Kunden« eine Extrakarte enthalten. Mangels leistungsfähiger EDV-Systeme, so wetterte im November 1986 das Fachblatt *Der Deutsche Zollbeamte*, sei die Verwaltung nicht in der Lage, »festzustellen, ob, wann und wo bestimmte Güter eingeführt worden sind, es sei denn, die Keller der Hauptzollämter werden wochenlang manuell nach den Einfuhrbelegen durchforstet«.

Alle Landeskriminalämter und — selbstredend — das Bundeskriminalamt verfügen mittlerweile über sehr aufwendige Datenverarbeitungssysteme. Nicht so das ZKI. Bis heute gelte die Devise Ashauers, so unken dessen Mitarbeiter: Wenn Ordnung im Karteikasten herrscht, wozu brauchen wir dann einen Computer?

Aber auch mit anderen Erschwernissen bei ihrer Arbeit müssen die ZKI-Fahnder leben: Der Reiseetat ist so gering bemessen, daß — schon wegen der dienstlichen Fernreisen des Chefs — im August meist die Mittel für das laufende Jahr aufgebraucht seien, versicherte man mir glaubhaft. Und sarkastisch fügte man hinzu: »Bürokratische Probleme gibt es überall. Aber glauben Sie, daß ab September Wirtschaftskriminalität in der Bundesrepublik nicht mehr stattfindet?«

Und die Euroganoven reiben sich die schmutzigen Hände. Nur einige hunderttausend Mark würde es kosten, das ZKI elektronisch auszurüsten — eine Summe, die sich ein Subventionsbetrüger mit einer einzigen Fuhre falsch deklarierten Fleisches erschwindeln kann. Von Waffengleichheit könne wohl ernsthaft keine Rede sein, erboste sich mein Gesprächspartner. Vielleicht ist sie ja auch gar nicht beabsichtigt?

Im zuständigen Bundesfinanzministerium sieht man das anders: Ministerialdirektor Walter Schmutzer, Leiter der Zollabteilung, vermag nicht zu erkennen, daß die Kölner Fahndungszentrale technisch unzureichend ausgestattet sei. Dabei waren sich die Teilnehmer einer deutsch-skandinavischen Tagung der Zollfahnder im Oktober 1986 in Hamburg »darüber einig«, daß der Unterstützung der Ermittlungen durch Datenverarbeitung »eine besondere Bedeutung zukommt. Durch die Nutzung der EDV kann eine Entlastung der Ermittlungsbeamten von zeit- und personalaufwendigen Auswerte-, Rechen- und Sortierarbeiten und damit eine wesentliche Beschleunigung der Ermittlungsarbeiten erreicht werden.« Leiter der Konferenz war übrigens Walter Schmutzer.

Es stellt sich also die Frage, ob es wirklich ein ernsthaftes Anliegen des Staates ist, Wirtschaftskriminalität wirksam zu bekämpfen. Oder geht es am Ende nur um ein Alibi?

Dieser Eindruck drängt sich mitunter auf. Schon die Entscheidung der Behörden, wie ermittelt wird, sagt viel darüber aus, ob Zoll- und Steuerfahndung zu Ergebnissen kommen wollen (sollen) oder nicht. Ausreichender Tatverdacht vorausgesetzt, kann entweder ein Durchsuchungsbeschluß erwirkt werden, um in einer Überraschungsaktion Unterlagen zu beschlagnahmen; die Finanzbeamten können aber auch bei der zuständigen Oberfinanzdirektion eine Betriebsprüfung (BP) anregen oder in Auftrag geben. Da eine BP dem entsprechenden Unternehmen natürlich beizeiten mitgeteilt, also nie überraschend vorgenommen wird, bleibt in jedem Fall ausreichend Zeit, Unterlagen verschwinden zu lassen oder Dokumente zu frisieren. »Wenn Sie einmal bei einigen Betriebsprüfungen dabei waren, dann haben Sie ein Gespür dafür, welche Papiere speziell für diesen Termin hin angefertigt, welche aussortiert wurden«, versicherte mir ein norddeutscher Zollfahnder. »So, und nun wissen Sie auch«, fuhr er, einmal in Rage, fort, »warum in der U-Boot-Affäre mit Südafrika bei den Werften und Firmen in Schleswig-Holstein vom Bundesfinanzministerium eine Betriebsprüfung veranlaßt wurde.«

Und die Staatsanwaltschaften? Gibt es dort genügend Sachverstand und Engagement, gegen Wirtschaftskriminalität vorzugehen? Von einigen Strafverfolgungsbehörden werden Weiße-Kragen-Delikte oftmals mit sehr viel Gleichgültigkeit oder Großzügigkeit behandelt, bedingt sicherlich auch durch die Tatsache, daß solche Verbrechen in der Regel schwer nachzuweisen sind. Zwar verabschiedete der Deutsche Bundestag im August 1986 das »Zweite Gesetz zur Bekämpfung der Wirtschaftskriminalität« und gab damit den Staatsanwaltschaften ein Instrument zur Bekämpfung der »neuen« Wirtschaftsstraftaten an die Hand. Für alle Formen der Computerkriminalität beispielsweise gibt es seitdem keine rechtlichen Freiräume mehr. Doch das Strafmaß spottet oftmals der Beschreibung: Die meisten Verstöße zum Beispiel gegen das Außenwirtschaftsgesetz (AWG), in dem unter anderem Exportbeschränkungen und -verbote für High-Tech, Waffen- und Atomtechnik festgelegt sind, werden mit Bußgeldern geahndet. Eine Abschöpfung der Gewinne, die nach dem Außenwirtschaftsgesetz ebenfalls möglich sei, werde nur in Ausnahmefällen vorgenommen, erfuhr ich hinter vorgehaltenen Hand beim Bundesamt für Wirtschaft in Eschborn, das als Behörde des Bundeswirtschaftsministeriums für die Überprüfungen im Rahmen des AWG zuständig ist.

Das Bundesamt will Ausfuhren ermöglichen, nicht jedoch unnötig erschweren. Daher kommen überführte Wirtschaftsstraftäter auch in der Regel glimpflich davon. Wie glimpflich, davon vermittelt der interne Bußgeldkatalog einen Eindruck, über den mich ein Mitarbeiter in Eschborn in Kenntnis setzte: Laut Definition werde zwischen einem »geringen« (200 bis 500 Mark), einem »mäßigen« (500 bis 1000 Mark), einem »mittleren« (1000 bis 10 000 Mark) und einem »spürbaren« Bußgeld (10 000 bis 50 000 Mark) unterschieden, behauptete mein Informant. Die Kategorie »spürbar« solle aber nur in schweren Ausnahmefällen zum Tragen kommen. Bußgelder bis 500 000 Mark, die möglich wären, und die einige Unternehmen dann nicht mehr aus der Portokasse zahlen könnten, sind in dieser Aufschlüsselung nicht vorgesehen.

Zu einem Gerichtsverfahren kommt es ohnehin nur äußerst selten. Und selbst dann gibt es Möglichkeiten, die ganze Affäre in aller Stille zu erledigen, in Form eines Strafbefehls – einem Urteilsspruch ohne öffentliche Verhandlung gewissermaßen. Im Fall von zwei leitenden Angestellten des Großversandhauses Quelle endeten die Ermittlungen wegen vorsätzlicher Steuerhinterziehung mit einem Strafbefehl über insgesamt rund 50 000 Mark. Zweieinhalb Jahre zuvor waren siebzig Fahnder und Staatsanwälte mit Durchsuchungsbeschlüssen in der Quelle-Hauptverwaltung eingefallen. Unverhältnismäßigkeit der Mittel nennt man so etwas wohl. Aber was war unverhältnismäßig – die Aktion oder die Strafe (vgl. Seite. 184)?

Die Weiße-Kragen-Ganoven genießen Schonzeit: erst bei den Ermittlungen, dann bei der Beurteilung ihrer Straftat, schließlich beim Strafmaß. Die Internationalität ihrer krummen Geschäfte erleichtert es ihnen überdies, in den allermeisten Fällen völlig ungeschoren davonzukommen. Selbst in den EG-Staaten ist es oft schwierig bis unmöglich, einen Straftäter für Delikte zu belangen, die er (auch) in einem anderen Land der Europäischen Gemeinschaft begangen hat. Der Deutschargentinier Guillermo Lüttich zum

Beispiel, nach dem hierzulande wegen Schmuggels und anderer Tatbestände gefahndet wird (vgl. Seite 55), lebt unbehelligt von den Behörden in Spanien und wird auf Beschluß des Kabinetts in Madrid auch nicht an die Bundesrepublik ausgeliefert. Und Rechtshilfeersuchen an die Schweiz, wo die meisten Euroganoven zu Hause sind, werden von den eidgenössischen Dienststellen ohnehin oftmals so lange hinausgezögert, bis die Straftat hier längst verjährt ist.

Und wenn sich dennoch einmal engagierte und couragierte Ermittlungsbeamte vom Zoll und von der Steuerfahndung und Staatsanwälte finden, die Schwierigkeiten bei der Aufklärung, langwierige Recherchen und komplizierte Sachverhalte nicht scheuen, verfügen die Wirtschaftsstraftäter in der Regel noch über politische Kontakte und Beziehungen, die sich nutzen lassen. Da ist, davon konnte ich mich bei meinen Recherchen mehrfach überzeugen, schon so mancher Fahnder als »übereifrig« disqualifiziert, zurückgepfiffen oder gar gemaßregelt und strafversetzt worden. An vielen Stellen machen sich deshalb Resignation und die Mentalität breit, statt der Großen lieber die Kleinen zu hängen und so wenigstens hin und wieder Erfolgserlebnisse zu verbuchen. »Wer tausendmal gegen eine verschlossene Tür gelaufen ist und es trotzdem unverdrossen weiter tut«, gestand mir einmal ein süddeutscher Zollfahnder mit ausreichender Erfahrung, dem seine Vorgesetzten genau bei einem solchen großen Fall das Rückgrat zu brechen versucht hatten, »ist entweder bekloppt oder hat eine reiche Frau geheiratet, um dann, wenn er endlich genug Blessuren hat, den Dienst quittieren zu können«.

DUTY FREE
AUF SCHWEIZER ART

Züricher Begegnungen

26. Januar 1986. In Zürich schneit es. Der zweiundvierzigjährige Geschäftsmann, der an diesem naßkalten Wintertag im vornehmen Hotel »Bellerive au Lac« absteigt und Zimmer 450, mit Seeblick, bezieht, nennt sich Ulrich Nettich. Er ist Deutschargentinier, in Buenos Aires geboren, lebt seit einigen Jahren in Spanien und macht Geschäfte mit allem, was lukrative Gewinne verspricht: Zigaretten und Alkoholschmuggel, Subventionsschwindel, Waffen- und Drogenhandel. Sein richtiger Name ist auch nicht Ulrich Nettich, sondern Guillermo Lüttich; seine Freunde rufen ihn »Pepe«.
Seit mehr als zehn Jahren organisiert Lüttich internationalen Schmuggel über den Hamburger Freihafen, hat blendende Kontakte zur organisierten Kriminalität und zu korrupten Zöllnern und Politikern in Italien, Spanien, Bulgarien und der Schweiz. Von den Staatsanwaltschaften in Hamburg und Zürich ist er zur Fahndung ausgeschrieben, wird von Interpol gesucht. Doch es heißt, er genieße den Schutz der baskischen ETA-Terroristen, die er mit Waffen versorge und die ihm dafür beim Zigarettenschmuggel nach Spanien behilflich seien. Schweizer und spanische Geheimdienste sind davon überzeugt, daß eine Reihe von Zöllnern am Grenzübergang Irun bei San Sebastian auf Lüttichs Gehaltsliste steht.
In Zürich ist Guillermo Lüttich an jenem 26. Januar 1986 mit Geschäftsleuten aus der Schweiz, Italien und der Bundesrepublik Deutschland verabredet, um neue Projekte abzusprechen. Dies alles ist detailliert in einem Dossier vermerkt, das ich aus einer gutinformierten Quelle in Bern erhalten habe. Offenbar werden einige von Lüttichs Ge-

schäftspartnern in der Schweiz seit einiger Zeit genau beobachtet, ihre Telefone überwacht. Was Pepe nicht ahnt: Auch ein deutscher V-Mann nimmt an den Gesprächen teil und faßt sie hinterher für die deutsche Zollfahndung zusammen.

In dem Bericht aus Bern heißt es weiter, daß kurz nach Lüttich alias Nettich zwei bekannte Figuren der Hamburger Unterwelt eintreffen. Mit ihnen will Lüttich einen Subventionsschwindel aushecken: Es geht um den »Export von Fleisch nach Angola, wobei das Fleisch gegen Eingeweide ausgetauscht werden soll, um dann illegale Zuschüsse der EG-Kasse in Brüssel zu erschleichen«.

Danach trifft Pepe sich mit Werner Denz und dessen Sohn Claudio aus Münchwilen, einem kleinen Nest im Kanton Aargau, nicht weit von der deutschen Grenze, zwischen Waldshut und Basel gelegen. Die Familie Denz beliefert mit ihrer Firma Algrado AG Duty-free-Läden mit zollfreien Zigaretten, Spirituosen und Parfümen; sie soll nach den Erkenntnissen der europäischen Zollfahnder seit etwa zwanzig Jahren eine Schmuggelorganisation aufgebaut haben.

Nachmittags stößt ein spanischer Polizeioffizier dazu, etwa vierzig Jahre alt, rund 1,70 Meter groß, dunkle Augen, dunkles Haar, von der Guardia Civil in Bilbao, dem dort nach eigenen Worten 64 Mann unterstehen. Seinen Namen nennt der Spanier nicht. Lüttich hat ihn mitgebracht, um seine ausgezeichneten Beziehungen unter Beweis zu stellen. Denz ist beeindruckt.

Dann kommt man zum Geschäftlichen: Pepe bietet an, fünfzehn Container Winston-Zigaretten mit einem Verkaufswert von rund 25 Millionen Mark nach Spanien zu schmuggeln. Dabei würden Steuern in Höhe von annähernd fünfzehn Millionen Mark hinterzogen. Über Algrado soll die Ware beim Zigarettenkonzern Reynolds in

Genf bestellt werden – offiziell für den Verkauf in Duty-free-Läden.
Lüttich informiert daraufhin – so steht es im Schweizer Dossier, das man mir übergab – »R. J. Reynolds, Genf (Renato Meyer)«. Meyer ist der für den Duty-free-Verkauf zuständige Mann bei Reynolds in Genf. Mit ihm hat er offensichtlich seit langem Kontakt, gelegentlich auch privat. Meyer kennt wohl auch Lüttichs »Vertriebssystem«, den Schwarzmarkt in Spanien, wo sehr viel Winston geraucht werden. Als ich diese Passage des Dossiers später der Rechtsabteilung von Reynolds vortrage und um eine Stellungnahme bitte, fällt die Antwort von Justitiar Ian Blackshaw sehr knapp aus: »Da wir mit solchen Geschäften, auf die Sie abheben, nichts zu tun haben, können wir dazu auch keine Kommentare abgeben.«
Nach dem Zigarettendeal trifft Guillermo Lüttich im Züricher Nobelhotel »mit zwei Gruppen italienischer Geschäftspartner zusammen, von denen einer ihm ein Bündel falscher 100-Dollar-Noten überreicht« (Dossier). Doch dann nehmen die Geschäftsbesprechungen plötzlich eine unerwartete Entwicklung. Lüttich wird von Claudio Denz am Telefon verlangt, der »gewißlich einen Gewährsmann bei der Züricher Polizei hat«, wie der Bericht vermerkt. Von ihm will Denz junior erfahren haben, daß man Pepe auf den Fersen sei und »Recherchen über ihn und die Telefonate anstelle, die er vom Hotel aus führe«.
Lüttich ist äußerst beunruhigt, löst die Gesprächsrunde sofort auf und verläßt Hals über Kopf das Hotel, ohne noch einmal in sein Zimmer zurückzukehren und seine Sachen zu packen.
Anfang Februar 1986, eine Woche nach den Züricher Begegnungen, beantragt das Hamburger Landgericht die Auslieferung Lüttichs. Der Antrag wird am 7. März 1986 von

der spanischen Regierung abgelehnt — ohne Angabe von Gründen. Hierzulande vermutet man, daß seine exzellenten Kontakte Pepe vor einem längeren »Heimaturlaub« in der Bundesrepublik bewahrt haben.

Drehscheibe Bundesrepublik Deutschland

Der internationale Zigarettenschmuggel besitzt gigantische Ausmaße. Container mit rund 500 000 Päckchen, die mit Lkws oder der Bahn quer durch Europa verschoben werden, oder Lastzüge mit Hänger, in denen knapp eine Million Päckchen Platz finden, gelten in den Schmuggelsyndikaten noch als Kleinmengen. Ganze Schiffsladungen mit drei Millionen Päckchen und mehr verlassen europäische Hafenstädte, um dann irgendwo auf den Meeren »verlorenzugehen«. In den Ländern rund um das Mittelmeer, in Griechenland, in der Türkei, in Ägypten, vor allem aber in Italien und Spanien, existiert ein Schwarzmarkt, der eine erhebliche ökonomische Bedeutung hat. In den spanischen und italienischen Hochburgen des Tourismus ist in den Sommermonaten in der Regel jede zweite Packung, die über den Ladentisch wandert, ins Land geschmuggelt worden.
Am 3. und 4. Juni 1987, so habe ich in Erfahrung gebracht, fand im Kölner Zollkriminalinstitut (ZKI) ein Treffen von Zollfahndern statt, die sich in der Bundesrepublik und in Schweden, Dänemark, Österreich und Italien mit dem Zigarettenschmuggel befassen. Oberstleutnant Luiggi Bitrecco (Name geändert) von der militärisch organisierten italienischen Finanzpolizei hob auf der Tagung hervor, daß Italien nach wie vor »Hauptziel des internationalen Zigarettenschmuggels« sei: 1985 habe die Guardia di Finanza rund

280 Tonnen »schwarzer« Zigaretten und Tabakwaren beschlagnahmt, das entspricht mehr als zehn Millionen Päckchen. 1986 allerdings sei die abgefangene Menge auf etwa 22 Tonnen, rund 900 000 Päckchen, zurückgegangen, weil sich vermutlich in der Zwischenzeit das Vertriebssystem der Organisationen verbessert habe.

»Als Transitländer«, so heißt es im Protokoll der internationalen Dienstbesprechung, »stellen die Bundesrepublik und Österreich die Drehscheibe des internationalen Zigarettenschmuggels dar.« Die Ware werde hauptsächlich in den USA, in der Schweiz oder — in Lizenz — von Bulgarien produziert. Die Zigaretten aus Übersee gelangen in der Regel über die Häfen Hamburg, Rotterdam und Antwerpen nach Europa, von dort über die Bundesrepublik und Österreich oder über Zypern und Bulgarien nach Italien. Ein anderer Handelsweg im Zigarettenschmuggel führe über Jugoslawien und Albanien und dann über die Adria nach Süditalien, führte Bitrecco in Köln aus. Auch Umwege über Dänemark und die DDR oder Polen würden in Kauf genommen, um die Zigaretten nach Italien zu verschieben. Dabei würden falsche Frachtpapiere und Tarnladungen wie Stoffabfälle, Torf oder Pappe verwendet. Den Zolldienststellen im süddeutschen Raum lägen zum Beispiel Informationen vor, daß im zweiten Halbjahr 1984 mindestens vierzehn Zigarettencontainer aus Weil und Lörrach über Kopenhagen und Danzig beziehungsweise Ost-Berlin nach Italien geschmuggelt worden seien. Hinter dem Deal stehe ein Schweizer Geschäftsmann, gegen den auch bayerische Zollfahnder ermitteln. Sein Name: Charles Brunner, laut Baseler Telefonbuch kaufmännischer Angestellter, laut Schweizer Handelsregister Inhaber der Baseler Firma Contex AG.

Brunner und Contex stehen auch im Verdacht, eine Ladung

mit mindestens 400 000 Päckchen Marlboro aus der Schweiz im Regensburger Donauhafen gegen einen zweiten Container mit dem Baumaterial Perlit ausgetauscht zu haben (Abschlußprotokoll). Der Zigarettencontainer mit der Zolldeklaration »Perlit« ging nach Italien, das Baumaterial mit den Frachtpapieren für Zigaretten nach Bulgarien. Beteiligt an diesem Schmuggel, so kam auf dem internationalen Treffen in Köln zur Sprache, sei auch der »Initiator weiterer Schmuggelaktionen Guillermo Lüttich«.

Wo steckt Dr. Schwegler?

Keine Frage: Pepe ist einer der Manager der Schwarzmarktgeschäfte mit Zigaretten. Er soll nicht nur die Schmuggeltransporte, die auf der Straße über Frankreich nach Spanien gelangen, überwachen, sondern auch den Vertrieb der Großmengen Winston organisieren, die aus Frachtern vor der nordspanischen Küste bei Nacht und Nebel gelöscht werden — mit Fischerbooten; er soll außerdem für den Rücktransport der Peseten in die Schweiz verantwortlich sein und auch im Italienhandel mit der Konkurrenzmarke Marlboro seine Finger im Spiel haben.
Anfang Juni 1987. Ich bin mit meinem Fernsehteam für die ZDF-Reportage nach Avilés in der nordspanischen Provinz Oviedo gefahren, um genauere Informationen über Lüttich einzuholen. Einige Angaben über den Deutschargentinier habe ich schon vorher in Hamburg erhalten: Er wurde am 19. Mai 1944 in Buenos Aires geboren, machte dort 1964 Abitur und studierte dann ein Jahr an der Katholischen Universität Politologie und Soziologie; danach siedelte er nach Hamburg über, war in der Folgezeit bei verschiedenen

Unternehmen beschäftigt und in krumme Geschäfte verwickelt, wurde 1976 wegen Zigarettenschmuggels zu eineinhalb Jahren Gefängnis verurteilt, Anfang 1983 des Alkoholschmuggels überführt; er entzog sich im Mai 1983 der Verhaftung durch Flucht nach Spanien, zunächst nach Malaga, wo er seine Freundin kennenlernte, mit der er dann nach Avilés beziehungsweise Oviedo übersiedelte.

In Avilés nahm Lüttich seine Aktivitäten unter einem anderen Aliasnamen, Dr. Schwegler, wieder auf: vom Büro der Schiffsagentur Gregorio Perez aus. Er wickelte seine finanziellen Transaktionen — so vermerkt ein spanisches Geheimdienstdossier, das ich mir über gute Kontakte beschafft habe — über die dortige Banco Exterior de España ab.

Der Schmuggel mit Winston, so hat mein Kollege Mario Bango von der spanischen Tageszeitung *El Pais* nach meinen Hinweisen vor Ort recherchiert, ist in Avilés ein bekanntes Phänomen: 1986 seien rund acht Millionen, in den Jahren davor zwischen fünf und mehr als zwanzig Millionen Päckchen beschlagnahmt worden.

Bei der Guardia Civil in Avilés, so erfährt Bango, sei ein Mann namens Lüttich nicht bekannt, und man könne sich überhaupt nicht vorstellen, daß ein Offizier aus Bilbao im Januar 1986 mit einem solchen Ganoven, wenn es denn stimme, was wir behaupten, nach Zürich gereist sei. Allerdings habe es vor Jahren einmal einen korrupten Polizeioffizier in Irun gegeben, den man der Beteiligung am Zigarettenschmuggel überführt habe und der dann seinen Dienst quittieren mußte.

So unbekannt freilich kann Pepe der Guardia Civil nicht sein: Am 22. Januar 1987 nämlich erstattete ein gewisser Andrés Prieto Rodriguez auf dem Polizeikommissariat in Avilés Anzeige gegen Guillermo Lüttich wegen Unterschlagung.

Note No. [redacted]

Subject: Guillermo LUTTICH

In reply to Notes on the above subject dated 30 May, 10 June and 18 September we have to inform you that, as a result of enquiries made by our Service, (we have established the following facts):

Guillermo LUTTICH was born in Buenos Aires (Argentina) on 19 May 1944; he is of West German nationality.

He uses the names: "Ulrich NETTICH", "Ulrich NETTIG", "PEPE" and "Dr SCHWEIGLER"

In Interpol Records there is a radio signal from Wiesbaden dated 6 February 1986 which states that a Hamburg Court has sought his extradition, via diplomatic channels and the Spanish Embassy in Germany, in order that criminal proceedings may be taken (against him). These same authorities have asked that his whereabouts in Spain be established; it was thought that he migh... located in Avilés. (All efforts made by offic... local Police Station to find him have pr...

On 7 March 1986 t... dismissed the request fo...

At the present time the... against him anywhere.

Insofar as there ... his activities, the folo...

Gregorio PEREZ Alonso, ... son of Valentin and Rosa; mar... Villa Isabel, Calle La Ferre... tional Identity Document No... 282/81 issued in Avilés in Se...

/Over

Maschinengewehre für die ETA? Der spanische Nachrichtendienst interessiert sich für Guillermo Lüttich, wie diese englische Übersetzung eines Lüttich-Dossiers (Ausriß) deutlich macht. Hintergrund: Der Deutschargentinier steht im Verdacht, Zigaretten zu schmuggeln und die baskischen Separatisten mit Waffen zu beliefern.

Prietos Frau hatte im November 1985, kurz vor dem Treffen mit Werner Denz und den anderen in Zürich, mit Lüttich die Firma Intramex SA gegründet und dann über diese Firma im Mai 1986 »ein Exportgeschäft mit der Schweiz durchgeführt«, berichtete Prieto. Vieles spricht dafür, daß es sich dabei um die in Zürich vereinbarten fünfzehn Container Winston handelte. »Meinen letzten Kontakt mit Pepe hatte ich Anfang September 1986, als er sich noch in Avilés aufhielt, danach setzte er sich mit zwölf Millionen Peseten (entsprechend etwa 170 000 Mark) aus der Firmenkasse ab.«
Kommissar Pascual Honroda von der Polizei in Avilés: »Wir haben unmittelbar nach Eingang der Anzeige eine Untersuchung eingeleitet, aber wir konnten nichts feststellen, was auf diesen Mann hingewiesen hätte.«
Auch Lüttichs Freundin weiß angeblich nicht, wo sich Pepe zur Zeit aufhält. »Das letzte Mal war er Weihnachten 1986 hier, und seitdem hat er mich häufig angerufen, aber nie gesagt, von wo«, erzählt sie Mario Bango. Angeblich soll er die Absicht haben, in Valencia ein Geschäft zu eröffnen.

Marlboro hinter Rauhfaser

Im Zusammenhang mit dem hochprozentigen Schwindel in Hamburg hatte Lüttich Anfang 1983 den damals dreißigjährigen Hans-Joachim Hübner (Name geändert) kennengelernt, einen ehemaligen Speditionskaufmann und Versicherungsvertreter, der ihm von einem Bekannten empfohlen worden war, weil er sich in Zollfragen gut auskannte. Pepe wollte wissen, ob bei der Einfuhr von Spirituosen aus Frankreich der Zoll die Ware filze oder ob man sie vorher

gefahrlos austauschen könne. Hübner riet zu, was ein Fehler war. Die Sache flog auf. Als am 6. Mai 1983 Haftbefehl gegen ihn erlassen wurde, tauchte Lüttich nach Spanien ab.
Drei Monate später lud er Hübner nach Genf ein, schlug ihm vor, dieser solle, nun da er die Bundesrepublik meiden müsse, seinen Part in Hamburg übernehmen. Konkreter Plan: der Schmuggel von Zigaretten aus dem Hamburger Freihafen nach Italien. Hübner willigte ein und wußte auch gleich Rat, wie der Zoll auszutricksen sei: Die mit Zigaretten gefüllten Container müßten im hinteren Teil mit einer billigen Ware, zum Beispiel Papierservietten oder Toilettenpapier, getarnt, die Frachtpapiere entsprechend manipuliert werden. In Italien brauchte man dann nur noch die Zigaretten zu entnehmen und die Container mit der restlichen Tarnladung aufzufüllen. Dabei dürften allerdings die Plomben nicht zerstört werden, damit dem italienischen Zoll die Täuschung nicht auffalle und er nur die minimalen Abgaben für Plastikbecher, Tapeten oder ähnliches Zeug geltend mache.
Das Verfahren leuchtete Lüttich ein. Er versprach, es mit einem Container Marlboro aus dem Freihafen Antwerpen über Hamburg nach Norditalien zu testen. Wenige Wochen später meldete sich Pepe erneut aus Genf bei Hübner und berichtete, alles habe tadellos funktioniert. Die beiden kamen überein, auf diesem Weg zukünftig pro Woche einen Container mit jeweils 400 000 Päckchen Zigaretten aus Antwerpen über den Hamburger Freihafen nach Italien zu schleusen. Lüttichs Gewinn für jeden Transport: rund eine halbe Million Mark.
Hübner schaltete seinerseits eine Reihe Spezis der Hamburger Szene ein, die alle mitverdienen sollten. Zwischen Juni 1983 und Januar 1984, als die Masche aufflog, ließ Hans-

Joachim Hübner vierzehn Container mit insgesamt rund sechs Millionen meist hinter Plastikbechern oder Rauhfasertapeten verstecken Päckchen per Bahn nach Italien spedieren: hauptsächlich Marlboro Filter und Muratti Ambassador, aber auch Philip Morris, Milde Sorte, Merit Filter, Peter Stuyvesant, Astor, Kim und R6. Dabei entgingen dem italienischen Fiskus rund zwanzig Millionen Mark Steuern. Empfänger eines jeden Transports war die Mailänder Briefkastenfirma Italcini, hinter der sich die Vertriebs-Organisation für Norditalien verbarg.

Beim fünfzehnten Transport, am 31. Januar 1984, schickte Hübner auf Pepes telefonische Order den Container zum ersten Mal nicht per Bahn, sondern per Lkw auf Reisen. Die Fahrer hatten Anweisung, den Lastzug mit steckendem Zündschlüssel auf einer Autobahnraststätte bei Mailand abzustellen und danach in einem Hotel zu warten. Doch so weit kamen sie gar nicht: Am Brenner war die Fahrt zu Ende. Lkw und Ladung wurden vom italienischen Zoll beschlagnahmt, die beiden Chauffeure verhaftet. Die Italiener hatten Wind von der Sache bekommen.

»Das ging nur deshalb so fürchterlich in die Hose«, erinnert sich Siggi Faller (Name geändert), einer der beiden Fahrer, »weil wir unsere Tarnladung, Säcke mit Kalk, ganz mies verstaut hatten. Die machten hinten die Tür auf, da kam ihnen schon der Kalk entgegen.« Die Säcke purzelten aus dem Lkw, und was die italienischen Zöllner dann zu sehen bekamen, ließ ihren Zorn über die total weißbestäubten Uniformen augenblicklich verrauchen: Kartons mit Zigaretten, säuberlich gestapelt.

Anfang August 1987. Ich bin mit Siggi Faller im Hamburger Freihafen verabredet. Am Telefon hat er versprochen, er könne mir das eine oder andere erzählen, »aber, Macker, da müssen auch ein paar Scheine rausspringen!«

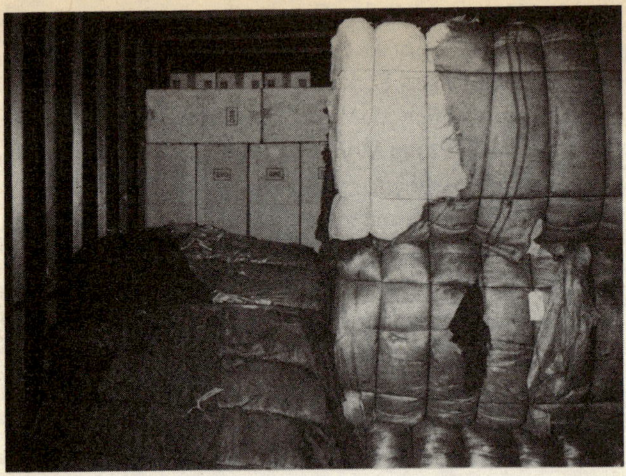

Glimmstengel — gut getarnt: Der Hamburger Freihafen ist einer der wichtigsten Umschlagplätze im internationalen Schmuggel mit amerikanischen Zigaretten. Hier wurde ein Container von der Zollfahndung aufgebracht. Die Zigaretten sollten nach Italien verschoben werden. (Fotos: ZFA Hamburg)

Wieviel Päckchen denn jedesmal geladen wurden, will ich wissen. Aber mit Stückzahlen kann Siggi nicht dienen. »Ich kann Ihnen nur die Preise sagen: Es waren ungefähr für 1,8 Millionen Mark Zigaretten, zwei Drittel Ware, ein Drittel Tarnladung.«

Was wurde als Tarnladung benutzt?

»Pappbecher, Tapeten, Plastikzeug, Kalksäcke und so 'n Schiet!«

Wer waren die Hintermänner?

»Nee, Mann, ich weiß absolut nicht mehr, wie der hieß, sonst liege ich morgen doch flach!«

Was sagt Ihnen der Name Guillermo Lüttich?

»Das war einer derjenigen, die hinter der Sache steckten!«

Ein Dreivierteljahr saßen Siggi Faller und sein Kumpel in Bolzano in Untersuchungshaft, dann wurden sie in die Bundesrepublik ausgeliefert. Die Staatsanwaltschaft erhob nach den guten Ermittlungsarbeiten der Hamburger Zollfahndung noch im selben Jahr Anklage. Das Landgericht verurteilte Hans-Joachim Hübner Anfang 1985 zu viereinhalb Jahren, Siggi Faller zu zwei Jahren Gefängnis (150 Js 41/84).

Ungeklärt blieb die Herkunft von etwa einer Million Päckchen, die nicht aus Antwerpen gekommen waren. Die Zollfahnder gehen davon aus, »daß sich Hübner diese Zigaretten in Hamburg verschafft hat«.

Die Verfahren gegen Guillermo Lüttich und einen von Hübners Kumpels, Fritz Ledermann (Name geändert), wurden abgetrennt. Die beiden Herren standen nicht zur Verfügung. Ledermann schrieb dem Hamburger Landgericht im Januar 1985 einen Brief aus dem südspanischen Malaga, wohin sich auch Lüttich zunächst abgesetzt hatte: Es tue ihm sehr leid, aber er könne der Einladung, in die Hansestadt zu kommen, leider nicht Folge leisten, »denn ich warte hier auf die Vergabe einer Importlizenz für die Einfuhr von Wurstwaren«. Einem Hamburger Zollfahnder hatte Ledermann zwei Monate vorher ein weniger höfliches Schreiben geschickt: »Wo habe ich auf St. Pauli mehrere Bordelle? Wo bin ich wegen Hehlerei und schweren Diebstahls vorbestraft? Und seit wann bin ich einer der Organisatoren im Zigarettenschmuggel? Ich glaube, Sie haben nicht mehr alle Tassen im Schrank!!«

Pepes italienische Freunde

17. November 1983. Seit zwei Monaten ist eine Sonderermittlungsgruppe der Guardia di Finanza Milano auf der Spur der Mailänder Schmuggelbande, mit der Lüttich zusammenarbeitet: Die Finanzpolizei hat die Telefonanschlüsse von zwei Verdächtigen abgehört und dabei wertvolle Informationen erhalten.
Vom dritten Corps der Mailänder Zollbehörde habe ich den Abschlußbericht erhalten, kann deshalb hier genau darlegen, wie damals einige von Pepes italienischen Freunden aufflogen: Gegen 9.30 Uhr an diesem Novembermorgen beschatten zwei Unteroffiziere auf Motorrädern einen Lieferwagen (Kennzeichen: MI-43686D), dessen Fahrer Mitglied der Schmuggelbande ist. Nach zahlreichen Umwegen quer durch die ganze Stadt biegt das offensichtlich beladene Fahrzeug schließlich in die Via Stelvio ein und verschwindet auf dem Hinterhof eines größeren Gebäudekomplexes. Die beiden Finanzpolizisten fordern über Funk Verstärkung an, wenige Minuten später trifft eine weitere Motorradstreife ein. Nach fünfzehn Minuten verläßt der Ganove, diesmal mit leerem Lieferwagen, das Gebäude. Zwei Finanzpolizi-

sten heften sich an seine Fersen, die anderen beiden dringen in das Gebäude ein und stoßen auf mehr als 26 000 Päckchen geschmuggelter Zigaretten. Unterdessen hat der Schmuggler in einem Vorort von Mailand seinen Wagen abgestellt und ist in einen Fiat 500 umgestiegen. Mit diesem Fahrzeug fährt er auf Umwegen dann nach Saronno, auf ein verlassenes Industriegelände mit einer großen Lagerhalle in der Via Parma.

Mehrere Tage lang wird das Areal von der Guardia di Finanza observiert. Am Vormittag des 28. November 1983 trifft ein Sattelschlepper mit einem Container ein und fährt rückwärts in die Halle. Wenige Stunden später schlägt die Finanzpolizei zu.

Ein Bandenmitglied wird festgenommen, einem zweiten gelingt es, »mit einem vermutlich der Organisation gehörenden Pkw Fiat 126 zu flüchten«, heißt es im Abschlußbericht. Bei der Durchsuchung der Lagerhalle werden etwa 230 000 Päckchen Zigaretten gefunden, verteilt auf drei Fahrzeuge. Im Container des Lkw Saab Scania stößt die Finanzpolizei auf Kartons mit Tarnladung, Rauhfasertapete. In der Halle liegt ebenfalls eine riesige Menge gleichartigen Materials zum Auffüllen des Containers nach dem Entladen der Schmuggelware. In der Fahrerkabine des Sattelschleppers fällt den Fahndungsbeamten das Frachtdokument Nr. 10965 in die Hände, ausgestellt vom Zollamt Hamburg-St. Annen. Absender: Transport-Kontor Hans-Joachim Hübner, Hamburg. In den nachfolgenden Tagen gelingt es der Mailänder Finanzpolizei, weitere Verstecke auszuheben. In einem Unterstellraum im Mailänder Vorort Zeloformagno brechen die Zollbeamten eine Eingangstür auf und finden rund 25 000 Päckchen mit Schwarzmarktzigaretten.

Nachforschungen bestätigen schließlich auch den Verdacht, daß der eigentliche Empfänger der aus Hamburg geschmug-

gelten Marlboro und Muratti die Mailänder Firma Italcini, Via Sempione, nur auf dem Papier existiert. Durch Überprüfung des Bankverkehrs und Überwachung weiterer Telefonanschlüsse stoßen die Ermittler schließlich auf die Anführer einer fünfzehnköpfigen Schmuggelbande. Dennoch gelingt es der Guardia di Finanza nicht, den Schmuggelring zu zerschlagen. Die meisten Bandenmitglieder tauchen unter, ehe sie verhaftet werden können, lediglich einer geht ins Netz.
Lüttich beschließt daraufhin kurzfristig, die Transporte nur noch mit Lkw durchzuführen, weil er ahnt, daß die Bahn-Container besonders aufmerksam geprüft werden. Doch er verschätzt sich gehörig: Einige Wochen später läßt die Finanzpolizei Siggi Faller und seinen Mitfahrer am Brenner hochgehen.
Im Norden Italiens sind mehrere Organisationen in den internationalen »traffico di bionde« verwickelt, und mitunter entbrennt ein heftiger Konkurrenzkampf um die Vormachtstellung. Guillermo Lüttich pflegt offenbar nicht nur mit der Mailänder, sondern auch mit der Genueser Organisation enge Kontakte. Ein Hamburger Kumpel gab nämlich im Juni 1984 gegenüber der Zollfahndung zu Protokoll, Hübner und Lüttich (»ein guter Bekannter von mir«) hätten mit »Herrn Cristoforetti« Geschäfte getätigt.
Giuseppe Cristoforetti, genannt »Pino«, gilt als der große alte Mann des Zigarettenschmuggels. Zusammen mit seinem Bruder Giacomo baute Pino in den sechziger und siebziger Jahren ein regelrechtes Vertriebssystem für »schwarze« Zigaretten in Norditalien auf. Vor einigen Jahren setzte er sich, als ihm der italienische Boden zu heiß wurde, nach Südamerika ab. Dort soll er wenig später verstorben sein.
»Es gibt allerdings Stimmen, die behaupten, er lebe noch, mit neuer Identität, und mische kräftig im Drogenhandel mit«, sagt mir Roberto Fucigna, Untersuchungsrichter in

Genua, der einen Großteil der norditalienischen Prozesse gegen Zigarettenschmuggler geführt hat. Fucigna ist einer jener italienischen Staatsbediensteten, so habe ich den Eindruck, der seine Arbeit macht, obwohl er das Risiko kennt, dem in Italien Staatsanwälte und Richter ausgesetzt sind, die mit dem organisierten Verbrechen zu tun haben.
War Cristoforetti ein Mafia-Pate, will ich wissen. Dafür gebe es keine konkreten Hinweise, erwidert Fucigna. Er halte auch nicht viel von der These, daß der Zigarettenschmuggel in Norditalien in den Händen der Mafia sei. »Sehen Sie, als Pino Cristoforetti von der Bildfläche verschwand, hat das den hiesigen Banden einen schweren Schlag versetzt«, erläutert mir der Untersuchungsrichter in der Wandelhalle des Tribunale di Genova. »Wir erwarteten, daß die Schieber ins Rauschgiftgeschäft einsteigen, doch nichts dergleichen geschah! Das spricht eindeutig gegen die Mafia!« In Süditalien allerdings, daran läßt Fucigna keine Zweifel, sei der Zigarettenschmuggel »ein Monopol der Mafia, der 'Ndrangheta und der Camorra«.
Fucigna ist es auch zu verdanken, daß die Beteiligung italienischer Zöllner und der hohen Politik in Rom am Zigarettenschmuggel deutlich wurde. Die kriminellen Organisationen hatten nämlich mit sehr großem Erfolg hohe Beamte des Finanzministeriums und Parlamentsabgeordnete bestochen. Eines der Verfahren, in dem die Verwicklung des damaligen Finanzstaatssekretärs und sozialistischen Abgeordneten Francesco Collucio zur Sprache kommen sollte, sei nach Rom verlegt worden. Dort habe man dann nicht gegen ihn vorgehen können, »weil sich unser Parlament weigerte, die Immunität des Abgeordneten aufzuheben«, sagt der Untersuchungsrichter schulterzuckend, und, spürbar betrübt, daß ihm hier ein Erfolg versagt blieb, fügt er an: »Ein Teufel, wer Schlechtes dabei denkt!«

Der internationale Schwarzhandel mit amerikanischen Zigaretten ist wie ein Großunternehmen bestens organisiert. Das Vertriebssystem würde den Vorständen vieler weltweit operierender Konzerne durchaus Freude bereiten. Nur in Ausnahmefällen werden sporadische Geschäfte getätigt; die Kunden brauchen regelmäßigen Nachschub. Wer zum Beispiel über große Absatzmärkte in Süditalien verfügt, kann nicht diese Woche liefern, nächste Woche nicht und übernächste Woche vielleicht. Eine klare Aufgabenteilung im Syndikat ist, so gesehen, eine zwingende Voraussetzung, daß der Schmuggel reibungs- und geräuschlos funktioniert. An allen Stellen sind zuverlässige und schweigsame Mitarbeiter erforderlich. Die unterste Ebene dieser kriminellen Konföderationen stellen die Verkäufer in den Abnehmerländern, die Lkw-Chauffeure, Kapitäne der Schmuggelfrachter, kurzum die Handlanger des illegalen Gewerbes dar. Sie erhalten meist die in ihren Branchen üblichen Löhne plus Gefahrenzulagen. Ihre Risikoprämie steht dabei in keinem Verhältnis zu ihrem tatsächlichen Risiko, denn die Handlanger werden immer zuerst gefaßt. Und meistens *nur* sie.

Auf der zweiten Ebene gibt es die Organisatoren, die Manager des Schwarzmarktes. Sie haben die Aufgabe, den Schmuggel abzuwickeln, zu überwachen, Kontakte zu korrupten Zöllnern und Beamten zu halten und für den Rücktransport des Schwarzgeldes in die Schweiz zu sorgen. Über den Managern, die für bestimmte Gebiete und Landesteile zuständig und wohl am Umsatz beteiligt sind, gibt es noch einige Generalbevollmächtigte, die direkt den Geldgebern unterstehen. Wenigstens der Struktur nach kann man also durchaus von einer Zigarettenmafia sprechen.

Die Finanziers, die den größten Reibach machen, sitzen fast ausschließlich in der Schweiz. Ihre Syndikate tarnen sie freilich auch hinter Firmenanschriften in Liechtenstein, Panama, auf Zypern oder auf den Kanalinseln.
Ich bin nicht sicher, ob Guillermo Lüttich in dieser Hierarchie eher Manager oder eher Generalbevollmächtigter ist. Seine vielfältigen Aktivitäten in Spanien und Italien mit Zigaretten, Alkohol, Waffen und möglicherweise auch Drogen weisen eher darauf hin, daß er »höhere« Funktionen erfüllt. Es spricht sogar einiges dafür, daß Lüttich wegen seiner Erfahrungen und seiner Beziehungen für mehrere Syndikate arbeitet und hin und wieder vielleicht auch einmal einen oder zwei Container auf eigene Rechnung laufen läßt. Wer aber sind Lüttichs Geldgeber?
Interessante Erkenntnisse über seine Hintermänner und die Verflechtungen im internationalen Zigarettenschmuggel brachten die Ermittlungen in Antwerpen, als das Italien-Geschäft aus Hamburg aufgeflogen war. In der belgischen Hafenstadt ist der Großteil der amerikanischen Ware eingelagert, und dort beginnen die meisten Schmuggelpfade quer durch Europa. Im Februar 1984 vernahmen zwei belgische Zollfahnder zusammen mit einem Hamburger Kollegen Bedienstete der Lager- und Speditionsfirma Pakhoed, darunter den Abteilungsleiter Amand Vercammen. Über Pakhoed wird ein Großteil Camel und Winston von Reynolds in den USA für den europäischen Schwarzmarkt geliefert.
Ein beträchtliches Zigarettenlager gehöre der Algrado AG von Werner Denz, erfuhren die Ermittlungsbeamten von Vercammen. Die Ware, die seinerzeit über Lüttich und Hübner nach Hamburg und von dort illegal nach Italien gegangen sei, habe man auf dem Papier nach Liechtenstein oder nach Zypern verkauft; als Verfügungsberechtigter sei regelmäßig Guillermo Lüttich in Antwerpen aufgetreten

und habe dann alles weitere veranlaßt. »Die Transportkosten nach Hamburg wurden stets von Algrado bezahlt«, erinnerte sich Amand Vercammen von Pakhoed.

Werner Denz wäre demnach einer der Finanziers hinter Lüttich. Sind die diversen Briefkastenfirmen, über die Denz in Liechtenstein und Panama verfügen soll, also nur Tarnung, hinter der sich ein großes Schmuggelsyndikat verbirgt?

Wer nach Münchwilen will, muß eine gute Landkarte mitführen: das romantische Juradorf liegt etwa fünf Kilometer südlich des deutschen Grenzübergangs Bad Säckingen an der Schweizer Nationalstraße 3. Die Dorfstraße in Münchwilen geht leicht den Berg hinan, wird oben, wo sie dann »Oberdorf« heißt, immer schmaler und endet als Sackgasse kurz hinter dem Dorfbrunnen.

Nummer vier ist ein weißgetünchtes Haus mit grüner Haustür und weißen Raffgardinen hinter grünen Fensterläden. Links neben der Tür sind zwei winzige Messingschilder angebracht: Oben steht »Denz«, darunter »Algrado AG«. Das gepflegte Landhaus soll nach Erkenntnissen der Zollfahnder in mehreren europäischen Ländern eine Zentrale für den organisierten Schmuggel in Europa, unter anderem mit Zigaretten, Spirituosen und Parfüm, sein.

»Finanzierungen, Warenhandel, besonders Lebensmittel« steht über Algrado im Schweizer Handelsregister, und das ist sogar eine ziemlich präzise Beschreibung. Im August 1965 wurde die Algrado AG gegründet, um den Duty-free-Markt mit zollfreien Waren zu versorgen. Seitdem baute Werner Denz — so lauten die übereinstimmenden Aussagen meiner Kontaktleute — zusammen mit seinen Söhnen eine umfassende Organisation auf, deren Zentrum hinter ländlicher Fassade zwar so überhaupt nicht dem Klischee von Kriminalromanen entspricht, aber dafür wohl eine erstklassige Tarnung darstellt.

Schmuggelzentrale hinter ländlicher Fassade? Werner Denz, hier vor seinem Haus in Münchwilen, und seine Firma Algrado sind nach Erkenntnissen europäischer Zollfahnder tief in den internationalen Zigarettenschmuggel verstrickt. Denz macht geltend, er habe nie gegen Schweizer Gesetze verstoßen.

24. Mai 1987, ein Sonntag. Ich bin mit meinem Fernsehteam nach Münchwilen gefahren. Wir wollen für unsere ZDF-Reportage einige Aufnahmen von Werner Denz machen, möglichst unbemerkt. Am Nachmittag gelingt es uns, Denz in seinem Garten mit einem Teleobjektiv zu filmen. Doch unser Treiben bleibt in dem winzigen Dorf nicht unbemerkt, sosehr wir uns auch bemühen, nicht aufzufallen. Nur Denz selbst scheint nichts zu registrieren. Kurze Zeit später verläßt er das Haus. Nach Einbruch der Dunkelheit kehren wir zurück. In unserem Teamwagen legen wir uns gegenüber von Nummer vier auf die Lauer. Eine halbe Stunde, dann noch eine halbe Stunde. Doch Denz laßt sich nicht blicken.

Plötzlich nähert sich ein Pkw, fährt direkt auf uns zu. Ein Mann steigt aus, kommt an unseren Wagen: ein Polizist. Er ist überaus nervös, hält die Hand demonstrativ an seiner Waffe, verlangt Papiere und Auskunft über unsere Absichten. Wir weisen uns als Journalisten aus. Der Mann glaubt uns das nicht, fordert Verstärkung durch die Kantonspolizei an, die eine weitere halbe Stunde später eintrifft. Wir werden durchsucht, festgenommen, stundenlang verhört.

Erst nachts gegen vier Uhr schenkt man unserer Darstellung Glauben. Und dann gibt uns Ludwig Spuhler, Bezirkschef der Kantonspolizei, auch eine Erklärung für das Verhalten seiner Beamten: Vor einigen Monaten hätten französische Geheimagenten einen Oberganoven nach Frankreich entführt, um ihn dort vor Gericht zu stellen. »Und nun dachten wir, was die Franzosen können, können vielleicht auch die Deutschen!«

»Ist Werner Denz also auch ein Oberganove?« provoziere ich ihn.

Darauf gibt Spuhler natürlich keine Auskunft. Immerhin sagt er bei der Verabschiedung noch: »Es wäre doch ein Armutszeugnis, wenn wir die Leute in unserem Kanton nicht kennen würden!«

Am nächsten Morgen gelingen uns dann doch noch Filmaufnahmen von Werner Denz. Wir sehen einen eher bieder wirkenden Mann, von dem es in einem Bericht heißt, der mir von »interessierten Kreisen« zugespielt worden war: »He is head of cigarette smuggling«. Denz sei der Kopf. Da waren sich auch die Teilnehmer der internationalen Zollbesprechung Anfang Juni 1987 einig. Unter den »Hauptinitiatoren des Schmuggels« listeten sie auch »Denz, Werner« auf.

Denz weist später alle Verdächtigungen gegen seine Person zurück: »Wir betreiben nun seit 25 Jahren Zigarettenhandel. Noch niemand konnte uns bis heute illegale Transaktionen vorwerfen.«

Reputation und Schwarzhandel

Szenenwechsel: Flughafen Basel-Mülhausen, vierzig Kilometer von Münchwilen entfernt, Mitte Januar 1987. In der Abflughalle des Schweizer Teils weist mich eine nette Dame höflich, aber bestimmt auf den neueingerichteten Tax-free-Laden der Weitnauer Trading Company hin: »Enjoy your shopping!« Die Stange Marlboro, Camel oder Winston, mit jeweils zweihundert Zigaretten, kostet nur achtzehn Schweizer Franken.

Basel, Petersgasse 36: grüne Fensterläden vor weißen Sprossenfenstern, rankendes Efeu, gediegene Atmosphäre. Der historische Andlauerhof wurde 1424 erstmals urkundlich erwähnt, verrät das Schild an der Toreinfahrt; Ende des 18. Jahrhunderts lebte hier Johann Lukas Legrand, Mitglied des Direktoriums der Helvetischen Regierung. Seit 1919 ist das Anliegen »im Besitz der Firma Weitnauer«, läßt ein zweites Schild den Besucher unschwer erkennen: Weitnauer Handelsgesellschaft steht dort gleich dreisprachig. Kein Zweifel, es handelt sich um einen internationalen, renommierten Konzern: »Handelshäuser- und Gesellschaften, Tabak-, Zigarren- und Zigarettenhandel en gros und détail« lautet der Eintrag im Schweizer Handelsregister. Die »interessierten Kreise« haben auch über die Firma Weitnauer ein Dossier zusammengestellt: »Major supplier of contraband tobacco and alcohol goods to professional smuggling networks« — Hauptvertreiber von Schmuggeltabak und -alkohol an organisierte Banden. Und über den früheren Firmeninhaber, Adolphe Weitnauer, ist an anderer Stelle vermerkt: »Said to have profits arising from cigarette smuggling into Spain and Italy« — hat, so wird behauptet, Gewinne aus dem Zigarettenschmuggel nach Spanien und Italien erzielt.

Historischer Firmensitz: Der Andlauerhof in Basel beherbergt die Handelsgesellschaft Weitnauer.

Das freilich sind massive Vorwürfe gegen das alteingesessene Handelshaus, die mir zunächst unglaubwürdig und kaum plausibel erscheinen: Riskiert ein solches Unternehmen durch Geschäfte, die auch nur vom Schatten der Unseriosität gestreift werden, nicht seine jahrzehntealte Reputation?

Einige Monate später bin ich mir schon nicht mehr so sicher: Ich habe ein Dossier des französischen Nachrichtendienstes Direction de la Surveillance du Territoire (DST) aus dem Jahr 1982 zugespielt bekommen. Dort heißt es unter anderem, es habe 1955 Informationen aus Tunis gegeben, in denen von Zigarettenschmuggel im Mittelmeerraum die Rede gewesen sei. »Es handelte sich um einen Schwarzmarkt mit amerikanischen, englischen und Schweizer Marken, getätigt von Tanger aus, von mächtigen Finanzgruppen, darunter der Tuxedo, einer Tochter der Schweizer Gruppe Weitnauer.« Damals übrigens, in den fünfziger Jahren, war Werner Denz Leiter der Einkaufsabteilung der Weitnauer Handelsgesellschaft.

Im September 1983, nach dem plötzlichen und mysteriösen Tod von Adolphe Weitnauer, behaupteten einige Schweizer Tageszeitungen, der Verstorbene habe im Verdacht gestanden, den Schmuggel von Zigaretten, Waffen und Rauschgift finanziert und für den Schweizer Geheimdienst gearbeitet zu haben. In einer Presseverlautbarung wies das Unternehmen seinerzeit diese Beschuldigungen nachdrücklich zurück und trat auch den Gerüchten entgegen, Adolphe Weitnauer könnte eines unnatürlichen Todes gestorben sein. Weitnauer war nach einem Jogginglauf durch sein parkähnliches Anwesen beim Duschen einem Herzversagen erlegen. Der Mülhausener Untersuchungsrichter Germain Sengelin, der jahrelang gegen Zigaretten- und Waffenschmuggler und deren politische Hintermänner ermittelt hatte,

MINISTRE D'ÉTAT

MINISTÈRE DE L'INTÉRIEUR
ET DE LA DÉCENTRALISATION

DIRECTION GÉNÉRALE
DE LA POLICE NATIONALE

DIRECTION DE LA
SURVEILLANCE DU TERRITOIRE

RÉPUBLIQUE FRANÇAISE

PARIS, LE 14 MAI 1982

L'Inspecteur Principal François HUBNER

en fonction à la Direction
de la SURVEILLANCE DU TERRITOIRE

Officier de Police Judiciaire
en résidence à PARIS

B) En ce qui concerne les imbrications exis
tant entre les trafiquants d'armement et
de cigarettes et les Services Spéciaux
des divers Etats :

La société WEITNAUER citée par le té-
moin à l'alinéa 5 page 3 est connue de la DST
par un renseignement émanant de la ST TUNIS
et datant de 1955 pour être une société commer
ciale pour l'import-export de marchandises de
toutes natures ayant son siège à BALE 36,38
Petersgasse. En 1955, elle est citée dans une
affaire générale concernant le trafic des ci-
garettes dans le bassin méditerranéen. Il s'a-
gissait d'un marché de cigarettes américaines,
anglaises et suisses, effectué à TANGER par de
puissants groupes financiers dont la TOXEDO qu
est un organe de la société WEITNAUER. WEIT-
NAUER, financier helvétique, propriétaire de 2
ou 3 fabriques de cigarettes aurait couvert le
trafic de cette marchandise et aurait servi ég
lement avec son groupe financier de "couvertur
aux Services Spéciaux Suisses. A l'occasion de
cette même affaire, les Services Spéciaux brit
niques étaient également soupçonnés d'avoir re-
cours par personnes interposées à la pratique
la contrebande, car au moins à cette époque, c
services auraient pratiqué couramment "l'auto-
financement".

Hinweise aus Nordafrika: In einem Dossier des französischen Nachrichtendienstes DST (Ausriß) wurde über die Firma des inzwischen verstorbenen Adolphe Weitnauer behauptet, er sei 1955 in Tunesien in den internationalen Zigarettenschmuggel verwickelt gewesen und habe damals auch für den Schweizer Nachrichtendienst gearbeitet. Weitnauer, oben rechts ein Foto aus dem Jahre 1982, starb 1983 nach einem Jogginglauf durch den Park seines Anwesens im französischen Hegenheim — an Herzversagen, wie es heißt.

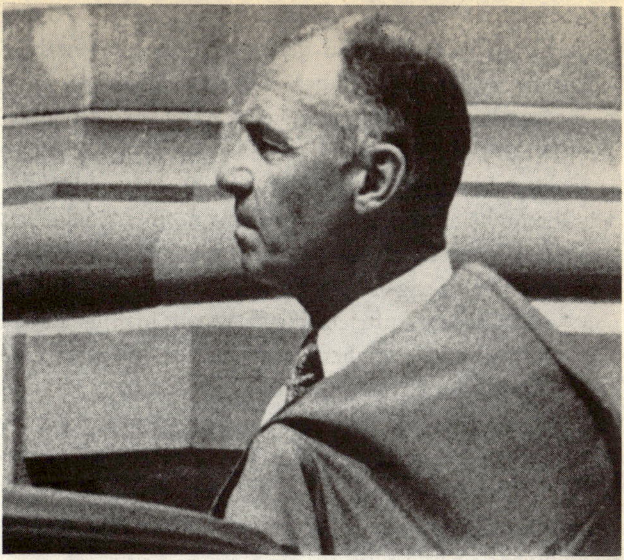

mußte auch den Tod des Schweizers untersuchen, weil dessen schloßartige Villa »Auf der Wyten Au« im französischen Hegenheim liegt, ein paar Kilometer hinter der Baseler Stadtgrenze. Zwar habe man keine Anhaltspunkte für einen gewaltsamen Tod gefunden, erklärt mir Sengelin, nicht ganz durchsichtig sei der Fall jedoch, »weil der Arzt, der den Totenschein ausstellte, den Leichnam überhaupt nicht gesehen hatte und sich deshalb hinterher juristisch verantworten mußte«. Sengelin gibt dann jedoch den Spekulationen wieder neuen Auftrieb: Heute könne man jemanden auch mit wissenschaftlichen Methoden umbringen, ohne irgendwelche Spuren zu hinterlassen.

Die Erben von Adolphe Weitnauer weisen die »Verdächtigungen« und »schmutzigen Behauptungen« des französischen Untersuchungsrichters scharf zurück. »Hier werde der Verstorbene postum diffamiert, angegriffen und mit Unterstellungen überzogen.«

Ich gebe zu, daß ich lange Zeit nicht sicher war, ob die Vorwürfe gegen Adolphe Weitnauer und seine Firma eine Schmutzkampagne darstellen oder den Tatsachen entsprechen. Immerhin hatte der verstorbene Firmenchef im Mai und September 1982 bei Vernehmungen durch Germain Sengelin in Mülhausen energisch abgestritten, irgend etwas mit Zigaretten- oder gar Waffenschmuggel zu tun zu haben.

Doch dann hörte ich von Charly Müller, einem ehemaligen leitenden Angestellten des Handelshauses Weitnauer. Er hatte sich im Mai 1984 vor mehreren Zeugen sehr konkret darüber geäußert, daß unter dem Dach der Handelsgruppe »zumindest bis zum Tode von Adolphe« die unterschiedlichsten Geschäfte getätigt worden seien: die sauberen im Namen von Weitnauer, die schmutzigen im Namen von Firmen wie Basilo, Balmex und Regida. Diese assoziierten

Unternehmen hätten ausschließlich mit dem »Export 2« zu tun gehabt, behauptete Müller.
Beim »Export 1« handele es sich um die offizielle Versorgung der Duty-free-Läden, beim »Export 2« um den Schmuggel.
Auch Sengelin hatte mir gegenüber bereits aufgrund von Schweizer Erkenntnissen dargelegt, daß die genannten Firmen zu Weitnauer gehörten.
»Niemand durfte wissen, daß Basilo etwas mit Weitnauer zu tun hat«, erinnert sich Charly Müller. Einmal sei »anläßlich einer Zollinspektion das Täfelchen ›Basilo‹ an der Tür von Direktor Peter Mosimann verklebt« worden, weil der Zoll zwar gewußt habe, daß Basilo den Schwarzmarkt versorge, aber nicht, daß Basilo zur Weitnauer-Gruppe gehöre.
Er glaube, für den alten Adolphe Weitnauer sei der »Export 2« ein Geschäft gewesen wie jedes andere auch, mit großen Gewinnchancen, aber auch hohem Einsatz und Risiko, und, so meinte er rückblickend, daß vielleicht »ein sportlicher Reiz ebenfalls eine Rolle spielte«.
24. September 1987, Andlauerhof, Basel. Ich bin mit Dr. W. C. Maurer, dem neuen Präsidenten der Weitnauer Handelsgesellschaft, verabredet. Er gibt sich freundlich im Umgangston, aber hart in der Sache: Die Tätigkeiten seines Unternehmens seien »in weiten Bereichen nur durch das Vertrauen und die enge Zusammenarbeit mit den nationalen Zollbehörden möglich«, erläutert Maurer, deshalb betrachte man »jedwelche öffentliche Äußerung, die unsere Gruppe in Zusammenhang oder auch nur in die Nähe mit Schmuggel bringt, als in äußerst hohem Maße geschäftsschädigend«.
Mit den Firmen Basilo und Balmex habe die Weitnauer-Gruppe nichts, aber auch gar nichts zu tun. In den zurück-

Ein Mann packt aus: Charly Müller, ehemaliger Weitnauer-Angestellter, behauptet, seine frühere Firma sei in dubiose Geschäfte verwickelt gewesen.

liegenden zehn Jahren habe es auch keine Geschäftsbeziehungen mit diesen Firmen gegeben. Und den Herrn Müller habe man nach »betrügerischen Machenschaften« fristlos entlassen müssen.

Wenige Tage nach dem Gespräch macht der deutsche Rechtsvertreter des Handelshauses Weitnauer, der Berliner FDP-Bundestagsabgeordnete Wolfgang Lüder, noch einmal unmißverständlich deutlich, »daß meine Mandantin oder die für sie tätigen verantwortlichen Mitarbeiter ... in Angelegenheiten des Zigaretten-Schmuggels ... nicht involviert waren und nicht involviert sind«.

Das ist, zumindest was die Vergangenheit angeht, aktenkundig falsch. Zwischen April 1969 und Oktober 1972 war nämlich Guillermo Lüttich bei der Weitnauer-Tochter Tuxedo GmbH in Hamburg angestellt, zuletzt als kommissarischer Leiter der Duty-free-Abteilung. »Im Rahmen dieser Tätigkeit«, so heißt es in einem Bericht des Hamburger Zollfahndungsamtes vom Juli 1984, »wurde er wegen Tatbeteiligung am internationalen Zigarettenschmuggel straffällig... und verurteilt« (vgl. Seite 59).

Mit der Firma Balmex AG, Wartenbergstraße 40 in Basel, und ihrem Inhaber, Patrick Laurent, hatte Lüttich übrigens 1985 von Avilés in Spanien telefonischen Kontakt — das jedenfalls ist dem Dossier des spanischen Nachrichtendienstes zu entnehmen. Der war mit seinen Ohren offenbar sehr nahe am Geschehen.

Balmex und Laurent sollen nach dem Urteil der internationalen Zollfahnder, die sich Anfang Juni 1987 in Köln trafen, ebenso wie Algrado und Denz, »Hauptinitiatoren des Schmuggels« sein. Offen bleiben allerdings, wie ich meine, zwei Fragen: Ist Guillermo Lüttich auch für dieses Syndikat hinter Patrick Laurent tätig — und steckt hinter Balmex, allen Dementis zum Trotz, die Weitnauer-Gruppe?

Eine zentrale Rolle zwischen den Organisationen Algrado und Balmex spielt überdies ein Mann namens Georg Kastl, der ebenfalls in der Liste der telefonischen Gesprächspartner von Guillermo Lüttich in Avilés auftaucht. Kastl lebt in Kaisten, nur einige Dörfer von Münchwilen entfernt. Er stand früher ebenfalls einmal in Diensten der Weitnauer-Gruppe, machte sich dann selbständig und wird seitdem von den internationalen Zollfahndungsbehörden zu den wichtigsten Figuren in der Szene gerechnet. Er soll vor allem für den Geldverkehr verantwortlich sein. Für Werner Denz hat er nach Erkenntnissen eines glaubwürdigen Gewährsmanns eine Reihe finanzieller Transaktionen über Liechtenstein, manchmal auch über Panama, vor allem aber über Bulgarien abgewickelt. Dies deckt sich mit den

Ein Mann sackt ein: Georg Kastl soll nach internationalen Ermittlungserkenntnissen Finanzmanager mehrerer Schmuggelsyndikate gewesen sein, was er jedoch bestreitet.

Fahndungsresultaten mehrerer europäischer Zollfahndungsbehörden.
Für Balmex und Weitnauer, so erfuhr ich aus derselben Quelle, habe Kastl den Rücktransport der »schwarzen Peseten« aus Spanien überwacht. »Manchmal kamen bis zu 100 Kilo Scheine, umgerechnet mehrere Millionen Schweizer Franken, in Schachteln verpackt und meist in den Türfassungen eines Golf versteckt«, erinnert sich auch Charly Müller, der frühere Weitnauer-Mann. Die präparierten Autos seien in der Regel mitten in der Nacht aus Spanien eingetroffen und dann auf einem Garagenhinterhof in der Nähe des Baseler Eidgenossenwegs »von einem Automechaniker namens Schopf« ausgenommen worden. Anderentags

habe man das Geld dann zum Schweizerischen Bankverein in die Gartenstraße gebracht, behauptete Müller 1984 vor Zeugen.
Einmal flog die wertvolle Golf-Fracht an der Grenze zwischen Frankreich und der Schweiz auf — mit einem Schlag waren 1,5 Millionen Schweizer Franken weg. »Die Weitnauer-Leute und Kastl waren stinksauer.« Müller vermutet, daß der Tip an den eidgenössischen Zoll wahrscheinlich von der Konkurrenz kam.

Unser Mann in Paris

Am 11. August 1983 fand im Amtsgericht Köln eine Vernehmung des Zollbeamten Helmut Reiss (Name geändert) vom Zollkriminalinstitut (ZKI) statt. Es ging um ein schon mehr als fünf Jahre zurückliegendes Ereignis, das damals hinter den Kulissen für erheblichen Wirbel gesorgt hatte, weil es den schwerwiegenden Verdacht der Ermittlungsbehörde nährte, der stellvertretende Direktor der französischen Zollfahndung in Paris, Roger Saint-Jean, gehöre zu einem Baseler Schmuggelsyndikat hinter der Handelsfirma Weitnauer. Später dementierte das ZKI auf Anfrage gegenüber der Weitnauer-Gruppe allerdings, daß man die Baseler Firma als »Hauptbeteiligte in verschiedenen Schmuggelgeschäften bezeichnet« habe. Auf jeden Fall spielten die Zeugenaussagen von Helmut Reiss, der im ZKI für den Zigarettenschmuggel zuständig war, in diesem Zusammenhang eine entscheidende Rolle.
Bei der internationalen Besprechung am 8. Februar 1978 im ZKI, an der Saint-Jean für die französische Seite teilnahm, stand die Observation von Lkws, in denen Zigaretten aus

[illegible], 3. 12. 1981

Edy Eichenberger
6951 Ponte Capriasca

Monsieur Le Juge SANGELIN
Tribunal de Grande Instance de
Mulhouse

Monsieur Le Juge,

Avant toute chose, je tiens à ce que cette déclaration soit couverte par l'article du code des douanes Françaises qui concerne la position de toute personne inculpée dans une affaire douaniére, qui revele le n et les malversations d'un fonctionnaire en fonction. Ayant fait depuis trop longtemps objet de pressions et de menaces de la part de l'administration française et voulant en finir je tiens aujourd'hui sous couvert de cett article a vous dire toute la verité sur mon activité que l'on me reproche.

Depuis 1974 j'ai assuré des transports sur l'Europe, de l'Allemagne de l'est, à l'Espagne en passant par Bâle et le sud Ouest de la France pour le compte d'un français qui au départ m'assurait des passages de douane en toute tranquillité, étant lui même très introduit dans l'administration Française. Jl s'est avéré trés vite que cette personne était Mr. Saint Jean, le même Saint Jean aloirs directeur des douanes à Paris. J'ai rencontré cette personne dans un restaurant de Bâle, le premier rendez-vous avait été comme d'habitude dans ce cas la donné par télephone.
Les transports s'organisaient de la manière suivante. La valeur d'un camion m'etait amenée en argent à Bâle, je payais le fournisseur, le camion était prêt, nous passions la douane à l'heure donnée par Saint - Jean, puis la route de Bordeaux jusqu'au village "La Biche" j'étais attendu par un certain "Martin".
J'ai fait des passages en toute tranquillité Mr. S.-Jean m'ayant garanti qu'en cas d'intervention des douanes m/on arrestation serait qu'une question d'heures cela c'est justifié l'hors de mon arrestation à St. [illegible] Louis.
Les menaces et pressions out eté de plus en plus fortes afin de me faire taire les noms des gens avec qui je travaillais. Mr. Loriot à Bâle m'a demande de dire que les transports etaient pour Laurent, Cabout et des autres personnes. Pour Laurent j'ai bien conue cette personne qui a été le fournisseur intermediaire des marchandies passes par moi et achetées par St.-Jean. D'autres transports qui ont éte organises depuis Bâle et l/allemange dont je n'ai pas éte le transporteur avaient des chauffeurs fournis par le vendeur.
Si j'ai éte muet jusqu'a présent, c'est que les menaces de Mr. Loriot m'avaient tres inquietes. Seul l'application de cet art. me donne la possibilité de vous faire cette declaration.

Monsieur mes respectueuses Salutations:
Edy Eichenberger

Nro 2085 (duemilaottantacinque)
Lugano, 3 dicembre 1981
(millenovecentoottantuno)

E Eichenberger

Certifico io sottoscritto notaio l'autenticità della firma qui sopra apposta mia presenza e vista dal signor Edmund EICHENBERGER, 1938, fu Karl, da Burg/AG in Ponte Capriasca, legittimatosi con pass CH nro 2329108 valido f.2o.3.83.

CANTONE DEL TICINO

Ein Ganove mit Prinzipien: Der Schweizer Schmuggler Edmund Eichenberger schrieb im Dezember 1981 dem französischen Untersuchungsrichter Germain Sengelin in einem Brief, er habe den stellvertretenden Direktor der französischen Zollfahndung, Roger Saint-Jean, bestochen, um Zigaretten ungestört nach Spanien schmuggeln zu können. Gegen Zusicherung freien Geleits kam Edi (Bildmitte) aus der Schweiz ins Gericht nach Mülhausen und bekräftigte bei einer Gegenüberstellung seine Vorwürfe. Links im Bild der Journalist Jean Marie Stoerkel, der den Fall recherchierte. (Foto: Schmitt)

der DDR über die Bundesrepublik und Frankreich nach Spanien verschoben werden, auf der Tagesordnung (»Aktion Vesuv«). Während der Konferenz, so gab Reiss zu Protokoll, sei er von Herrn Saint-Jean gefragt worden, ob bei einem Telefongespräch ins Ausland die angewählte Nummer hinterher irgendwo ausgedruckt würde. Reiss verneinte. Daraufhin habe Saint-Jean den Wunsch geäußert, ungestört telefonieren zu können. »Außerdem war ihm wichtig, selbst die Telefonnummer zu wählen. Offensichtlich wollte er die Nummer nicht bekannt werden lassen«, heißt es in der beeidigten Zeugenaussage von Helmut Reiss. Der Franzose habe die Telefonistin ziemlich rüpelhaft aus der Telefonzentrale komplimentiert und die Tür hinter sich geschlossen. »Sein Auftreten hat bei uns Verwunderung und

Kopfschütteln ausgelöst«, erinnert sich Reiss, und ein Kollege präzisierte bei seiner Zeugenvernehmung »dieses ungute Gefühl dahingehend, daß wir es für möglich hielten, daß Herr Saint-Jean Verbindungen zu den Zigarettenschmugglern hat«. Im Zollkriminalinstitut überlegte man hinterher tagelang, ob man die »delikate Angelegenheit«, ohne handfeste Beweise in der Hand zu haben, im Pariser Finanzministerium vortragen solle, entschied sich dann jedoch dagegen. Auf dem »kleinen Dienstweg« sickerte freilich doch das eine oder andere durch.

In einem »streng vertraulichen« Dossier des Sicherheitsdienstes der französischen Militärverwaltung in Berlin vom 16. Februar 1982 (»Verteilung verboten!«) heißt es dazu, die deutsche Zollfahndung sei »seit 1978 davon überzeugt, daß die Schmuggler an hoher Stelle selbst Mittäter haben« und daß dies Herr Saint-Jean sei, der deshalb »nicht mehr das Vertrauen des deutschen Zolls genießt«. Die Nummer zwei in der Hierarchie der französischen Zollfahndung stehe im Verdacht, so heißt es weiter, Komplize eines Holländers und des Generaldirektors der Intershopläden in der DDR, Günter Asbeck, gewesen zu sein (vgl. Seite 120).

Nach der Besprechung im Zollkriminalinstitut waren die Schiebereien auf der Route von Ost-Berlin schlagartig abgebrochen, so daß die begründete Vermutung bestand, Saint-Jean habe seine Partner in Basel noch von Köln aus vor der anlaufenden »Aktion Vesuv« warnen wollen.

Ein französischer Zolldirektor, der mit einer angesehenen Baseler Handelsfirma Zigarettenschmuggel betreibt? Für Untersuchungsrichter Germain Sengelin aus Mülhausen, der schon seit einiger Zeit gegen Saint-Jean ermittelte, war es damals nur ein weiteres Glied in einer Kette von Indizien und Beweisen.

Als Kronzeuge gegen den hohen französischen Beamten hatte bereits der Tessiner Zigarettenschmuggler Edmund (Edi) Eichenberger ausgepackt, hatte behauptet, er habe Roger Saint-Jean regelmäßig bestochen. Bei einer Gegenüberstellung mit Saint-Jean im Büro des Untersuchungsrichters am 16. Juni 1982, zu dem Eichenberger wegen eines bestehenden Haftbefehls erst auf Zusicherung freien Geleits hin aus der Schweiz angereist war, bekräftigte Edi seine Vorwürfe: Er gab zu Protokoll, daß er regelmäßig die Schmuggelzigaretten bei Weitnauer in Basel gekauft und dort eine Provision für Saint-Jean in Höhe von fünfzig Schweizer Franken pro Karton zurückgelassen habe (ein Karton enthält rund 500 Päckchen). Bei tausend Kartons pro Lkw sei das eine Summe von 50 000 Schweizer Franken gewesen. »Dafür gab mir Saint-Jean jedesmal telefonisch Uhrzeit und Ort durch, wo ich den Zoll an der Grenze passieren sollte«, sagte Eichenberger.

»Alles klappte zweieinhalb Jahre lang sehr gut«, durchschnittlich ein bis zwei Lkws mit geschmuggelten Zigaretten pro Woche seien unter dem Pariser Geleitschutz von Basel nach Spanien verschoben worden. Doch dann habe Weitnauer eines Tages mehr Geld verlangt. Wörtlich heißt es im Protokoll der Gegenüberstellung Eichenberger/ Saint-Jean, das mir vorliegt (Anmerkungen von mir): »Weitnauer hatte mir die Preiserhöhung zum Ende der Woche in Aussicht gestellt... Ich habe mich geweigert, die zusätzlichen 10 SFr [an Bestechungsgeld pro Karton] zu zahlen, indem ich ihm sagte, daß ich einen Vertrag über 50 SFr und nicht über 60 SFr abgeschlossen hätte. Danach kam das Wochenende, und mein Lkw wurde dann [als Folge der abgelehnten Preiserhöhung] am Anfang der kommenden Woche beschlagnahmt. Während dieser Zeit habe ich Saint-Jean kontaktiert, um ihm mitzuteilen, daß ich nicht einver-

COUR D'APPEL
DE
COLMAR

TRIBUNAL
DE GRANDE INSTANCE
DE MULHOUSE

Cabinet
de M. G. SENGELIN
Juge d'Instruction

N° III 5/78

PROCÈS-VERBAL DE CONFRONTATION

Le 16 Juin 1982
à 9 heures 30

Devant NOUS G. SENGELIN
Juge d'Instruction au Tribunal de Grande Instance de Mulhouse,
assisté de [redacted] Greffier,
étant en notre Cabinet au Palais de Justice,

A (ont) comparu
1) [redacted]
4) SAINT JEAN Roger

inculpé (s) par procès-verbal de première comparution du

récépissés joints confrontation 1/6/1982 cotés

Maître (s) Me KIEJAMAN (ad 4) substituant Me ABEBERR DUCREUX (ad 1) MeCHAMPION (ad 2) Me MOSER
Conseil (s) de (s) l'inculpé (s), régulièrement convoqué (s) par lettre (s) recommandée (s) adressée (s) le 10/5/1982 et à la disposition de qui la procédure a été mise ~~24 heures~~ 5 jours au plus tard avant la présente confrontation est (sont) présentsd .

Nous avons procédé comme suit à la confrontation entre (les) l'inculpé (s) susnommé (s)
et le (s) témoin (s) 1) [redacted]
2) EICHENBERGER Eddy

~~déjà~~ entendu (s) ~~et qui a (ont) renouvelé le serment de dire toute la vérité, rien que la vérité~~

Wer log in Mülhausen? Mit 50 000 Schweizer Franken pro Transport will Eichenberger den französischen Zolldirektor Saint-Jean geschmiert haben. So steht es in dem Protokoll der Gegenüberstellung vor dem Gericht in Mülhausen (Ausriß). Saint-Jean (oben) bestritt dies. Richter Germain Sengelin (unten) erhob gleichwohl Anklage. Das Verfahren wurde ihm daraufhin entzogen, Saint-Jean Jahre später von jedem Verdacht freigesprochen. (Fotos: Schmitt)

standen war. Er hat mir gesagt, daß er bei diesem neuen Preis bleibe, und weiterhin geäußert: ›Wenn du nicht willst, lassen wir es.‹ Ich habe ihm daraufhin geantwortet: ›Dann lassen wir es eben.‹«

Roger Saint-Jean blieb bei seiner Aussage, noch nie zuvor mit dem Tessiner zu tun gehabt zu haben: »Ich möchte hier betonen, dies ist das erste Mal in meinem Leben, daß ich Herrn Eichenberger sehe.«

Doch andere Zeugen bestätigten die Aussage Eichenbergers; sie gaben zu Protokoll, Saint-Jean bei konspirativen Treffen mit Zigarettenschmugglern im Baseler Nachtclub »Atlantis« beobachtet zu haben. Und ein deutscher Ganove mit guten Beziehungen zum Baseler Syndikat sagte vor der Zollfahndung in Karlsruhe aus, er habe im Sommer 1977 bei einer Versammlung der Schmuggler in Basel einen Mann kennengelernt, der ihm dabei als »Partner der Organisation«, gewissermaßen als »unser Mann in Paris« vorgestellt worden sei: »Er hieß Roger Saint-Jean.«

Schon im Dezember 1981 hatte Untersuchungsrichter Sengelin in Mülhausen Anklage gegen Saint-Jean erhoben. Doch in der Folgezeit seien ihm die Ermittlungen schwergemacht worden, erinnert er sich. Die Gründe glaubt Sengelin zu kennen: »Es ging um einen hohen Staatsbeamten, es ging wohl auch um Waffenlieferungen an die ETA, als Gegenleistung für den Zigarettenschmuggel nach Spanien, und es ging um merkwürdige Aktivitäten der französischen Geheimdienste. Das hat einigen offenbar nicht gefallen.«

Sengelin erhielt nach eigenem Bekunden anonyme Anrufe, Morddrohungen und gezielte politische Empfehlungen, er möge seine Nase nicht noch weiter in die Angelegenheit stecken. Als er sich davon nicht beeindrucken ließ, wurde ihm das Verfahren 1983 entzogen. »Es wurde nach Paris geholt«, so läßt Germain Sengelin keinerlei Zweifel aufkom-

men, wie er darüber denkt, und dort »haben sie es totgemacht.«
Tatsächlich dauerte es mehr als drei Jahre, bis in Paris das Urteil über den inzwischen zum Leiter eines Zolldepartements beförderten Roger Saint-Jean gesprochen wurde: Am 22. Januar 1987 befand ein Pariser Gericht den Beamten für unschuldig. »Die Mitwirkung von M. Saint-Jean am Zigarettenschmuggel zwischen 1973 und 1980 hat sich nicht bestätigt, trotz der außergewöhnlichen Untersuchungsmethoden, die angewandt wurden«, vielmehr fehle jede Art von »belastendem Material«. Mit den haltlosen Beschuldigungen hätten die Schmuggler versucht, Unruhe zu stiften und »die Verantwortlichen im Kampf gegen die Schiebereien zu verunsichern«.

Was wissen die Tabakkonzerne?

Lag Germain Sengelin in Mülhausen also falsch? War es gerechtfertigt, wie das Gericht in Paris befand, ihm das Verfahren zu entziehen. Ich muß zugeben, daß aufgrund der Unterlagen, die ich einsehen, aufgrund der Gespräche, die ich führen konnte, und nach meinem persönlichen Urteil die Entscheidung des Pariser Gerichts ein politisch motivierter, ungerechtfertigter Freispruch war. Wenn dies denn so wäre, dann hieße dies, daß nicht nur in Rom (vgl. Seite 68), sondern auch in Paris hohe Staatsbedienstete an der organisierten Wirtschaftskriminalität kräftig mitverdient hätten. Wer der politischen Moral aus gegebenem Anlaß mißtraut, hierzulande wie in unseren Nachbarländern, wer preußische Tugenden im Beamtentum kaum noch zu entdecken vermag, der wird sich über Bestechung und Bestechlichkeit nicht sehr wundern. Und da mögen die Grenzen zwischen dem Geld, das hierzulande zur Pflege der »politischen Kultur« von den Konten bedeutender Wirtschaftsunternehmen in die Kassen der Parteien floß, und dem, das anderswo zur Unterstützung einer illegalen Untergrundwirtschaft in privaten Schatullen landete, auch tatsächlich verschwimmen.

Und dennoch hat es etwas von der Dramaturgie eines schlechten Romans: Da haben sich offenbar Handelsunternehmen mit Ganoven, spanischen Terroristen, hochgestellten Beamten, Ostblockfunktionären und süditalienischen Mafiosi verbündet, um Gesetze zu umgehen und Steuern zu hinterziehen.

Und die Rolle der Tabakkonzerne? Wissen oder ahnen Philip Morris oder R. J. Reynolds etwas vom Zigarettenschmuggel? Dulden sie ihn? Oder sind sie gar aktiv daran beteiligt? Die erste Antwort klingt trivial: Alle Zigaretten, die auf den südeuropäischen Schwarzmärkten landen, werden von den Multis hergestellt, meist in den USA. Über eine Hafenstadt — Antwerpen, Rotterdam oder Hamburg — gelangt die Ware, ganz überwiegend Marlboro und Winston, dann auf dunklen Kanälen in den illegalen Handel. Warum liefern die amerikanischen Mutterhäuser überhaupt so große Mengen an Zigaretten nach Europa, obwohl es hier genügend Töchter mit eigenen Produktionen gibt? Auch auf diese Frage hätte ich gerne von den beiden Multis eine Antwort gehabt.

Anfang November 1986. Ich bin mit Claude Lebusse (Name geändert), einem französischen Schmuggler, in Zürich verabredet. Er hat nach eigenem Bekunden seit vielen Jahren für mehrere Organisationen Zigaretten nach Spanien und Italien verschoben. Wir treffen uns in einem italienischen Lokal in der Innenstadt, Erkennungszeichen:

eine Packung Marlboro und eine Packung Winston auf dem Tisch. Lebusse behauptet, daß mindestens zehn bis zwanzig Prozent des gesamten Marlboro- und Winston-Verkaufs in Südeuropa über den Schwarzmarkt liefen. »Wenn Philip Morris in Italien Einbußen zu verzeichnen hat, dann treten sie an uns heran und sagen: Wir wollen *mehr* machen. Könntet ihr *mehr* machen? Sie wollen dann mehr Marlboro auf den italienischen Schwarzmarkt werfen, um die Kunden zurückzugewinnen.« Es sei das Mittel, den Markt zu stimulieren, »wichtiger als alle Reklame, die sie in Auftrag geben!« Ich mache Zweifel geltend, ob er nicht ein bißchen übertreibe, denn dies würde bedeuten, daß Philip Morris — »das gilt ebenso für Reynolds«, wirft er ein —, daß die Multis den Schwarzmarkt als Teil ihres Vertriebs sehen. Das klingt mir denn doch etwas phantastisch.

Lebusse lacht. »Sehen Sie«, sagt er dann, »der Schwarzhandel ist für die Konzerne fast schon eine ökonomische Notwendigkeit.« Das hänge vor allem mit der Tatsache zusammen, daß in Spanien und Italien staatliche Tabakmonopole existieren, die den Herstellern »nur ein paar Rappen« für die Lizenz zahlen. »Nehmen wir zum Beispiel Spanien. Der spanische Markt ist fest in der Hand von Reynolds«, versichert der Franzose, »weil dort ganz vorwiegend Winston gekauft wird. Wer in den Großstädten lebt, einen guten Geschmack hat und etwas auf sich hält, raucht nicht die in Spanien produzierten Winston mit dem braunen Aufdruck des Staatsmonopols ›Tabbacalera: T.S.A., Venta en España‹. Viel stärker gefragt sind die hellen, amerikanischen Winston, die mit dem blauen Aufkleber ›made in U.S.A.‹.«

In Italien sei vor allem Philip Morris mit seinen Marken Marlboro und Muratti stark, in Ägypten und in der Türkei seien es die Engländer wie Benson & Hedges, behauptet Lebusse. Die Hersteller würden allerdings Wert darauf legen,

Der große Unterschied: Die Marke Winston des amerikanischen Tabakmultis R. J. Reynolds ist in Spanien sehr beliebt. Gegenüber den in Lizenz hergestellten spanischen Zigaretten (oben) schmecken die amerikanischen (unten) jedoch den meisten Spaniern besser. Deshalb gibt es einen spanischen Schwarzmarkt für Winston — made in U.S.A.

Der kleine Unterschied: Italien ist ein hervorragender Markt für Marlboro, hergestellt von Philip Morris. Auf dem italienischen Schwarzmarkt sind die unterschiedlichsten Packungen im Umlauf, die sich oft nur durch winzige Details voneinander unterscheiden.

daß der Absatz in Ländern mit »geordneten« Verhältnissen wie in der Bundesrepublik, England oder Frankreich, nicht durch illegale Ware gestört werde.

Festzuhalten bleibt zunächst: Firmen wie Algrado oder Weitnauer kaufen die Zigaretten unverzollt bei den Herstellern, denn sie wollen damit ja den Duty-free-Bereich, also zollfreie Läden auf Flughäfen, Schiffsausrüster oder Diplomaten beliefern.

Strafbar macht sich der Exporteur, wenn er beim Grenzübertritt die Steuern hinterzieht. Da Philip Morris und Reynolds in diesen Fällen nicht selbst exportieren, können sie sich auf die Position zurückziehen: Was die Kunden mit der Ware machen, liege ausschließlich in deren Verantwortung. Juristisch mag dies zutreffen, nur gibt es auch so etwas wie einen moralischen Bewertungsmaßstab. Anders gefragt: Müßte nicht Philip Morris als seriöser, weltweit arbeitender Konzern wissen, was Werner Denz mit den gigantischen Mengen Marlboro macht?
Ich habe diese und andere Fragen dreimal fernschriftlich bei Philip Morris in Lausanne eingereicht — es kam niemals eine Antwort. Ich erhielt nicht einmal, wie bei Reynolds (vgl. Seite 55) die Auskunft, man wolle keine Auskunft geben.
Aleardo Buzzi ist Direktor bei Philip Morris in Lausanne; er war früher einmal, zusammen mit Werner Denz, bei der Weitnauer-Gruppe in Basel beschäftigt. Diese Tatsache läßt natürlich nicht den Schluß zu, alle drei steckten seitdem beim internationalen Zigarettenschmuggel unter einer Decke.
Aber: »In mehreren Prozessen und Ermittlungen in Italien ist der Name Aleardo Buzzi und seine Verbindung zu den großen Schmuggelsyndikaten« bekannt geworden, erzählt mir Untersuchungsrichter Roberto Fucigna in Genua. Leider habe das Material jedoch bislang nicht ausgereicht, Anklage gegen ihn zu erheben.
Sind die Tabakkonzerne am Schmuggel beteiligt, frage ich ihn. Es gebe »einige Indizien und Tatsachen«, die auf eine »Verwicklung der großen Zigarettenkonzerne« hindeuten. Die multinationalen Firmen ließen nämlich »eine beachtliche Anzahl von Containern zusammenkommen und dann nach Zypern schicken. Von dort werden dic Zigaretten

über den Vorderen Orient nach Osteuropa, und von dort nach Spanien und Italien gebracht.« Das sei, meint der Richter, nur mit Kenntnis der Hersteller möglich.
Diese Schmuggelroute wurde auch auf dem internationalen Treffen der Zollfahnder Anfang Juni 1987 in Köln erwähnt. Es sei bekannt, heißt es im Protokoll, daß »jährlich mehrere 100 Millionen Stück Zigaretten ... von deutschen und niederländischen Seehäfen nach Zypern abgefertigt werden«, obwohl es dort für solche gigantischen Mengen »keine Möglichkeit des Absatzes« gebe. »Tatsächlich gelangen diese Zigaretten von Zypern in den Ostblock«, und von dort »mit Hilfe gefälschter Papiere nach Italien«.
Ende Mai 1987, zum Formel-1-Rennen in Monte Carlo, treffe ich Claude Lebusse wieder. Philip Morris ist einer der größten Sponsoren des schnellen Automobilsports. Jedes Jahr nach Abschluß des Grand Prix lädt Philip Morris zu einem Empfang, der 1987 im Palast »Sporting d'été« in der Avenue Princesse Alice stattfand. Bei einem Gespräch im Hotel »Loews« mache ich nochmals meine Zweifel geltend. Was haben die Multis vom Schwarzhandel?
»Ganz klar: Erlöse!« sagt Lebusse, und nach dem, was ich inzwischen erfahren habe, klingt es diesmal für mich sehr viel überzeugender.

Regelmäßiger Albanien-Verkehr

Über die Rolle, die Philip Morris im internationalen Zigarettenschmuggel spielen könnte, erhalte ich einige Monate später in Antwerpen zusätzliche Hinweise. Ich bin in die belgische Hafenstadt gefahren, weil sie die wichtigste Drehscheibe für den internationalen Zigarettenschmuggel in Eu-

Drehscheibe Antwerpen: In den Lagerhäusern der Spedition Pakhoed (oben) liegen große Mengen amerikanischer Winston, die mit Schiffen wie der »Bobby« (unten) exportiert werden — offiziell nach Westafrika. Ihr tatsächliches Ziel ist jedoch der spanische Schwarzmarkt. Sie werden an der baskischen Küste mit Fischerbooten gelöscht. (Fotos: Schneider, Koch)

ropa ist. Von hier aus gehen zum Beispiel regelmäßig Schiffe auf große Fahrt nach Westafrika — ohne dort anzukommen. Ihre Ladung, meist amerikanische oder Schweizer Winston, löschen sie an der spanischen Nordküste, zwischen San Sebastian und Vigo, mit Fischerbooten.

Am 27. Mal 1987 lud beispielsweise die »Bobby«, ein 1951 gebauter, unter panamesischer Flagge fahrender Seelenverkäufer mit knapp tausend BRT, 3,5 Millionen Päckchen Winston im Einkaufswert von fast drei Millionen Mark und lief dann mit Ziel Dakar aus. Am 8. August 1987, so ergab meine Anfrage beim internationalen Schiffsregister Lloyds in London, kehrte die »Bobby« nach Antwerpen zurück — leer. Eine Ankunftsmeldung in Dakar lag bei Lloyds nicht vor. Dahinter stecke eine Firma in Panama, erläutert mir mein Gewährsmann bei der Lager- und Speditionsfirma Pakhoed, die für die Ladung verantwortlich war, »aber mehr darf ich Ihnen dazu beim besten Willen nicht sagen«.

Er erzählt dafür noch etwas anderes, und das klingt nicht minder aufregend: Von Antwerpen gingen regelmäßig Lkws mit Marlboro nach Albanien. »So viel können die Albaner gar nicht rauchen«, sagt er lachend und rechnet dann vor: »Zwei Lkw mit Hänger pro Woche, jeder mit rund einer Million Päckchen, macht hundert Millionen Päckchen im Jahr. Und nirgendwo in Albanien bekommen Sie Marlboro oder andere amerikanische Zigaretten, glauben Sie mir.« Ich habe da keine Zweifel. Wer finanziert, will ich wissen. Werner Denz?

»Könnte sein!« sagt er.

Eine andere Zahl kommt mir bei seinem Rechenexempel in den Sinn: »Nach Abzug aller Kosten«, so hatte mir Claude Lebusse gesagt, »können Sie mit einem Gewinn von einem Schweizer Franken pro Päckchen rechnen: siebzig Rappen im Einkauf, siebzig Rappen für Transport, Bestechung usw.«, und der Rest sei »die schwarze Gewinnspanne, brutto für netto«. Hundert Millionen Päckchen zu je einem Schweizer Franken, allein für das Albanien-Geschäft — das wären, ohne Frage, attraktive Erlöse für das Syndikat. Aber auch Umsätze in Höhe von siebzig Millionen Schweizer Franken für Philip Morris.

Einige Wochen später treffe ich einen Fernfahrer aus Bamberg, der im Mai 1986 an der Grenzstation Hani-Hotit zwischen Jugoslawien und Albanien mit einem Kollegen der holländischen Spedition Weys Inter-Europa BV aus Siebengewald ins Gespräch kam. Er warte gerade »auf den italienischen Mafia-Boß, der einen BMW mit dem Kennzeichen ›Tirana 01‹ fährt und mich zum Hafen von Durrës an der Küste geleitet, wo ich dann bei einer Spedition ablade«, habe ihm der Holländer erzählt. Dort stempele man seine Papiere ab und schicke ihn dann auf den Heimweg. Nein, ein Visum brauche er nicht, er müsse lediglich seinen Paß an der Grenzstation hinterlegen.

Als mein Informant aus Bamberg dann wissen wollte, was die Albaner mit so großen Mengen Marlboro machen, habe der Kollege aus Holland lauthals gelacht: die würden natürlich von Durrës aus nach Italien geschmuggelt. Später, bei einer Kaffeepause nahe Shkodër, gelang es dem neugierigen Bamberger dann noch, Fotos vom vorbeifahrenden Schmuggel-Lkw zu machen.

Das sind erstklassige Informationen. Also wieder nach Antwerpen. Meine dortigen Kontaktleute können weiterhelfen: Die Marlboro würden wöchentlich im Durchschnitt zweimal von der Spedition Weys bei der Lagerfirma Van Bree in Antwerpen abgeholt und dann über Venlo (Grenzübergang in die Bundesrepublik), Suben (Grenzübergang nach Österreich), Spielfeld (Grenzübergang nach

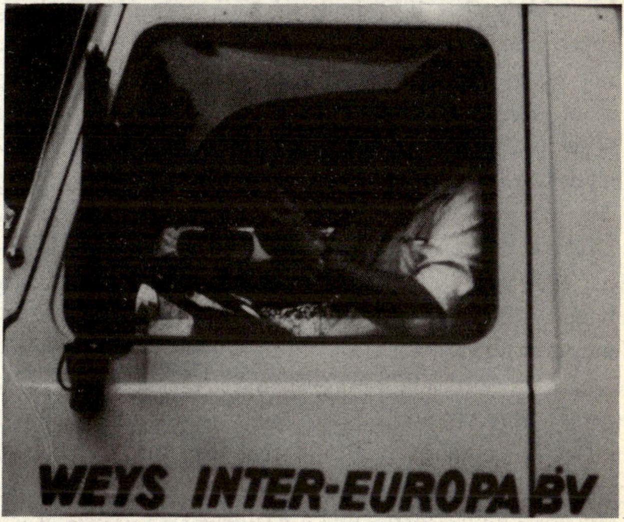

Begegnung in Shkodër: Die holländische Spedition Weys soll regelmäßig für die Firma Algrado Zigaretten nach Albanien bringen. Dort machte ein Fernfahrer im Mai 1986 diese Fotos.

Jugoslawien), Hani-Hotit (Grenzübergang nach Albanien) nach Durrës transportiert. Offizieller Abnehmer sei die Firma Albtrans in Tirana.

Ein solchermaßen regelmäßiger Linienverkehr mit Schmuggelzigaretten macht mich neugierig. Ich versuche, weitere Informationen zu erhalten, vor allem über die Fragen, ob diese gigantischen Schwarzmarktgeschäfte Algrado zuzurechnen sind und welche Rolle Philip Morris dabei spielt. Doch zunächst beiße ich bei meinen Gesprächspartnern in Antwerpen auf Granit. Mir scheint, ihnen ist die Sache zu heiß. »Finger weg!« sagt einer, und ich habe den Eindruck, daß er es ernst meint.

Man nennt es wohl Reporterglück, wenn man sich nicht die Finger verbrennen will und sich dann eine solche Sache ohne eigenes Zutun weiterentwickelt: Zwei Wochen später, Mitte November 1987, finde ich Dokumente in der Post, abgeschickt von einem Anonymus in Brüssel, einen Bericht mit einer Vielzahl detaillierter Angaben und Hinweise nebst Anlagen. Ich prüfe die genannten Telefonnummern — sie sind alle korrekt; auch die Namen und Adressen stimmen. Die Informationen sind eine umfassende Ergänzung der Aussagen des Bamberger Fernfahrers.

Und das besagen die Papiere, die jemand Anfang November 1987 verfaßte: Die letzte Ladung Marlboro vor Erstellung des Berichts sei am 27. Oktober 1987 mit Carnetnummer 4379584 nach Albanien gegangen. Die Anweisungen an die Spedition Weys (Herrn Verreyt) würden von einer Transport-Zentrale Basel (Herr Lücher) erteilt. Hinter dieser Organisation in Basel stecke der Auftraggeber, die Firma Algrado in Münchwilen. Werner Denz spreche ständig mit Philip Morris, um Einzelheiten zu klären. Auch die Akkreditivzahlungen erfolgten stets und ausschließlich von Algrado an Philip Morris. Bei der Sendung vom 27.

Oktober 1987 sei die Freigabe nicht wie sonst üblich per Telex von Philip Morris in New York (Herr Östermann), sondern mit fernschriftlicher Anweisung von Philip Morris aus Lausanne in der Schweiz (Herr Steinmann) gekommen.

Sollten diese Angaben ebenso zutreffen wie jene Daten, die ich überprüfen konnte, dann hieße dies: Claude Lebusse hätte recht mit seiner Behauptung, daß der amerikanische Zigarettenkonzern Philip Morris beim Zigarettenschmuggel eng mit Werner Denz zusammenarbeiten würde.

Ganz unzweifelhaft ist auf jeden Fall: Der Balkanstaat Albanien, der sich lange Jahre dem Westen völlig verschlossen hat, machte sich mit kapitalistischen Methoden offenbar schon lange vorher vertraut. Im Oktober 1987 vereinbarten Bonn und Tirana diplomatische Beziehungen. Mitte November reiste Franz Josef Strauß in die sozialistische Volksrepublik, konferierte in Durrës mit Ministerpräsident Adil Carcani und in Tirana mit Partei- und Staatschef Ramiz Alia. Als Gastgeschenk brachte er eine »Verfügungsermächtigung« mit, für die Albanien Waren eigener Wahl auf dem deutschen Markt einkaufen kann.

Der Hunger nach Westdevisen scheint — ebenso wie früher bei den Ostblockstaaten Bulgarien, Polen und DDR — alle moralischen Skrupel zu verdrängen, immerhin arbeiten albanische Staatsfirmen, und damit gewiß hohe albanische Funktionäre, mit der Mafia in Süditalien Hand in Hand. Der schon jetzt reibungslose Albanien-Verkehr mit amerikanischen Marlboro wird sich zukünftig womöglich noch weiter verstärken: Durch Eröffnung der Neubaustrecke von Titograd nach Shkodër wird Albanien an das europäische Eisenbahnnetz angeschlossen. »Dann werden die Container sicher über die Schiene rollen, und wir verlieren einen wichtigen Kunden«, hatte der Lkw-Chauffeur von

Weys seinem deutschen Kollegen schon im Mai 1986 an der Grenzstation Hani-Hotit prophezeit.
Das Land der Skipetaren ist geographisch und logistisch sicherlich ein idealer Partner im internationalen Zigarettenschmuggel: Der Export nach Albanien ist legal, solange die Ankunft und der Verbleib der Ware im Land offiziell bestätigt wird, er ist in Richtung Süditalien nicht einmal ein Umweg. Und für die illegale Wiedereinfuhr in die Europäische Gemeinschaft an der italienischen Adriaküste sorgt die Mafia. Die dichte militärische Radarkontrolle stellt offensichtlich kein ernstes Hindernis dar.
Claude Lebusse erzählte mir bei unserer erster Begegnung in Zürich, daß »selbstverständlich eine Reihe hoher NATO-Soldaten«, die den »Hacken des italienischen Stiefels«, also die Küstenregion zwischen Bari und Otranto, überwachen sollen, »von der Mafia geschmiert« würden. Lebusse: »Die wissen genau, wer wann an den Radarschirmen sitzt und was man machen muß, damit er die Augen zudrückt, wenn's spannend wird.«

Ärger an der Peloponnes

In dieser Region des Mittelmeers hat Werner Denz schon reichlich Erfahrungen gesammelt, und nicht immer nur gute.
Am 26. Januar 1979 wird die unter griechischen Flagge fahrende »Lucky Trader« im Hafen von Lissabon mit 5000 Kartons zu je fünfhundert Päckchen Marlboro, Muratti, Merit, Kim und Milde Sorte beladen, die einige Tage zuvor mit einem anderen Schiff aus Antwerpen eingetroffen sind. Auf dem Papier hat Philip Morris die Ware an Algrado in

ROBERT BISHOP ADJUSTERS LIMITED

International Loss Adjusters

54 LEMAN STREET,
LONDON E1 8EY

Telephone 01-488 0844 (24 hr ansafone)

(Registered Office) Registered in England No. 1430130

Telex 8953873 ADJUST.

Group Offices
Melbourne
New York

Represented
Argentina
Australia
Brazil
Columbia
France
Hong Kong
India
Israel
South Africa
Venezuela

YOUR REF: Q.80.252 AD/AP
OUR REF: 80/1226.BB

[redacted],
2000 Antwerpen,
Belgium.

STRICTLY PRIVATE & CONFIDENTIAL

26th May, 1981.

Attention: [redacted]

Dear Sirs,

Re: "LUCKY TRADER" / "ARIBEL"

Upon receipt of instructions we proceeded with enquiries into a claim concerning the loss of cigarettes said to be valued at US.$550,000.

The Insured is Algrado A.G. of Oberdorf 4, Munchwilen, Aargau, Switzerland, who through an Open Cover arranged by Leon Van Eessel, Antwerp, Belgium declared the shipment with which we are concerned and for which Certificate No. 601408 dated 19th February 1979 was duly issued.

The claim now relates to that shipment which

Odyssee mit Glimmstengeln: Der Versicherungsagent Robert Bishop (Ausriß aus seinem Bericht) behauptet, daß die »Lucky Trader« ein Schmuggelschiff war.

Münchwilen, diese nach Liechtenstein und von dort zurück nach Basel verkauft. De facto soll die Reise von Lissabon nach Burgas an der bulgarischen Schwarzmeerküste gehen. Empfänger: Despred Zoll, Sofia, eine bulgarische Staatshandelsgesellschaft.

Diese Angaben entnehme ich einem Bericht des internationalen Versicherungsagenten Robert Bishop, der im Auftrage des Antwerpener Schiffsversicherers der »Lucky Trader« den Fall recherchierte und rekonstruierte. Und so geht die spannende Geschichte weiter: Am 31. März 1979 taucht die »Lucky Trader« überraschend im Hafen von Katakolon in Griechenland auf und wird von den Behörden, die den Zweck der Reise — Zigarettenschmuggel nach Italien — erkannt haben, an die Leine gelegt. Denn Bulgarien produziert Philip-Morris-Zigaretten in Lizenz, so daß es gar keinen Importbedarf gibt. Die griechische Justiz erhebt Anklage gegen den portugiesischen Spediteur, gegen den Schweizer Auftraggeber und den griechischen Reeder. Über ein Jahr lang liegt das Schiff in Katakolon auf der Peloponnes fest. Ende Mai 1980 sticht die »Lucky Trader« mit Genehmigung der griechischen Gerichte in See und läuft Tage später den Hafen von Piräus an. Dort wird die inzwischen mindestens eineinhalb Jahre alte Ware am 30. Juli 1980 bei Nacht und Nebel auf ein anderes Schiff verladen, die »Aribel«, die kurze Zeit darauf mit gefälschten Zolldokumenten und unbekanntem Ziel die griechischen Gewässer verläßt. Als die Griechen den Schwindel entdecken, ist es zu spät; sie organisieren die Suche mit Hilfe von Flugzeugen, doch die »Aribel« bleibt verschwunden. Das Schiff nimmt, so ermittelt Robert Bishop später, Kurs auf die italienische Adria, während Werner Denz und sein Partner Corrado Bianchi alles versuchen, die Ware auf dem italienischen Markt unterzubringen (Versicherungsbericht). Doch ihre

Geschäftspartner in Neapel wissen natürlich längst, wie alt die Zigaretten sind — und lehnen dankend ab.
Am Morgen des 15. August 1980 bringen Zollschnellboote die »Aribel« vor der zypriotischen Küste zwischen Limassol und Larnaca auf. Da werden die Kartons gerade auf ein Schiff libanesischer Herkunft verladen. Während sich der Libanese aus dem Staub macht, wird das griechische Motorschiff in den Hafen von Limassol geleitet, die Besatzung verhaftet und die restliche Ladung, etwas mehr als die Hälfte der in Lissabon aufgenommenen Zigaretten, beschlagnahmt. Auch der Schiffseigner der »Lucky Trader« und der »Aribel«, Andreas Stoyiannos, wird in Limassol in Haft genommen. Er räumt gegenüber der Zollfahndung ein, daß die Fracht zu keinem Zeitpunkt für Burgas bestimmt war, sondern ursprünglich in der Adria auf ein italienisches Motorschiff verladen und dann bei Neapel illegal angelandet werden sollte. Der Ärger und die achtzehnmonatige Odyssee habe damit begonnen, daß sich die Verladung in Lissabon verzögert und er, Stoyiannos, deshalb einen finanziellen Ausgleich von Corrado Bianchi verlangt habe. Weil plötzlich auch die Mannschaft der »Lucky Trader« eine Art Risikoprämie forderte, Bianchi aber nicht zahlen wollte, steuerte der Kapitän sein Schiff bis zur Klärung kurzerhand in den Hafen von Katakolon, nicht ahnend, daß der griechische Zoll ihn schon erwartete. Später sei beabsichtigt gewesen, die »Lucky Trader« auf der Reise von Katakolon nach Piräus zu versenken. Man habe von dem Plan aber Abstand genommen, weil griechische Aufsichtsbeamte an Bord gewesen seien. Profitiert hätte, so bekannte Stoyiannos, ohnehin nur einer von dem Untergang des Schiffes: Werner Denz. Auf seinen Namen war die Versicherungspolice für die »Lucky Trader« ausgestellt.
Der Fall ist bis heute noch nicht abgeschlossen. Da die ver-

sicherte Strecke von Lissabon nach Burgas gar nicht gefahren werden sollte, weigerte sich die Antwerpener Schiffsversicherung, für den Verlust der Ladung aufzukommen. Werner Denz ging in der belgischen Hafenstadt vor Gericht. Das Verfahren ist bis heute anhängig.

Die bulgarische Mafia

Die Lieferung aus Lissabon war nicht die erste und nicht die letzte, die auf merkwürdige Weise auf dem Weg nach Burgas verschwand. Allein in den zwei Monaten vor den Ereignissen um die »Lucky Trader«, zwischen Ende November 1978 und Ende Januar 1979, gingen auf vier zypriotischen und griechischen Frachtern insgesamt zehn Millionen Päckchen verloren, immer auf der Höhe von Neapel.

Warum Burgas? Dem Versicherungsagenten Bishop bestätigten die bulgarischen Behörden, daß die Schiffe tatsächlich nie den Schwarzmeerhafen erreichten. Wie später bei den Albanien-Geschäften wurde die Ankunft der Schmuggelzigaretten gleichwohl von bulgarischen Staatshandelsfirmen bestätigt. Das konnte in Sofia wie in Tirana nur funktionieren, weil der Staat an den Schiebereien partizipierte. Mehr noch: Die Bulgaren erlaubten nicht nur, Deckadressen in Sofia zu verwenden, sie nutzten die ausgetretenen Schmuggelpfade auch, um eigene, in Lizenz hergestellte Westzigaretten abzusetzen. Bulgarien darf zwar einige Marken produzieren, allerdings nur für den Eigenbedarf. Einer der Gründe: Der Tabak »Marke Ost« schmeckt viel schlechter als jener »Marke West«.

Doch Bulgatabac, der bulgarische Tabakstaatshandel, vertrieb die Imitate mit Hilfe gefälschter amerikanischer

Packungen in Spanien. Das wiederum wollte der Hersteller, zum Beispiel Reynolds, auf jeden Fall verhindern. Man befürchtete nämlich, daß sonst die Raucher in Südeuropa wegen der miesen Tabakqualität ihrer Winston untreu werden und auf andere Marken umsteigen. So gesehen mag der Großschmuggel zwar durchaus im wirtschaftlichen Interesse der Tabakkonzerne liegen, aber nur solange es sich um eigene Erzeugnisse handelt — und um eigene Umsätze.
Die Beziehungen zu den bulgarischen Staatshandelsfirmen Despred, Kintex, Socotrade und Evrotrans seien ein großes Kapital für Werner Denz. Das bestätigten mir Zollfahnder in der Schweiz, Österreich und in der Bundesrepublik übereinstimmend. Er habe blendende persönliche Kontakte zu den Bulgaren, vor allem zu Bojidar Stoitchkov, der in Sofia über erheblichen politischen Einfluß verfüge und bei seinen Reisen in die Schweiz stets Anschrift und Telefonnummer von Werner Denz in Münchwilen als Kontaktadresse hinterlasse.

Ex Sofia, via Cuxhaven

Mit Hilfe seiner Staatshandelsfirmen versorgt Bulgarien die Schwarzmärkte in Italien und Spanien mit echten amerikanischen Marlboro und Winston — und mit falschen. Die Wege der Zigaretten sind verschlungen, immer werden möglichst viele Zwischenstationen gewählt, damit der Transport quer durch Europa hinterher nicht nachvollzogen werden kann.
Am 16. März 1982 erhält die Hamburger Spedition Hawe, Bredowstraße 17, sieben Container mit rund vier Millionen Päckchen Zigaretten in einem Gesamtgewicht von 128 Ton-

HAWE Spedition GmbH

HAWE Spedition GmbH · Postfach 74 60 67 · 2000 Hamburg 74

Firma
Günther Trulsen
Schiffsmakler
Bei der alten Liebe 11

2190 Cuxhaven

10. MRZ. 1982

2000 Hamburg 74
Brodowstraße 17
Telefon: (040) 732 60 31
Telex: 2162 122 hawe d

Bankkonten:
Dresdner Bank AG, Hamburg
(BLZ 20080000) Kto. Nr. 02702125
American Express Bank GmbH
(BLZ 20010638) Kto. Nr 012783408

Ihr Zeichen	Ihre Nachricht vom	Unser Zeichen	Datum
		8080-03005	09.03.82

durch Boten übergeben

Sehr geehrte Damen und Herren!

Betr.: Ladung für MS "LINA", ets. 16.03.82

Ende dieser, Anfang nächster Woche werden folgende Waggons mit Zigaretten bei Ihnen in Cuxhaven, Amerikahafen/Lenzkai eintreffen:

01 54 1571937-4	1.191	Kartons Winston	19,056,-kg
01 50 1507068-1	1.198	Kartons Winston	19,168,-kg
01 53 14855331-6	851	Kartons Winston	13,616,-kg
01 54 1572896-1	1.084	Kartons Winston	17,344,-kg
31 52 18110497-6	1.927	Kartons Winston	30,832,-kg
11 54 42700515-8	1.017	Karton Winston	16,772,-kg
01 50 1503986-8	732	Kartons Winston	11,712,-kg
Insgesamt	8.000	Kartons mit	128.000,-kg

Wir bitten um Kenntnisnahme und verbleiben

mit freundlichen Grüßen

HAWE Spedition GmbH

+ 250 Kartons

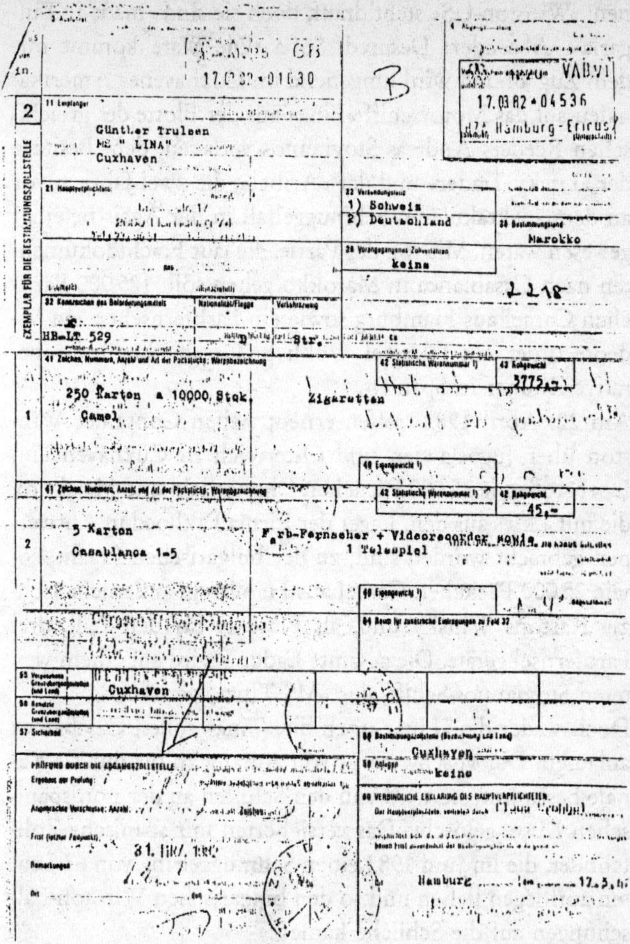

17.0?.82 • 01630

B

VABVI
17.03.82 • 04536
Hamburg-Ericus

2

EXEMPLAR FÜR DIE BESTIMMUNGSZOLLSTELLE

11 Empfänger
Günther Truleen
MS " LINA"
Cuxhaven

21 Hauptverpflichteter

22 Versendungsland
1) Schweiz
2) Deutschland

25 Bestimmungsland
Marokko

26 Vorangegangenes Zollverfahren
keine

2218

32 Kennzeichen des Beförderungsmittels
HB-LT 529

Nationalität/Flagge
D

Verkehrszweig
Str.

41 Zeichen, Nummern, Anzahl und Art der Packstücke; Warenbezeichnung

1
250 Karton a 10000 Stck.
Camel
Zigaretten

42 Statistische Warennummer
43 Rohgewicht
3775,-

41 Zeichen, Nummern, Anzahl und Art der Packstücke; Warenbezeichnung

2
5 Karton
Casablanca 1-5
Farb-Fernseher + Videorecorder usw.
1 Telespiel

42 Statistische Warennummer
43 Rohgewicht
45,-

46 Eigengewicht
64 Raum für zusätzliche Eintragungen zu Feld 37

53 Vorgesehene Grenzübergangsstelle (und Land)
Cuxhaven

56 Benutzte Grenzübergangsstelle (und Land)

57 Sicherheit

PRÜFUNG DURCH DIE ABGANGSZOLLSTELLE
Ergebnis der Prüfung:
Angebrachte Verschlüsse: Anzahl
Frist (letzter Tag)
31. MRZ. 1982
Bemerkungen
Ort

60 Bestimmungszollstelle (Bezeichnung und Land)
Cuxhaven

59 Anlagen
keine

60 VERBINDLICHE ERKLÄRUNG DES HAUPTVERPFLICHTETEN

Hamburg 17.3.82

Amerikaner aus Sofia: Die Hamburger Spedition Hawe war 1982 in die Lieferung nachgemachter amerikanischer Winston aus Bulgarien für den spanischen Schwarzmarkt verwickelt. Die Zigaretten waren laut der Frachtpapiere für Casablanca bestimmt, kamen aber dort nie an. Zur Ladung gehörten auch Farbfernseher, Videorecorder und Telespiele – Präsente für hilfsbereite Zöllner in Nordspanien. (Foto: Schneider)

nen: »Winston-US« steht drauf, doch sie sind »made in Bulgaria«. Absender: Despred, Sofia. Die Ware kommt mit dem Zug an und wird umgehend im Cuxhavener Amerikahafen auf das Motorschiff »Lina« aus der Flotte des griechischen Reeders Andreas Stoyiannos verladen, dem Besitzer der »Lucky Trader« und der »Aribel«, die zwei Jahre zuvor an dem spektakulären Schmuggelfall in der Ägäis beteiligt gewesen waren. Mit von der Partie, die laut Frachtdokumenten nach Casablanca in Marokko gehen soll: 125 000 Päckchen Camel aus Hamburg sowie ein Farbfernseher, ein Videorecorder, ein Telespiel — übliche Geschenke für kooperative Zöllner in Spanien.

Am 22. April 1982 treffen erneut sieben Container Winston über Jugoslawien und Österreich in Cuxhaven ein. Dort stoßen je 75 000 Päckchen Chesterfield und Marlboro, die mit Lkws aus dem Lager der Firma Pakhoed in Antwerpen gebracht worden sind, zu der bulgarischen Fracht, sowie 25 000 Päckchen Camel aus Hamburg, außerdem sechzig Kartons Whisky und, als Präsente für den Zoll, drei Farbfernsehgeräte. Die gesamte Ladung wird auf einem weiteren Stoyiannos-Schiff, der »MS Tina«, verstaut.

Doch weder die »Lina« noch die »Tina« sollen Casablanca anlaufen. Die Mischware ist von Anfang an für dunkle Kanäle bestimmt; sie wird von den Schiffen an der nordspanischen Küste gelöscht. Das versicherten mir spanische Zollfahnder, die im Juni 1983 einen Schmuggelring von 65 Leuten auffliegen ließen und so den bulgarischen Winston-Fälschungen auf die Schliche kamen.

Hinter dem lukrativen Geschäft steckte nach Überzeugung der spanischen Finanzbehörden Werner Denz: »Er überwacht die Europa-Tour der Winston, aber ist selten direkt involviert«, heißt es in einem Bericht, der auf den spanischen Fahndungsergebnissen basiert. Welche Rolle indes spielte die Hamburger Spedition Hawe bei dem merkwürdigen Ost-West-Geschäft? Eine entsprechende Anfrage, die ich an Hawe richtete, beantwortete der Anwalt der Spedition: Das fragliche Geschäft sei von seiner Mandantin »von Cuxhaven aus zollmäßig ordnungsgemäß abgewickelt worden«. Das ist sicherlich zutreffend, denn beim Verlassen der Ware ging es, ganz legal, um bulgarische Zigaretten für den Export nach Marokko. Illegal wurde die Fracht erst beim Löschen an der nordspanischen Küste. Aber müßte nicht ein seriöser Spediteur stutzig werden, wenn »amerikanische Winston« aus Sofia kommen und dann nach Nordafrika verschifft werden? Zweite Frage an die Hamburger Spedition: Sei es zutreffend, daß Werner Denz Initiator dieses Bulgariengeschäfts war? Eine reichlich naive Frage, fand ich, als das Fernschreiben nach Hamburg tickerte. Was sollte der Hawe-Anwalt anders antworten als: »Meine Mandantschaft kennt keinen Herrn Denz!« Doch manchmal hat man auch mit naiven Fragen Erfolg. »Herr Denz«, so hieß es statt dessen, »hat mit der Sache nach der Erinnerung unserer Mandantschaft nichts zu tun.« Vielleicht erinnert sich die Mandantschaft nur einfach schlecht.

Hilfe vom Stasi

Kurz vor dem Grenzkontrollpunkt zur DDR, Berlin-Dreilinden (Checkpoint Bravo), fährt der Fernfahrer Carlo Furler (Name geändert) mit seinem westdeutschen Auflieger von der Avus ab zum Berliner Zoll und läßt sich seinen Lkw verplomben: Leerfracht zurück ins Bundesgebiet. Dann passiert er den DDR-Übergang Drewitz, biegt einige Kilometer hinter der Grenze jedoch von der Transitstrecke

nach Helmstedt ab und fährt Richtung Babelsberg. Er wird bereits erwartet. Wenige Minuten später setzt sich ein DDR-Pkw vor den Laster und geleitet ihn zu einem Lagerhaus. Auf dem Hof wird sofort Hand an den Lkw gelegt. Der Metallverschluß der hinteren Tür läßt sich mit ein paar verborgenen Schrauben im Handumdrehen lösen, ohne die Plombe zu beschädigen. Unterdessen setzen sich Carlo Furler und der Fahrer des Begleit-Pkw zusammen, um das Geschäftliche abzusprechen. Der Schweizer händigt dem DDR-Mann Bares aus, pro Karton Zigaretten mit je fünfhundert Päckchen jeweils dreißig US-Dollar, pro Fuhre insgesamt 30 000 Dollar. Erst danach beginnen mehr als zwanzig fleißige Hände damit, im Innern des Lkw Karton auf Karton zu stapeln.
Nach knapp einer Stunde haben die Leute von der Spedition den Lkw mit den rund 500 000 Päckchen Zigaretten gefüllt. Furler klemmt sich sofort wieder hinter das Steuer, denn es komme »auf die Ladezeit an, ob das Blatt des Fahrtenschreibers ausgewechselt werden muß oder nicht«. Bei der möglichen Kontrolle dürfe dem bundesdeutschen Zoll die Verzögerung natürlich nicht auffallen.
Doch statt sich in die Warteschlange einzuordnen, prescht Furler mit seinem Brummi in Helmstedt auf jenen Posten zu, der für leere Fuhren auf dem Rückwege aus Berlin zuständig ist. Der bundesdeutsche Zöllner kontrolliert denn auch erst gar nicht ernsthaft, sondern läßt den Auflieger ohne Zögern passieren. Die Zigaretten gelangen auf diese Weise — ein deutsch-deutsches Geschäft ganz besonderer Art — schwarz und zollfrei in die Bundesrepublik und dann weiter nach Italien oder nach Spanien.
Daß die Ostrepublik ihre Devisenbestände mit Alkohol- und Zigarettenschmuggel sowohl über die Straße als auch über die Schiene aufbesserte, ist unter Zollfahndern kein Ge-

DIFFUSION RESTREINTE

GOUVERNEMENT MILITAIRE FRANÇAIS
DE BERLIN

SERVICE DE LA SURETE

BERLIN, le 16 février 1982

N° 651 sur RR/AP

NOTE DE RENSEIGNEMENTS

OBJET : Mise en cause d'un haut-fonctionnaire des Douanes Françaises dans une affaire de trafic de cigarettes.

Par notes de renseignements N° 2529/400 et 190 des 4.8.1978 et 15.1.1982, le Service avait évoqué les agissements du ressortissant néerlandais PLOEG Johannes né le 24.11.1922 à ROTTERDAM, demeurant à BERLIN 37, Argentinische Allee 2D, ainsi que la défection de Günter ASBECK, né le 13.2.1924 à VÖRDE (Westphalie - RFA), responsable du service "Achat" de la société est-allemande "ASIMEX Export-Import-Agentur" et Directeur Général des magasins "INTERSHOP", tous deux apparemment impliqués dans une affaire de fraude douanière et fiscale en cours d'instruction en France et dont la presse écrite et parlée métropolitaine s'est largement fait l'écho, suite semble-t-il à l'inculpation pour "complicité de fraude et d'intérêt à la fraude" de M. Roger SAINT-JEAN, numéro deux de la Direction Nationale des Enquêtes Douanières.

A ce titre, le Service est en mesure d'apporter les informations complémentaires suivantes :

Verteilung verboten: Aus dem geheimen Dossier der französischen Militärverwaltung in Berlin (Ausriß) geht hervor, daß die Ostberliner Firma Asimex in den internationalen Zigarettenschmuggel verwickelt war.

heimnis. Bereits 1977 hieß es in einem nur für den »internen Dienstgebrauch« bestimmten Erfahrungsbericht des Kölner Zollkriminalinstituts (ZKI), es stehe fest, »daß die praktizierte Schmuggeltechnik reibungslos funktioniert, weil Stellen in der DDR eingeschaltet sind, die diese kriminellen Vereinigungen wirkungsvoll unterstützen«. Und außerdem war den ZKI-Leuten aufgefallen: »Die Grenzabfertigung vollzieht sich in allen Fällen ohne die üblichen Kontrollen. Es spricht vieles dafür, daß die DDR-Grenzorgane in diesen Fällen entsprechende Anweisung erhalten.«
Zehn Jahre später, auf der Internationalen Zusammenkunft der Zollfahnder Anfang Juni 1987, wurde wieder über die Beteiligung von DDR-Firmen am internationalen Zigarettenschmuggel gesprochen. Die von den Staatshandelsunternehmen »gekaufte Ware wird in der DDR unter Verletzung der Zollverschlüsse mit Lastkraftwagen abgeholt, die leer von West-Berlin kommend in die Bundesrepublik fahren oder West-Berlin mit Tarnladung verlassen haben und in Richtung Bundesgebiet mit Weiterfahrt nach Italien unterwegs sind«. Allerdings, so bekundeten die Berliner Zollfahnder, seien aus der DDR seit 1984 »keine konkreten Fälle des Zigarettenschmuggels nach Italien bekannt geworden«. Das wiederum, so heißt es an anderer Stelle im Protokoll der Besprechung, bedeute nicht, daß der Schmuggel nachgelassen habe, sondern sei »vielmehr ein Indiz dafür, daß die Schmuggler neue Wege und Methoden zur Ausübung ihrer Tätigkeit gefunden haben«.
Anfang März 1987, Hotel Kempinski, Berlin. Ich bin mit Carlo Furler verabredet. Er ist untersetzt, hat kurzgeschorene Haare und einen für mein Gefühl etwas zu klobigen Goldring am Finger. Furler erzählt, er habe jahrelang wöchentlich zwei Zigarettentransporte mit jeweils 500 000 Päckchen über die DDR abgewickelt, und er vermute, daß

neben ihm auch noch viele andere schmuggelten und Devisen ablieferten. Der Stasi sei da immer sehr vorsichtig gewesen, sagt er, »jeder, der das machen durfte, hatte seine eigene Lagerhalle, und es war nie ersichtlich, ob noch ein anderer kommt«.

Seit Anfang der achtziger Jahre sei der Stasi nicht mehr mit Dollars zufrieden gewesen. »Eines Tages, es muß im Herbst 1983 gewesen sein, ließ mich ein Stasi-Mann nach Ost-Berlin kommen. Wir gingen zum Nachtessen ins Palasthotel, und da machte er mir dann ziemlich unverblümt deutlich, daß die BRD auf diplomatischen Kanälen gegen den Staats-Schmuggel protestiert habe«, erinnert sich Furler. Doch der Stasi-Mann sei schnell auf den Punkt gekommen. Weil man schon so lange und erfolgreich zusammenarbeite, wolle die DDR die Geschäftskontakte nicht abbrechen. Aber die Art der Bezahlung müsse umgestellt werden: statt Devisen High-Tech oder »gut verwertbare Informationen, wie er sich ausdrückte«, erzählt mir Furler.

Auch Claude Lebusse erinnert sich an ein solches Gespräch, allerdings in West-Berlin, wohin der Stasi-Mann problemlos reisen konnte: »Er wollte Nachrichtendienst, Wirtschaftsspionage, Kriegsmaterial. Ohne dies würde man die Geschäftsbeziehungen abbrechen.«

Wer A sagt, muß auch B sagen. Viele waren wenig zimperlich. Westliche Nachrichtendienste gehen jedenfalls davon aus, daß die Kombination Zigarettenschmuggel/Devisen- und High-Tech-Beschaffung von der DDR sogar mit vielleicht größerer Intensität, wenngleich anderen Methoden betrieben wurde. Zuständig in Ost-Berlin für die Abwicklung der Umgehungsgeschäfte waren Staatshandelsfirmen, volkseigene Betriebe, wie das drüben hieß, zum Beispiel die VE Außenhandelsbetriebe Asimex in der Warschauer Straße 8. Deren offizieller »Wirkungsbereich« laut Katalog der Leipziger Messe: »Geschäftsvermittlung auf den Gebieten Nahrungs- und Genußmittel, Kosmetik, Haushaltschemie, Uhren, Schmuck«. Der frühere Leiter der Abteilung Einkauf bei Asimex, Günter Asbeck, gleichzeitig Generaldirektor der Intershopläden in der DDR, war in den Zigarettenschmuggel verwickelt. Das geht aus dem Dossier der französischen Militärverwaltung vom Februar 1982 hervor, das auch die Komplizenschaft des französischen Zolldirektors Roger Saint-Jean hervorhebt (vgl. Seite 88). Asbeck übrigens lebt seit einigen Jahren im Westen.

Eine entscheidende Rolle spielt auch die Forum Handelsgesellschaft mbH in der Storkower Straße 130 b, und dort seien wiederum die Herren Ziegler und Dr. Semmel zuständig, erfahre ich von kompetenter Stelle.

Ende 1986 soll ein Schmuggelgeschäft mit großen Mengen Winston von Pakhoed über eine Spedition im niederländischen Roosendaal, rund fünfzig Kilometer von Antwerpen entfernt, begonnen haben. Auftraggeber ist angeblich Forum. Der weitere Weg der Ware liegt noch im dunkeln. Reynolds in der Schweiz habe man mitgeteilt, die Zigaretten seien für den Iran bestimmt. Warum war dann die Ostberliner Firma involviert?

Anfang Januar 1987 soll ein Großteil der Kartons nach Basel in das Depot einer Firma gegangen sein, erfuhr ich von einem holländischen Zollfahnder. Welcher Firma? »Dreimal dürfen Sie raten«, bot mein Informant an. Einmal reichte: Algrado, also Werner Denz.

UM KNOPF UND KRAGEN

Es war wie in einem Märchen aus Tausendundeiner Nacht: Am 24. Juni 1980 schrieb ein holländischer Geschäftsmann an seine Bank in der Schweiz, er wolle zukünftig für die Abwicklung der finanziellen Transaktionen »kleine Zwischenfirmen einschalten«, unter anderem das Comptoir d'Expansion Africain in Tanger und die Firma Abd el Star in Assuan. Die Umsätze mit diesen Firmen würden sich »zwischen einer und zwei Millionen Schweizer Franken pro Monat« bewegen.

Der Holländer, der da seinem Banker exakte Anweisungen gab, war Isaac (Jes) Brucker, geboren am 14. November 1919 in Rotterdam, Oberhaupt eines Amsterdamer Familienclans. Er soll seit einem Jahrzehnt an Gesetz und Steuer vorbei die westeuropäischen Märkte mit Textilien aus Fernost und aus dem Ostblock beliefern. Geschätzter Umsatz in den letzten zehn Jahren: eine halbe Milliarde Mark. Die nordafrikanischen Adressen, die er nannte und über die die Gelder fließen sollten, verdienten nicht einmal den Namen Briefkastenfirma – denn sie verfügten über keinen Briefkasten: Wer zum Beispiel das »afrikanische Kontor« in Tanger besuchen wollte, landete an der Theke einer ziemlich anrüchigen Spelunke.

Um die Steuerbehörden und Zollfahnder in den Ländern der Europäischen Gemeinschaft an der Nase herumzuführen, soll sich Brucker Dutzender exotischer Scheinfirmen und Tarnadressen vor allem im Mittelmeerraum bedient haben. In Griechenland, Marokko und Ägypten unterliegen Textilausfuhren keinerlei mengenmäßigen Beschränkungen, sind überdies zollbegünstigt – kurzum, wie geschaffen für Vertuschungsmanöver im weltweiten Schmuggel mit Hemden, Blusen und Jeans. Tanger lieferte demnach Oberhemden, die angeblich in Marokko gefertigt worden waren, an eine der Brucker-Firmen in den Niederlanden. Dabei sollen Hunderte gefälschter Warenverkehrsbescheinigungen benutzt worden sein – denn der Export erfolgte lediglich auf dem Papier: Die Ware kam in Wirklichkeit aus Südkorea und Taiwan und lagerte manchmal seit Monaten in der Schweiz. Die falschen Frachtdokumente »wurden mittels Kurierdienst in Ägypten abgeholt und bar mit 20000 US-Dollar und mehr bezahlt«, heißt es in einem Brucker-Dossier des Economische Controledienst (ECD) in Den Haag. Der ECD ist eine Art holländischer Finanzpolizei, eine zentrale Ermittlungsbehörde für Wirtschaftsstraftaten, bei denen es nicht nur um Steuerhinterziehungen, sondern zum Beispiel auch um Urkundenfälschungen geht. Neben dem ECD gibt es in den Niederlanden noch die Zollfahndung, Fiscale Inlichtingenen Opsporingsdienst (FIOD), mit Sitz in Harlem.

Anfang Oktober 1986, eine Raststätte über der Autobahn Amsterdam–Den Haag, kurz hinter dem Flughafen Schiphol. Ich bin mit Arnulf Heeisermans (Name geändert) vom ECD verabredet. Es geht um Schiebereien mit Textilien – und um Isaac Brucker.

Heeisermans und seine Kollegen vom ECD haben in akribischen Ermittlungen jahrelang die Spuren des Geschäftsmanns verfolgt, haben Beweise gesichert, Zeugen vernommen und Dokumente beschlagnahmt, um seinem Syndikat das Handwerk zu legen.

Textilschmuggel made in Holland, das sei organisierte Wirtschaftskriminalität in gigantischer Dimension und auf breitester Grundlage, sagt Arnulf Heeisermans. Sein früherer Chef, M. A. J. Engels, habe einmal freimütig bekannt, daß

sein damaliger Gegenspieler Isaac Brucker über »hohe Intelligenz und ein großes Organisationsvermögen« verfüge.
Isaac Brucker hat in Europa ein einzigartiges System von Einkaufsbüros, Finanzierungs- und Vertriebsgesellschaften, Briefkasten- und Scheinfirmen aufgebaut, einem Spinnennetz vergleichbar, in dem sich mancher Gutgläubige verfing. Mit Kleinkram gab sich Brucker nie zufrieden. Bei seinen Geschäften ging es stets um Millionenbeträge, »da wurde geklotzt, nicht gekleckert«, meint man auch beim ECD. Brucker selbst hielt sich stets im Hintergrund, kaufte nichts, verkaufte nichts, besaß nichts — zumindest auf dem Papier.
Angefangen hatte es 1974, als nach dem Inkrafttreten des Welt-Textil-Abkommens (WTA) zahlreiche krumme Geschäfte gemacht wurden. Diese Vereinbarung, die von rund fünfzig Liefer- und Verbraucherländern abgeschlossen und 1986 zum viertenmal für drei Jahre verlängert wurde, ist ein Steuerungsinstrument für den internationalen Handel mit Bekleidung jedweder Art. In den Ländern der Dritten Welt werden Textilien in einem Ausmaß produziert, das es notwendig macht, Absatzmärkte in den Verbraucherländern erst zu erschließen. Der Zugang zu diesen Märkten soll erschwert werden, sonst würden die westlichen Industrieländer mit Waren geradezu überschwemmt.
Im Rahmen des WTA haben sowohl Erzeuger- als auch Abnehmerstaaten in der Europäischen Gemeinschaft die Produktion und den Handel mit Textilien geregelt. Einerseits verpflichteten sich die Herstellerländer in Fernost, nur bestimmte Mengen in die EG auszuführen, andererseits ging Brüssel die Verpflichtung ein, diese Mengen auch abzunehmen. Zur Überwachung der in dem Abkommen festgelegten Mengen, den sogenannten Quoten, wurde das System der doppelten Kontrolle eingeführt, indem das Ausfuhr-

land eine Exportlizenz ausstellt, das Einfuhrland eine Importgenehmigung erteilt. Die Quoten werden in bilateralen Verhandlungen jährlich neu ausgehandelt. Früher wurden die Quoten zwischen den Importfirmen und den Exportländern festgelegt.

Die Billigerzeuger in Fernost (Südkorea, Hongkong, Taiwan, China, Philippinen usw.) verfügen indes über Produktionskapazitäten, die erheblich über den vereinbarten Quoten liegen. Diese Mehrproduktion, die sogenannte Non-Quota-Ware, bietet einen starken Anreiz für Importeure in der EG. Weil es für diese Textilien keine Bewilligungen mehr gibt, können sie nur illegal in die EG eingeführt werden. Mit Non-Quota-Ware, die durchschnittlich rund ein Drittel billiger ist als kontingentierte, lassen sich erhöhte Gewinne erzielen, die noch dazu steuerlich kaum oder überhaupt nicht erfaßt werden.

Kauf- und Warenhäuser, die große Stückzahlen absetzen und knapp kalkulieren müssen, haben zur Befriedigung der Nachfrage deshalb ein großes Interesse an Non-Quota-Ware. Einige geraten immer wieder in Versuchung, mit Hilfe von Umweggeschäften, gefälschten oder erschlichenen Zeugnissen über den Ursprung der Ware, undurchsichtigen Täuschungsmanövern und faulen Tricks das Welt-Textil-Abkommen zu umgehen. Den Gewinn teilen sich Textilschmuggler und deren Großabnehmer — das Nachsehen haben die heimischen Bekleidungshersteller und die dort Beschäftigten, deren Arbeitsplätze zunehmend in Gefahr geraten.

Isaac Brucker witterte nach Verabschiedung des Welt-Textil-Abkommens 1974 die einmalige Chance, die Nachfrage der Branche nach Schwarzmarktware zu befriedigen — so die Erkenntnisse des ECD. Er soll in den folgenden Jahren in einem halben Dutzend europäischer Länder Firmen für

Geschäftsmann von hoher Intelligenz: Der Holländer Isaac Brucker gilt als einer der großen Drahtzieher im internationalen Textilschmuggel. Ihm attestieren auch seine Gegner, die Strafverfolger in Den Haag, ein großes Organisationstalent.

Einkauf und Vertrieb gegründet haben, die vorwiegend dem Ziel dienten, Scheingeschäfte zu tarnen und den Warenweg quer durch den Kontinent zu vertuschen. Zeitweise verfügte Brucker über ein Imperium von dreißig Briefkastenfirmen, die meisten davon in der Schweiz und in Liechtenstein, aber auch zehn in der Bundesrepublik. Über sie wurden nach Schätzungen des ECD drei Viertel aller Umsätze des Clans getätigt.

Seit 1976 laufen auch Ermittlungen deutscher Zollfahndungsstellen gegen den holländischen Geschäftsmann. Es werden ihm Schmuggelgeschäfte mit einem Volumen von mindestens 160 Millionen Mark zur Last gelegt. Einige der Brucker-Unternehmen waren auf Umgehungseinfuhren über die DDR spezialisiert; sie standen im engen Kontakt mit der Firma Textil-Commerz in Ost-Berlin, der bedeutendsten Zwischenstation im internationalen Textilschmuggel. In der DDR wurden so aus taiwanesischen und koreanischen Hemden und Blusen Bekleidungsstücke aus Kombinaten und volkseigenen Betrieben.

Als Anbieter von Non-Quota-Ware traten Brucker und seine Repräsentanten auf allen wichtigen Fachmessen auf. Während der Leipziger Frühjahrsmesse zum Beispiel wurden im Ringmessehaus die Abschlüsse für das folgende Jahr getätigt.

Was ist da märchenhaft?

Daß viele Firmen in der Bekleidungsbranche mit der Dutch Connection unter einer Decke stecken und von dem Schwarzmarkt im Textilhandel profitieren, ist beim ECD ebenso bekannt wie in den Zollfahndungsämtern der Bundesrepublik. Aber kann sein, was nicht sein darf?

»Ich bezweifle, daß Textilschmuggel in großem Stil durchgeführt wird, weil solche Ware natürlich auch ihren Käufer finden muß. Der Markt ist ja nicht unbegrenzt aufnahmefähig«, behauptet Dr. Helmut Wienholt, Hauptgeschäftsführer der Außenhandelsvereinigung des deutschen Einzelhandels (AVE). Er ist der Überzeugung, daß der illegale Handel mit Hosen und Hemden, Blusen, Strümpfen und Unterwäsche »überhaupt nicht« existiert. Wienholt: »Das sind Märchen!«

Der Verbandsfunktionär sollte es besser wissen. Seit vielen Jahren gibt es rechtskräftige Urteile deutscher Gerichte gegen Textilschmuggler, denen beträchtliche Steuerhinterziehungen nachgewiesen werden konnten. Und viele von ihnen waren Helfer oder Helfershelfer des Brucker-Clans.

Es handelte sich nicht um Bagatellfälle: Dr. Dierk Hahn von der Zollfahndungsabteilung im Bundesfinanzministerium ist davon überzeugt, daß höchstens jedes fünfte Schwarzmarktgeschäft im Handel mit Bekleidung aufgedeckt wird und dem deutschen Fiskus jährlich Abgaben in Höhe dreistelliger Millionenbeträge verlorengehen. Es gebe in Europa »Schmuggelorganisationen, die auf eigene oder fremde Rechnung in großem Maßstab versuchen, Textilien illegal in die Europäische Gemeinschaft zu schleusen«. Häufig führe ein Großabnehmer die Kaufverhandlungen mit den Lieferfirmen in den asiatischen Ländern und lege dabei genau die Vertragsbedingungen wie Mengen, Preise, Qualität und Muster fest. In die Schmutzarbeit der illegalen Einfuhr werde sodann ein darauf spezialisiertes Unternehmen eingeschaltet. Dieses besorge die falschen oder gefälschten Dokumente, erledige die Zollformalitäten und verkaufe die Ware nach der Einfuhr pro forma an den Großkunden, sagt Hahn. »Manche Großabnehmer bedienen sich aber auch eigens für die Verschleierung der illegalen Einfuhr gegründeten Briefkastenfirmen.« Auch der Däne Per Brix-Knudsen, ehemaliger Ressortchef Textil bei der EG-Kommission in Brüssel, hält den Textilschmuggel in Europa für alles andere als ein Märchen. Er ist eine »Realität, mit der wir täglich konfrontiert werden. Seine Bekämpfung ist zu einer unserer Schwerpunktaufgaben geworden.« Die Umgehungseinfuhren seien das Betätigungsfeld krimineller Organisationen, die international arbeiteten und über das nötige Kapital verfügten, während Einzelgänger, »denen die finanziellen Mittel und die notwendigen Querverbindungen fehlen«, meist sehr schnell wieder von der Bildfläche verschwänden. »Namen und Arbeitsmethoden« der Textilgangster seien bekannt, betont Brix-Knudsen, »wir wissen, mit wem wir es zu tun haben, und mit jedem neuen Fall werden die Zusammenhänge transparenter, wird unser Informationsstand besser«. Und doch sind die Erfolge der Ermittlungsbehörden in den einzelnen EG-Ländern bislang eher mager.

Die Brüsseler Kommission kann zusammen mit den Zollfahndungsämtern in den EG-Staaten nur die Vorarbeit leisten. Dann ist die Justiz am Zuge. Und da kommen die großen Organisateure und Firmen oftmals mit geringen Geldbußen oder sogar ganz ungeschoren davon, weil die Straftaten nicht nachweisbar oder die Ordnungswidrigkeiten schon verjährt sind. Wie überall im Bereich der Wirtschaftskriminalität haben die schwärzesten Schafe oft den besten politischen Leumund — und infolgedessen die scheinbar weißesten Westen.

Es lassen sich drei Methoden illegaler Transaktionen mit Textilien unterscheiden:

- Die Ware wird über Länder eingeführt, die keiner Quotenbeschränkung nach dem Welt-Textil-Abkommen unterliegen, wobei falsche Ursprungszeugnisse vorgelegt werden;

- die Ware wird unter Vortäuschung des Freiverkehrs innerhalb der Europäischen Gemeinschaft importiert;
- die Ware wird unter falscher Bezeichnung oder unzutreffender Tarifnummer eingeführt.

Die dritte Variante gilt als die beliebteste, auch wenn sie die am wenigsten intelligente ist: Es werden — unabhängig von der Ware — Warenbezeichnungen angemeldet, für die Einfuhrgenehmigungen nicht erforderlich sind. Man verpackt dann Jeanshosen (Quoten erschöpft) und Jeansjacken (Quoten erschöpft) kurzerhand zusammen als Jeansanzüge (Quoten frei) in einem Karton. Das Beispiel nannte mir ein norddeutscher Zollfahnder, und gewissermaßen als Pointe fügte er hinzu, daß es sich in besagtem Fall um Kleinkinderhosen und Jacken für Erwachsene gehandelt habe. Zwar kann eine solche Falschdeklaration, die natürlich auch etwas über das Gestrüpp Brüsseler Verordnungen aussagt, bei der Zollkontrolle auffliegen, wenn sie auf Anhieb erkennbar ist wie in genanntem Beispiel. Da große Kunden jedoch dem Zoll ihren Wareneingang zumeist in Form des Sammelverfahrens melden, ist eine Überprüfung hinterher kaum noch möglich. Dem Textilhändler kann der Zoll dann höchstens im Rahmen einer Betriebsprüfung auf die Schliche kommen. Die Profis unter den Schwarzimporteuren stellen sich darauf ein: Sie präparieren ihre Unterlagen vor der Betriebsprüfung. Noch sicherer freilich ist die Methode, Firmen, über die krumme Geschäfte abgewickelt werden, regelmäßig nach zwei Jahren, also noch vor der zu erwartenden ersten Überprüfung durch das Finanzamt, wieder aufzulösen und dann unter anderem Namen neu zu gründen. Dieser Trick war vor Jahren bei Strohmannfirmen beliebt, die keine andere Funktion besaßen, als Quoten für Großabnehmer in Anspruch zu nehmen; mit Umstellung der Quotenregelung von Firmen auf Länder sind viele solcher Briefkastenunternehmen wieder verschwunden. Allerdings bedienen sich manche Kauf- und Warenhäuser noch immer gerne kleiner Importeure, um illegale Transaktionen besser zu kaschieren.

Beim vorgetäuschten Freiverkehr innerhalb der EG geht es um Umwegeinfuhren über ein anderes EG-Land. Ware im freien Handelsverkehr unterliegt nämlich keiner Mengenbeschränkung zwischen den Staaten der Europäischen Gemeinschaft. Unzulässig ist es jedoch, von außerhalb der EG eingeführte Textilien unter Verschleierung der Herkunft und unter Verwendung gefälschter Frachtpapiere in ein anderes Mitgliedsland weiterzuleiten.

Bei Umgehungseinfuhren über Entwicklungsländer, die vom Welt-Textil-Abkommen nicht betroffen sind, können die Wirtschaftsganoven zwei Fliegen mit einer Klappe schlagen; Sie sparen Zölle, weil viele der Dritte-Welt-Staaten mit der Absicht steuerbegünstigt werden, die dort noch spärlich entwickelte Textilindustrie zu fördern; außerdem lassen sich durch solche Umwege die Mengenbeschränkungen für Quotenländer umgehen.

In jedem Fall sind aber die Exportfirmen in Fernost an den krummen Geschäften beteiligt; Sie müssen Ursprungszeugnisse fälschen oder fälschen lassen oder Beamte durch Bestechung zur Abgabe falscher Dokumente anstiften. »Die ostasiatischen Exporteure sehen da nirgendwo ernsthafte Probleme«, versicherte mir ein süddeutscher Jeansimporteur. Die Billigländer hätten ja ein starkes Interesse daran, ihre Überproduktion loszuwerden. In diesem Zusammenhang funktionierte bis vor dem Fall der Mauer auch der Umwegexport über die DDR. Er sei unlängst nach einer Fachmesse von chinesischen Funktionären angesprochen worden, ob sein Unternehmen nicht chinesische Non-Quota-Ware über die DDR beziehen wolle. Und als er dann auf dem Rückflug zufällig neben einem Verantwortlichen aus dem Bonner Wirtschaftsministerium gesessen und ihn beiläufig auf die dubiose Offerte angesprochen habe, sei der ganz und gar nicht beunruhigt gewesen. »Der erweckte mir den Eindruck«, erinnerte sich mein Gesprächspartner, »als solle ich das ruhig machen, im höheren Interesse eines Ausbaus der deutsch-chinesischen Handelsbeziehungen gewissermaßen.«

Graue Märkte in Fernost

Das britische Empire verdankte seine wirtschaftliche Potenz in der Viktorianischen Ära zum erheblichen Teil seiner florierenden Textilindustrie. Englische Wollstoffe galten damals als konkurrenzlos. In Lancashire kam es zu einer einmaligen und nirgendwo sonst erreichten Konzentration der Baumwollindustrie. Die Textilstadt Manchester gab einer Doktrin ihren Namen, die seit dem 19. Jahrhundert zum Inbegriff für eine vom Staat vollkommen unbeeinflußte wirtschaftliche Entwicklung wurde, die im schrankenlosen Egoismus des einzelnen die bestimmende Triebkraft jedweden wirtschaftlichen Handelns sah.

Das Manchestertum wurde zum Lehrstück für Entwicklungsländer, für junge Staaten, die erst nach dem Zweiten Weltkrieg unabhängig geworden waren. Sie bauten große Textilbetriebe auf, traten gewissermaßen über Nacht in das industrielle Zeitalter ein und übersprangen dabei Entwicklungsstufen, die in Europa mehr als ein Jahrhundert gedauert hatten. In einigen fernöstlichen Ländern erlebte die Doktrin vom Ellenbogen-Wirtschaftssystem in Verbindung mit massiven staatlichen Subventionsprogrammen eine unerwartete Neuauflage; zum Beispiel in Südkorea und Taiwan. Dort entstanden in den letzten Jahrzehnten Mammutunternehmen amerikanischen Zuschnitts, mit elektronisch gesteuerten Maschinen, geschultem und gleichwohl billigem Personal und einem weltweiten Vertriebsnetz. Ziel dieser Entwicklung war von Anfang an der Export. Die Versorgung der heimischen Märkte mit Bekleidung sollte nur eine untergeordnete Rolle spielen.

Rein ökonomisch können sich die Ergebnisse sehen lassen: Südkoreas Ausfuhr an Textilerzeugnissen hat inzwischen ein Gesamtvolumen von umgerechnet rund fünfzehn Milliarden Mark erreicht. Taiwan kommt immerhin auf etwa zehn Milliarden Mark. Dabei werden die schwarz exportierten Waren natürlich auch an der amtlichen Statistik vorbeigeschleust. Der weitaus größte Teil der Lieferungen — der legalen wie der illegalen — geht nach Westeuropa und in die USA. Im Welthandel mit Textilien belegen Südkorea und Taiwan Spitzenplätze, allerdings lediglich als Exporteure; beim Import liegen sie weit zurück.

Dieses Mißverhältnis erklärt sich aus extrem hohen Einfuhrzöllen, die zum Teil bis zu hundert Prozent des Warenwertes ausmachen, aus der Kontingentierung sowie aus kräftigen staatlichen Subventionen für die Exportwirtschaft. Hinzu kommen eine Vielzahl steuerlicher Vergünstigungen sowie, als stärkster Anreiz für die westlichen Kunden, niedrige Löhne, geringe Sozialabgaben sowie längere Arbeits- und Maschinenlaufzeiten. Die tarifliche Wochenarbeitszeit liegt in Fernost bei 48 Stunden, die Arbeitskosten pro Stunde machen in Südkorea, Taiwan und Hongkong gerade 20 bis 25 Prozent der Arbeitskosten in der deutschen Textilindustrie aus; in Thailand, auf den Philippinen, in Indien und in Pakistan betragen sie sogar nur fünf bis zehn Prozent der deutschen Personalaufwendungen. Außerdem: In der deutschen Textilindustrie laufen die Maschinen rund 5500 Stunden im Jahr, in den asiatischen Ländern aber 8500 Stunden und mehr. Für das gleiche Produktionsvolumen genügt demnach in Südkorea oder Taiwan ein rund um ein Drittel geringerer Maschinenbestand als bei uns — alles in allem also erhebliche Kostenvorteile, die bei der weitgehend rationalisierten Textilproduktion entscheidend zu Buche schlagen.

Früher wurden die Unterschiede wenigstens noch durch die bessere Qualität der heimischen Erzeugnisse ausgeglichen und durch die Produktivität. Doch damit ist es inzwischen auch vorbei: In punkto Produktivität haben die Asiaten längst aufgeholt, und die Qualitätsunterschiede sind kaum noch erkennbar.

Diese Situation zwang die Importeure und Abnehmer fernöstlicher Textilien zum Handeln, vor allem aber die Textilgewerkschaften in den westlichen Ländern, die um die Arbeitsplätze ihrer Mitglieder fürchten mußten.

Das Welt-Textil-Abkommen war so gesehen eine Notbremse; es sollte den Interessen der westlichen Länder *und* den Belangen der Entwicklungsländer Rechnung tragen. Doch der Versuch eines Interessenausgleichs war nur zum Teil erfolgreich. In entscheidenden Punkten haben sich die an das WTA geknüpften Erwartungen nicht erfüllt.

Bei den Lieferländern ist zu unterscheiden zwischen echten Entwicklungsländern und Schwellenländern. Erstere sind beim Aufbau ihrer Wirtschaft auf Hilfe von außen angewiesen, ihnen räumt das WTA deshalb die sogenannten Zollpräferenzen ein: Hemden und Blusen von den Philippinen, aus Thailand, Indien oder Pakistan beispielsweise dürfen

zollfrei in die EG eingeführt werden, sofern sie tatsächlich vollständig in den Entwicklungsländern hergestellt wurden. Daneben gibt es die Schwellenländer wie Hongkong, Taiwan oder Südkorea, in denen der Industrialisierungsprozeß nach der Manchester-Doktrin schon große Fortschritte gemacht hat. Von diesen Ländern hatte man nach Abschluß des Welt-Textil-Abkommens erwartet, daß sie ihre einseitige Außenhandelspolitik aufgeben und ihre eigenen Märkte für westliche Textilerzeugnisse öffnen. Mit Ausnahme von Hongkong haben sie sich jedoch geweigert, diesen Schritt zu tun. Die hohen Zollmauern wurden festzementiert, um ausländische Anbieter fernzuhalten.
Zäh in der Defensive, forsch in der Offensive – nach diesem Motto handeln die mächtigen Textilkonzerne der Schwellenländer, die zu keinem Zeitpunkt daran gedacht haben, sich auf die legalen Absatzmöglichkeiten, die das Welt-Textil-Abkommen bietet, zu beschränken. Sie produzieren auf Hochtouren, und was von dem Überangebot nicht in den quotierten Kontingenten, in Nachbarländern oder auf dem heimischen Markt unterzubringen ist, vagabundiert als nichtgenehmigte Non-Quota-Ware zwischen den Erdteilen, um irgendwann, oftmals nach erheblichen Umwegen, früher auch über die DDR, in österreichischen oder Schweizer Zollfreilagern zu verschwinden – und dann in den Auslagen der Kaufhäuser in den EG-Ländern wieder aufzutauchen. Und oftmals steckte nach Erkenntnissen europäischer Zollfahnder Isaac Brucker hinter den Geschäften.

Ende der siebziger Jahre entzog sich Isaac Brucker der Kontrolle des Economische Controledienst und baute eine zweite Befehlszentrale auf– sie erhielt den Namen Bartex mit dem Standort Vaduz im Fürstentum Liechtenstein. Als Statthalter in Vaduz setzte er seinen Sohn Robert ein. Brucker junior zog mit seiner Familie ins österreichische Feldkirch, Winzerweg 3, also ganz in die Nähe von Vaduz, und war danach für die Warenbeschaffung, die Abwicklung des Zahlungsverkehrs, die Kontakte zu Textil-Commerz in Ost-Berlin und für die Bereitstellung der erforderlichen Dokumente verantwortlich. Die Bezugsquellen wechselten, Brucker konnte sich die jeweils günstigsten Angebote aussuchen: Die Non-Quota-Ware aus Hongkong, Südkorea oder Taiwan kam meist auf dem Seeweg nach Venedig und von dort ins Zollfreilager Embrach bei Zürich. Vieles wurde an Textil-Commerz verhökert und landete via innerdeutschen Handel als DDR-Erzeugnis bei einer der Vertriebsgesellschaften des Seniors in der Bundesrepublik oder in den Niederlanden. Bartex bezog aber auch Ware von den Staatshandelsgesellschaften des Ostblocks, aus Rumänien, Bulgarien, der Tschechoslowakei und Polen, deren Motto, »für harte Währungen kulante Preise«, den Vorstellungen des Brucker-Clans sehr entgegenkam. Auch die Ostblocktextilien sollen zunächst in Embrach, meist in den Lagerhallen der Spedition Jacky Maeder, eingelagert und später, mit gefälschten Papieren, an diverse Abnehmer in den EG-Ländern weiterverkauft worden sein.

Die Verlagerung der Geschäfte nach Vaduz erschwerte zwar die Arbeit der Fahnder vom ECD, machte sie aber nicht unmöglich. Nach und nach habe man sehr viele Details über die Aktivitäten der Bartex in Erfahrung bringen

Brutalität statt Cleverness: Robert Brucker zog die Fäden von Liechtenstein aus.

können, sagt Arnulf Heeisermans. Über Bartex lief nach Erkenntnissen des ECD der gesamte Zahlungsverkehr, von den Konten der Firma wurden die angeblichen Hersteller in Marokko bezahlt, die Zöllner auf dem Balkan bestochen, die Lieferanten in Fernost befriedigt, sogar Miete und Gehälter für Räume und Angestellte eines Amsterdamer Geheimbüros abgebucht. Und Bartex hatte diverse Abnehmer für die Textilien, darunter das Fürther Großversandhaus Quelle (vgl. Seite 148).

1981 wurde Bartex aufgelöst und durch die Neugründung Ruben Tex Establishment Import und Export, benannt nach Robert Bruckers Sohn Ruben, ersetzt. Anschrift: Bartlegroschstraße 32, Vaduz, mit einer Dependance im Schweizer Zug, Unter Altstadt 3.
Brucker junior, 1947 geboren, war ursprünglich im Geschäft des Vaters tätig. Er stand dabei immer im Schatten des Alten, ging deshalb in Liechtenstein mit sehr viel Elan daran, sich und ihm zu beweisen, daß er ein ebenso gerissener Kaufmann ist. Doch die Schuhe des Vaters waren dem Sohn einige Nummern zu groß. Er verfügt weder über die Intelligenz noch die Cleverness seines Vaters. Rob, wie er gerufen wird, versuchte dieses Manko durch Härte und Brutalität zu kompensieren. Er lernte, wie man sich Leute gefügig macht und mit miesen Tricks seine Ziele durchsetzen kann. Doch war er dumm genug, auch seine Mitarbeiter übers Ohr hauen zu wollen. Sie schwärzten ihn deswegen mehrere Male bei den Zollfahndern an.

Konkurs- und Lumpengeschäfte

In Vaduz lief schon bald vieles nicht nach den Vorstellungen des Vaters in Holland: Im Herbst 1980 bekam Bartex Zahlungsschwierigkeiten. Folge: Die Schweizer Banken konfiszierten das Warenlager bei der Spedition Jacky Maeder in Embrach, die selbst noch offenstehende Rechnungen an Robert Brucker in Höhe mehrerer hunderttausend Schweizer Franken geltend machte.
Es wurde ein Konkursverwalter eingesetzt und von den Banken bevollmächtigt, das Warenlager von Bartex zu verkaufen und dabei über die jeweiligen Preise selbst zu ver-

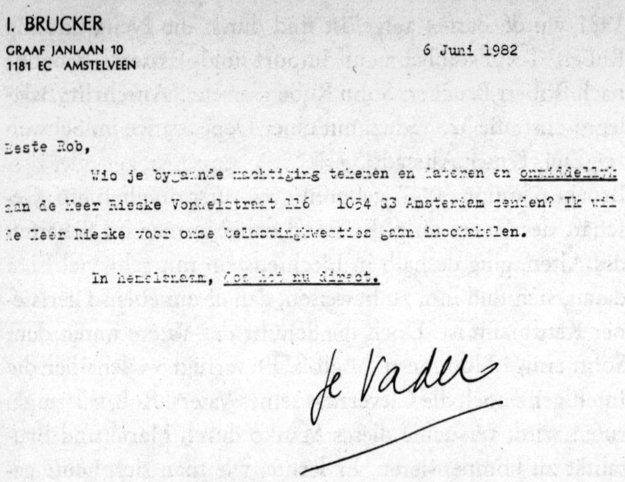

I. BRUCKER
GRAAF JANLAAN 10
1181 EC AMSTELVEEN

6 Juni 1982

Beste Rob,

Wil je bygaande machtiging tekenen en dateren en onmiddellyk aan de Heer Rieske Vondelstraat 116 1054 GS Amsterdam senden? Ik wil de Heer Rieske voor onze belastingkwesties gaan inschakelen.

In hemelsnaam, doe het nu direct.

je Vader

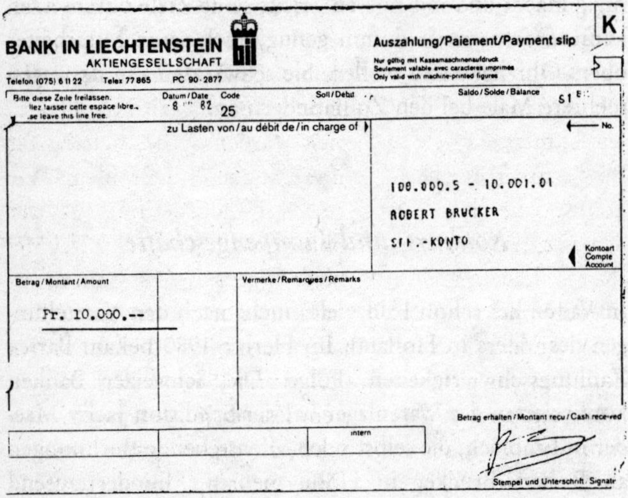

BANK IN LIECHTENSTEIN
AKTIENGESELLSCHAFT
Telefon (075) 6 11 22 Telex 77 865 PC 90-2877

Auszahlung/Paiement/Payment slip
Nur gültig mit Kassamaschinenaufdruck
Seulement valable avec caractères imprimés
Only valid with machine-printed figures

K

Bitte diese Zeile freilassen. / Prière de laisser cette espace libre. / Please leave this line free.
Datum/Date: 8 .. 82
Code: 25
Soll/Debit
Saldo/Solde/Balance: 61 ..

zu Lasten von/au débit de/in charge of

No.

100.000.5 - 10.001.01
ROBERT BRUCKER
SFR.-KONTO

Kontoart / Compte / Account

Betrag/Montant/Amount: Fr. 10.000.--

Vermerke/Remarques/Remarks

intern

Betrag erhalten/Montant reçu/Cash received

Stempel und Unterschrift/Signature

Briefe vom Vater: »Um Himmels willen, mache es jetzt sofort«, forderte Isaac Brucker seinen Sohn Rob auf, ihm eine Vollmacht zuzusenden, um einen Steuerberater zu engagieren (Ausriß oben). Robert Brucker ließ viele krumme Textilgeschäfte über sein Konto bei der Bank in Liechtenstein (Vaduz) laufen.

handeln. Nach vertraulichen Hinweisen, die hessische Zollfahnder erhielten und die Arnulf Heeisermans und seine ECD-Kollegen später bestätigen konnten, verkaufte der Konkursverwalter bestimmte Partien billig, Hemden zum Beispiel für fünfzig Pfennig das Stück, an Brucker oder dessen Strohmänner, die sie dann mit Gewinn weiterveräußerten. Dieser Manipulationen wegen soll er später von seiner Aufgabe entbunden worden sein.
Brucker und der Konkursverwalter traten bei den Geschäften stets gemeinsam auf. Ende März 1981 bekundete der Fürther Großversender Quelle erstmals Interesse an dem gesamten Bartex-Warenbestand. Am 8. und 10. April trafen sich Karl Boßhammer, Leiter der Quelle-Textileinkaufsabteilung, und Wolfgang Keck aus der Rechtsabteilung im Züricher Hotel »Hilton« mit Robert Brucker und dem Konkursverwalter. Diese und weitere Einzelheiten der Kaufverhandlungen zwischen Quelle und Brucker sind einer Reihe von Aktennotizen und internen Gesprächsprotokollen zu entnehmen, die mir zugespielt wurden. Dabei bestand für Boßhammer und Keck von Anfang an ein Problem: Wie konnte die kostengünstige Non-Quota-Ware aus der Schweiz in die Bundesrepublik geschafft werden? Zwei Methoden kamen in Frage, beide waren illegal: Schmuggel oder die nachträgliche Beschaffung von Quoten in den Herstellerländern oder anderen Fernoststaaten. In einer Aktennotiz des Gesprächs vom 10. April 1981 in Zürich hielt Wolfgang Keck unter anderem fest, es müsse eine »Umrüstung« der Ware in der Schweiz vorgenommen werden, wozu die Spedition Jacky Maeder »aufgrund der erheblichen Mengen nicht in der Lage« sei.
Wozu überhaupt eine Umrüstung? Boßhammer und Keck hatten sich entschlossen, für die *alte* Bartex-Ware aus Taiwan *neue* Exportlizenzen zu beschaffen. Als sich die Ver-

Unscheinbares Zweifamilienhaus: In diesem Gebäude in einer Wohngegend von Vaduz hat die Brucker-Zentrale in Liechtenstein ihren Sitz.

handlungen mit den Taiwanesen »langfristiger und schwieriger« als angenommen gestalteten (Keck), bemühten sie sich außerdem um Exportlizenzen aus Korea – obwohl die Ware gar nicht aus Korea stammte. Es bestehe in jedem Fall der Verdacht, heißt es im Vermerk des Nürnberger Zollfahndungsamtes vom Oktober 1984, »daß die Einfuhrgenehmigungen erschlichen worden sind«. Legal, soviel steht fest, können die Textilien nicht in die Bundesrepublik gelangt sein. Deshalb mußten auch die Kartons mit Nummern »umgerüstet« werden, die zur nachträglich beschaff-

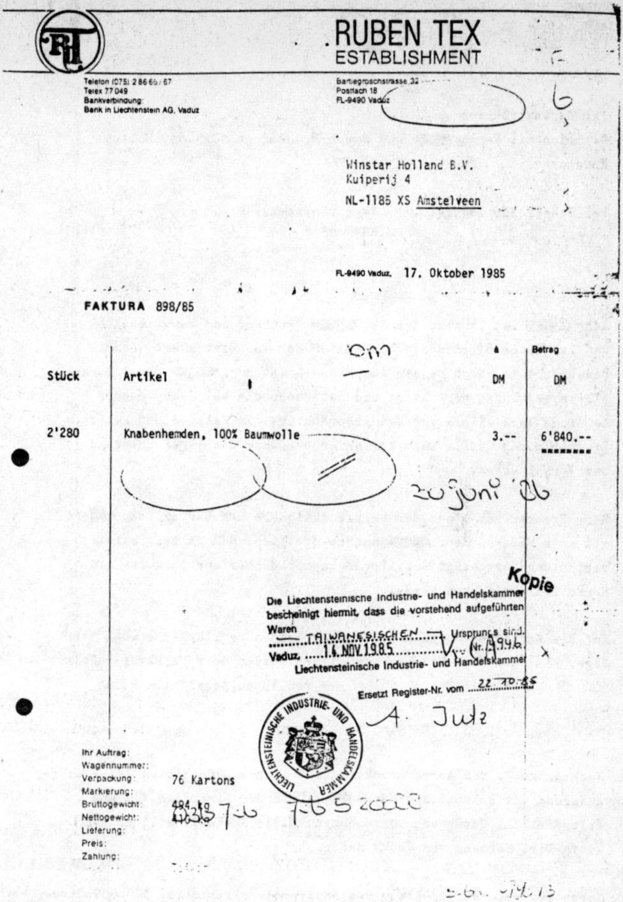

RUBEN TEX
ESTABLISHMENT

Telefon (075) 2 86 65 / 67
Telex 77 049
Bankverbindung:
Bank in Liechtenstein AG, Vaduz

Bartlegroschstrasse 32
Postfach 18
FL-9490 Vaduz

Winstar Holland B.V.
Kuiperij 4
NL-1185 XS Amstelveen

FL-9490 Vaduz, 17. Oktober 1985

FAKTURA 898/85

Stück	Artikel	à DM	Betrag DM
2'280	Knabenhemden, 100% Baumwolle	3.--	6'840.--

20 juni '86

Kopie

Die Liechtensteinische Industrie- und Handelskammer bescheinigt hiermit, dass die vorstehend aufgeführten Waren TAIWANESISCHEN Ursprungs sind.
Vaduz, 14. NOV. 1985 Nr. 946
Liechtensteinische Industrie- und Handelskammer

Ersetzt Register-Nr. vom 22.10.85

LIECHTENSTEINISCHE INDUSTRIE- UND HANDELSKAMMER

A. Jutz

Ihr Auftrag:
Wagennummer:
Verpackung: 76 Kartons
Markierung:
Bruttogewicht: 494 kg
Nettogewicht:
Lieferung:
Preis:
Zahlung:

Ungeprüft bestätigt? Die liechtensteinische Handelskammer bescheinigte Ruben Tex die Herkunft vieler Textilien aus Fernost. Woher kamen sie wirklich?

14. 4. 1981

A k t e n n o t i z

Fa. Bartex, Zürich

Gespräch mit Herrn [redacted] und Herrn Brucker am 10.4.81, Hilton Embaport

Teilnehmer für Quelle: Herr Bosshammer
Herr Keck

Herr [redacted] ist Inhaber der Fa. [redacted] Treuhand und Verwaltungen und in dieser Eigenschaft Liquidator der Fa. Bartex mit Sitz in Liechtenstein. Nach seinen Ausführungen ist Herr [redacted] für Bartex allein zeichnungsberechtigt und auch über die bei Jacky Maeder lagernde Ware allein verfügungsberechtigt. Im Falle eines evtl. Erwerbs durch Quelle wäre Verkäufer der Ware die Jäger Treuhand und Verwaltungen.

Herr Brucker ist einer der beiden Aktionäre der Bartex (der andere ist sein Vater). Herr [redacted] machte deutlich, daß er zwar allein vertretungsberechtigt sei, Preisgespräche aber nur zusammen mit Herrn Brucker führen werde.

Auf die Rolle von Herrn Merkle angesprochen, erklärten sowohl Herr Jäger als auch Herr Brucker, daß ihnen beiden Herr Merkle persönlich [illegible]nnt sei. [illegible] von ihnen jedenfalls keine

Nach Auskunft von Herrn Brucker sieht sich die Spedition Jacky Maeder aufgrund der erheblichen Mengen nicht in der Lage, die für uns erforderliche Umrüstung vorzunehmen. Diese Auskunft will er von Herrn Dir. Hermann von Jacky Maeder haben.

Neben den oben aufgeführten Posten bietet Herr Brucker 100.000 Stück Original-Levis-Jeans an. Hierbei handelt es sich angeblich um EG-Ware, (Überproduktion), die problemlos in die Bundesrepublik einzuführen wäre. Soweit von unserer Seite Interesse bestehe, könne er von Fall zu Fall auch Original-Jeans anderer Hersteller, z.B. Wrangler, beschaffen.

Probleme wegen »Schleichbezug«: Ungeachtet der miserablen Reputation von Robert Brucker war das Fürther Großversandhaus Quelle stark an Geschäften mit dem Holländer interessiert. Das geht aus dieser Aktennotiz (Ausriß) des Quelle-Mitarbeiters Wolfgang Keck hervor.

A k t e n n o t i z

30. 4. 1981

Herrn Bittlinger
Herrn Bosshammer
Herrn Gebauer

Bartex

In obengenannter Angelegenheit habe ich heute gegen 15.oo Uhr mit Herrn Brücker gesprochen. Dabei habe ich ihn zunächst darüber informiert, daß wir nach wie vor bemüht sind Taiwan - bzw. Korea-Quoten zu bekommen. Diese Verhandlungen gestalteten sich doch langfristiger und schwieriger als wir zunächst angenommen haben. Ein Ergebnis liegt hier zur Zeit noch nicht vor.

Herr Brücker äußerte hier zu Verständnis und meinte, daß er ohnehin nicht damit rechne, daß wir kurzfristig Quoten bekommen könnten.

Er teilte mit, daß er eine Möglichkeit habe, uns kurzfristig ca. 500.000 Flanell-Hemden anzubieten, die wir verzollt in Deutschland von einer deutschen oder einer schweizer Firma übernehmen könnten. Hierfür sei aber Zahlung per Akkreditiv erforderlich. Das Akkreditiv könne so ausgestaltet werden, daß Zahlung erst geleistet wird, wenn sichergestellt ist, daß wir die Ware in Besitz haben und diese in der Bundesrepublik freiverkäuflich ist.

Ich habe Herrn Brücker gesagt, daß dies ein vollkommen neuer Aspekt sei, den ich Herrn Bittlinger umgehend vortragen würde. Ich habe ihm für Donnerstag, 30.4.1981 einen telefonischen Zwischenbescheid zugesagt.

29.4.1981
Ke/mvw

Wir haben Herrn Brucker zu verstehen gegeben, daß wir hier aus dem Gesichtspunkt des Schleichbezugs Probleme sehen. Wir würden dies aber intern prüfen und gegebenenfalls auf dieses Angebot zurückkommen.

Von uns wurde den Herren schließlich erklärt, daß Quelle an der Übernahme des gesamten Warenlagers ernsthaft interessiert sei. Über die einzelnen Preispositionen müsse allerdings noch gesprochen werden. Der Abschluß hänge jedoch ausschließlich davon ab, daß die Ware auch in die Bundesrepublik eingeführt werden könne. Zu diesem Zweck würden wir uns bemühen, Exportlizenzen aus Taiwan zu bekommen. Diese Möglichkeit erscheine deshalb aussichtsreich, weil Taiwan seine Exportquoten für 1981 bei weitem nicht ausschöpfen könne. Eine solche Überquote würde aber bei der jetzt anstehenden Verlängerung des Welt-Textilabkommens dazu führen, daß Taiwan für die Zukunft erhebliche Quotenreduzierungen hinnehmen müsse. Aus diesem Grunde liege es auch im Interesse der dortigen Regierungsstellen, dafür zu sorgen, daß wenigstens die derzeit genehmigten Quoten ausgeschöpft würden. Wir haben den Herren für Mittwoch, 15.4., einen Zwischenbescheid zugesagt.

Im Hinblick auf die zu beschaffenden Exportlizenzen konnten wir die Herren dazu bewegen, uns folgende Lieferanten bekanntzugeben:

Tom-Rission Garment, MFG Corporation,
PO-Box -67-616, Taipei, Taiwan

[illegible]reibungsamt (?) Si[illegible]
wir z.B. eine Bürgschaft der SBG stellen könnten. Wir haben den Herren zu verstehen gegeben, daß wir die Einzelheiten eines abzuschließenden Vertrages mit unseren Schweizer Anwälten abstimmen würden. Hiergegen wurden keine Einwendungen erhoben.

14.4.1981/Ke/Le

Verteiler: Herrn Bittlinger
Herrn Bosshammer
Herrn Gebauer

V O R V E R T R A G

Die Firma Relan AG, 8752 Näfels/Schweiz und die Firma Gustav Schickedanz (KG), Fürth/Bayern, treffen folgende vorläufige Vereinbarung:

1. Schickedanz verpflichtet sich, von Relan AG ca. 200.000 Kinder- und Herrenflanellhemden in verschiedenen Größen und Preislagen abzunehmen. Diese Hemden stammen aus der Produktion der Firma Nanlien, Taipeh.

2. Die Verpflichtung zu Ziffer 1 gilt vorbehaltlich der Erteilung der notwendigen Exportlizenzen und des Muster-gut-Befundes.

3. Die Zahlung der Ware erfolgt sofort netto nach Übernahme und erfolgter Qualitätsprüfung durch Schickedanz.

4. Der endgültige Kaufvertrag wird nach Erfüllung der Voraussetzungen zu Ziffer 2 gemäß Auftragsformular und allgemeiner Liefer- und Zahlungsbedingungen von Schickedanz geschlossen.

Näfels, 10. April 1981

RELAN AG — GUSTAV SCHICKEDANZ (KG)

Quoten aus Korea oder Taiwan: Quelle bemühte sich, wie dieser Aktenvermerk deutlich macht, auch um Einfuhrlizenzen, die mit dem Ursprung der Ware nicht übereinstimmten. Schon vorher hatte Importleiter Boßhammer nach ausführlichen Gesprächen in Zürich einen Vorvertrag mit Bruckers Relan AG über 200 000 Hemden geschlossen, die ein Jahr später, als die nachträglich beschafften Lizenzen vorlagen, auch geliefert wurden.

ten Lizenz paßten. Tatsächlich stellten die Nürnberger Zollfahnder fest, daß auf der Verpackung einer Lieferung von 183 000 Hemden aus der Bartex-Konkursmasse an Quelle (vom April 1982) »die alten Artikelnummern übermalt waren«. Dazu erklärte der Quelle-Lagerverwalter, »daß die neuen Artikelnummern vom Einkäufer der Fa. Quelle, Herrn Semmler«, angebracht worden seien (vgl. Seite 151 f.).
Die Geschäfte des Robert Brucker waren mehr als merkwürdig. Das wußten auch die Quelle-Leute. Dubiose Angebote lehnten sie, wenn sie lukrativ waren, gleichwohl nicht rundweg ab: Als Brucker junior 100 000 Original Levis-Jeans anbot (Keck: »Hierbei handelt es sich angeblich um EG-Ware«), gaben die Herren aus Fürth »Herrn Brucker zu verstehen, daß wir hier aus dem Gesichtspunkt des Schleichbezugs Probleme sehen«. Sie würden aber »gegebenenfalls auf dieses Angebot zurückkommen«.
Unklar ist, ob Boßhammer und Keck wußten, daß Brucker auch mit Ware handelte, die er von dem Konkursverwalter zum Billigstpreis aus der eigenem Liquidationsmasse erworben hatte. Immerhin teilte der Quelle-Importleiter auf eine entsprechende Offerte Bruckers seinem Vorstandsmitglied mit, »rechtlich einwandfrei scheint nach wie vor nur der Kauf« vom Konkursverwalter.
62 000 Hemden, die Rob auf diese Weise von seinem Konkursverwalter zurückgekauft hatte, gelangten zwischen Juni und August 1981, als Lumpen getarnt, in die Bundesrepublik. Dabei bediente sich der Junior eines Scheineinkäufers in Frankfurt: des Exiltschechen Pavel Knortcek (Name geändert), der in eine Reihe von Schmuggelfällen verwickelt sein soll. Neben einigen anderen war auch der Schweizer Herbert Schmidt (Name geändert), »der Klempner«, bei diesem Deal mit von der Partie; Schmidt ist ein in Ganovenkreisen anerkannter Experte für gefälschte Zoll-

plomben; er hat auch bei anderen Schmuggelgeschäften mit Zigaretten und Alkohol mitgemischt: Sein Name taucht auf der Liste jener Personen auf, mit denen Guillermo Lüttich von Avilés aus telefonischen Kontakt hielt (vgl. Seite 58 ff.). Mit diesen und einigen anderen Kollegen wickelte Robert Brucker eine phantasievolle Hemdentransaktion ab, die letztendlich aufflog, weil einige der Leute aus Bruckers Mitarbeiterstab den Überblick verloren, an der Tücke der Details scheiterten oder sich gegenseitig zu betrügen versuchten. Auch Rob brachte die Aktion viel Ärger: Er wurde zu guter Letzt wegen Erpressung verurteilt.
Für das Geschäft heuerte Brucker Anfang Juni 1981 den Liechtensteiner Spediteur Eduard Pfitzner (Name geändert) an, der regelmäßig Transitgut aus der Schweiz über bundesdeutsche Autobahnen nach Skandinavien verfrachtet. Wenige Tage später ging der erste Pfitzner-Lkw vom Freilager Embrach auf die Reise Richtung Brüssel, beladen mit insgesamt 25 000 Herrenhemden, ausgestattet mit einem sogenannten T1-Zollpapier, das eine amtliche Behandlung erst am Bestimmungsort vorsieht, also für reine Transitvorgänge vorgesehen ist. Hinter der deutschen Grenze stoppten Bruckers Mitarbeiter den Lkw und dirigierten ihn nach Frankfurt um. Dort wartete Knortcek mit einem Mitarbeiter. Sie entfernten das Schweizer Zollsiegel, entluden die Hemden und verkauften sie später als deutsche Ware an die Firmen Arnold Becker in Eschborn und Franz Sinn & Sohn in Aachen weiter.
Danach wurden als Ersatz 850 Kartons mit Lumpen aufgeladen und das T1-Formular und die Frachtbriefe ausgetauscht, in denen nicht von Hemden, sondern von Textilabfällen die Rede war. An einer Autobahn-Raststätte bei Wiesbaden trafen die Fahrer des Lkw auf Herbert Schmidt. Mit einer Plombierzange, wie sie vom Schweizer Zoll ver-

wendet wird, versiegelte er die Lumpen. Die Fahrt ging dann mit den falschen Plomben nach Brüssel weiter. Dort wurden die Textilabfälle entladen und die falschen Papiere abgestempelt.

»Als ich erfuhr, auf was für ein windiges Geschäft ich mich da eingelassen habe, wollte ich sofort aussteigen«, erzählt mir Pfitzner bei einem Expresso in Schaan. »Ich laß' mir doch mein gutgehendes Transportgeschäft nach Skandinavien nicht kaputtmachen wegen so einer dubiosen Geschichte!« Doch damit war Robert Brucker ganz und gar nicht einverstanden.

Er wollte möglichst schnell auch den Rest der Taiwan-Hemden, die er aus der Bartex-Konkursmasse zurückgekauft hatte, in die Bundesrepublik schmuggeln. Pfitzner sei als Spediteur formal zum Besitzer der Ware geworden und deshalb in erster Linie für die illegalen Geschäfte verantwortlich, drohte Brucker dem Fuhrunternehmer, ein Tip von ihm genüge, um ihn auffliegen zu lassen und seine Existenz zu ruinieren.

»Was sollte ich machen? Zum Aussteigen war es zu spät. Mir blieb nichts anderes übrig, als dabeizubleiben. Der hat meine Lage eiskalt ausgenutzt und mir das Messer an die Gurgel gesetzt«, rechtfertigt sich Pfitzner heute.

Der Spediteur schickte seinen Lkw wieder von Embrach nach Brüssel. Diesmal jedoch wollte Brucker allein absahnen — ohne seine Partner. Doch irgendwie bekamen die Wind davon, fingen die Hemdenfuhre noch auf Schweizer Gebiet ab und redeten dann, mit dem Lkw als Pfand, Tacheles mit dem Junior. Man arrangierte sich. Mit Verspätung gingen die Textilien über die Grenze. Zwischen Brucker und seinen Kumpels kam es danach erneut zu heftigem Streit über die »gerechte« Verteilung der Beute.

Zollfahndungsamt Nürnberg Nürnberg, 31. 10. 1984
Sachbearbeiter B 2

Vermerk:
Die Auswertung der im Schreibtisch des Boßhammer beschlagnahmten Unterlagen (1 Plastikumhüllung) hat folgende Verdachtsmomente ergeben:
1. Alle vorgefundenen Rechnungen fernöstlicher Lieferanten sind bereits im holländischen Ermittlungsverfahren gegen Brucker aus dem Jahre 1979/1980 bekannt geworden. Derartige Rechnungen wurden damals in einem Geheimbüro des Brucker in Amsterdam vorgefunden und beschlagnahmt. Ermittlungen haben ergeben, daß Brucker über seine Fa. Bartex/Vaduz diese Textilien aus Fernost über Venedig nach Embrach/Schweiz verbringen ließ. Anschließend wurden diese Waren
a) mit gefälschten Ursprungszeugnissen in den Niederlanden eingeführt. Warenwert ca. 40 Mio. DM;
b) in die DDR und anschließend als DDR-Ware mit AG3B in den Raum Düsseldorf geliefert; Wert ca. 60 Mio. DM;
c) mit gefälschten italienischen Versandpapieren T 2 L nach München befördert und zollfrei abgefertigt. Warenwert ca. 7 Mio. DM;
d) mit gefälschten Warenverkehrsbescheinigungen EUR 1 als Marokko-Ware nach Düsseldorf verbracht. Wert ca. 3 Mio. DM.

... Alle Textilien waren als Non-Quota-Ware in Fernost erworben worden.
2. Auf Grund dieser Ermittlungen sind die Textilien des Brucker/Bartex in Vaduz im Jahre 1980 etwa im Sept. oder Oktober beschlagnahmt worden ...

Bartex ging in Liquidation, Es wurde ein Vergleich geschlossen über das »Betreibungsamt« in der Schweiz. Die Textilien wurden sodann über die Nachfolgefirma Relan verkauft. Verwaltungsrat bei Relan ist Herr L. L. war auch schon bei den damaligen Bruckergeschäften beteiligt. Als Käufer dieser Waren ist u. a. die Fa. Quelle bekannt geworden. Quelle hat diese Verhandlungen in der Schweiz mit Robert Brucker geführt. Die Quelle hat hierzu Herrn Boßhammer und Herrn Keck in die Schweiz gesandt. Den Quelleunterlagen ist zu entnehmen, daß Robert Brucker und Isaak Brucker die einzigen Aktionäre der Bartex waren. Folgende Transportwege konnten festgestellt werden:

1. Mit Vertrag vom 20. 4. 1981 kaufte die Fa. Quelle von Relan insgesamt 183 000 Stck. Herrenhemden im Wert von 916 650,– DM (siehe Vertrag).

Die im vorgenannten Vertrag angeführten Artikelnummern konnten in der Lagerliste Bartex vom Oktober 1980 festgestellt werden. Die Überprüfung der bei der Fa. Quelle eingelagerten Bartex/Relan Hemden hat ergeben, daß auf den Kartons die alten Artikelnummern übermalt waren. Diese konnten teilweise in der mir vom ZFA Ffm übersandten Lagerliste der Fa. Staramo, ebenfalls eine alte Bruckerfirma, Schweiz, vorgefunden werden. Die Ummarkierungen fanden nach den bisherigen Ermittlungserkenntnissen regelmäßig bei Jacky Maeder in Embrach statt. Die alten Artikelnummern sind für die Ermittlungen hinsichtlich des tatsächlichen Lieferanten von Bedeutung. Nachdem die Fa. Quelle dem Bundesamt für Gewerbliche Wirtschaft zur Erlangung der Einfuhrgenehmigung u. a. Versandpapiere vom September 1980 mit den neuen Artikelnummern über den Transport von Taiwan nach Venedig vorgelegt hat, besteht der

Verdacht, daß es sich um nachträglich ausgestellte Papiere handelt. In diesem Zusammenhang wird darauf hingewiesen, daß Boßhammer gegenüber Brucker geäußert hat, daß er Exportlizenzen aus Taiwan erhalten könne, da dort noch Quoten offen seien. Um eine Quotenkürzung durch die EG zu vermeiden, seien auch die Taiwanesen bereit, entsprechende Exportlizenzen zu erteilen...
Es wird dabei besonders darauf hingewiesen, daß es sich hierbei um die Quoten 1980 handelte, die letztlich im August 1981 erteilt wurden. Es besteht der Verdacht, daß die Einfuhrgenehmigungen erschlichen worden sind...

Ungeachtet dessen ging am 23. August 1981 der Pfitzner-Lastzug zum drittenmal auf Fahrt, beladen mit 23 000 Hemden. Doch diesmal war die Frankfurter Zollfahndung zur Stelle, hatte vermutlich einen Tip bekommen. Sie erwischte den österreichischen Fahrer des Lkw in flagranti — bei der Ausfertigung des neuen T1-Formulars über »Textilabfälle«. Der Mann konnte entkommen. Die Schweizer Plombierzange, die Pavel Knortcek von Schmidt ausgeliehen hatte, wurde beschlagnahmt, die Ladung sichergestellt. Am 31. August wurden Knortcek und einige seiner Leute verhaftet, doch schon am Tage danach gegen Kaution wieder auf freien Fuß gesetzt, später wegen Steuerhinterziehung in Höhe von rund 130 000 Mark zu einer Bewährungsstrafe verurteilt.
Pavel Knortcek hatte auch Quelle die »Hemden zu einem äußerst günstigen Preis angeboten«, hielt Importleiter Karl Boßhammer am 4. September 1981 für seinen Vorstand in einer Hausmitteilung fest. Darin berichtete er auch über ein neuerliches Treffen mit Robert Brucker und seinem Kon-

HAUSMITTEILUNG

Verteiler	Herausgeber/Tel.-Nr.		Datum/Zeichen
Herrn Bittlinger	2671 Karl Boßhammer		14.9.1981 bo/Wf.
	Ihre Nachricht vom	Ihre Zeichen	Eingangs-Stempel
	Betrifft Schweiz-Besuch am 2.9.1981		

1) Gespräch mit Herrn Direktor Stoll, Spedition Jacky Maeder in Zürich:

Die T... steht voll zu unserer Verfügung, sofern noch ... ...ten gemacht w...

Ich ... Herrn [redacted] ... s er von den Banken nicht den gewünschten Nachlaß von DM 0,20/ Stück für unsere Bemühungen bekommt, wird der Auftrag um diesen Betrag berichtigt.

3) Gespräch mit Herrn Brucker, Firma Bartex.

Von ihm erhielt ich einen Teil der benötigten Konnossementskopien. Es wurde mit ihm vereinbart, daß Herr Semmler die nötigen Dessins und Mengen aussucht.
Er meint, daß er ebenfalls die Ware verkaufen könne.
Meinen Entgegenhaltungen, daß nach Meinung unserer Juristen nur der Treuhänder rechtsverbindlich verkaufen könne, glaubte Herr Brucker durch die Beibringung von Zuständigkeitserklärungen des Verwaltungsrates, oder von Banken entkräften zu können.

Rechtlich einwandfrei scheint nach wie vor nur der Kauf von Jäger.

4) Von Herrn [redacted] erfuhr ich, daß am Montag, dem 31.8.81, in Frankfurt einige Leute verhaftet wurden, allerdings am nächsten Tag gegen Kaution wieder freigelassen wurden, die im Hauptzollamt Osthafen eine größere Partie Hemden aus der Schweiz,mit Ursprung in den USA, verzollen wollten. Der"angebliche Einführer " ein Herr [redacted], aus Frankfurt, mit Büro in der Schweiz, hat auch Herrn Semmler diese Hemden zu einem äusserst günstigen Preis angeboten.

Am Dienstag, den 15.9.81, wird Herr [redacted] bei Herrn List vorlegen.

»Einige Leute verhaftet«: Über ein Gespräch mit Robert Brucker in der Schweiz berichtete Importleiter Boßhammer am 14. September 1981 seinem Vorstand. Daß einer der Frankfurter Hemdenimporteure, der am nächsten Tag seine Ware Quelle anbieten sollte, zwei Wochen vorher verhaftet und nur »gegen Kaution wieder freigelassen« worden war, schien Boßhammer nicht zu hindern, mit ihm gegebenenfalls ins Geschäft zu kommen.

kursverwalter am 2. September in der Schweiz. Dabei »erfuhr ich von der Verhaftung einiger Leute in Frankfurt, darunter Herrn Knortcek«. Dieser habe die betreffenden (also ins Land geschmuggelten) Hemden »auch Herrn Semmler zu einem äußerst günstigen Preis angeboten«. Herr Knortcek werde daher »bei Herrn List vorlegen«, das heißt anbieten. Ob Quelle dann kaufte, ist nicht bekannt. Boßhammers Hausmitteilung läßt allerdings nicht darauf schließen, daß er aufgrund der merkwürdigen Umstände des Imports irgendwelche grundsätzliche Bedenken gehabt hätte.
Für Robert Brucker, obwohl im sicheren Liechtenstein, hatte die Lumpen-Geschichte gleichwohl ein Nachspiel. Eduard Pfitzner brachte ihn wegen Erpressung vor den Kadi des Fürstentums. Mehrere Instanzen lang stritten sie sich vor den liechtensteinischen Gerichten. Robert Brucker wurde schließlich wegen Erpressung zu sechs Monaten »schweren Kerkers« verurteilt, die Strafe auf drei Jahre zur Bewährung ausgesetzt.

Gute Kontakte zum Zoll

Ende August 1982 wurde Robert Brucker in Feldkirch verhaftet und zu mehreren Schmuggelgeschäften ausführlich vernommen. Er erklärte, niemals »Ware verkauft noch gekauft« zu haben. Die Ermittler wollten auch wissen, ob es stimme, daß er Kontakt zu einem Zöllner habe, der bereit sei, für 5000 Schweizer Franken eine »zollamtliche Erledigung«, also eine Manipulation an Frachtdokumenten, für ihn vorzunehmen. Schon im Juni 1982 hatte die Zollfahndung in Lindau am Bodensee in einem vertraulichen Aktenvermerk festgehalten, daß es sich bei diesem Zöllner im

Dienste von Brucker offenbar um einen deutschen Kollegen handele. Weiter heißt es in dem Vermerk, der Holländer habe bei der Vernehmung erklärt, die Abwicklung der Schmuggeltransporte bereite ihm keine Probleme, denn »er habe beim ZA Thayngen [das Zollamt Thayngen liegt zwischen Schaffhausen und Singen] einen deutschen Zollbeamten, der für ihn dies erledige. Dies koste ihn etwa Fr. 5000 je Versandschein«.

Bei der Festnahme Bruckers in Feldkirch wurde auch ein Notizbuch mit Geschäftskontakten sichergestellt. Da gegen mehrere der dort genannten Personen und Firmen auch hierzulande Ermittlungen liefen, erhielt das Kölner Zollkriminalinstitut Kopien des Notizbuches von den Österreichischen Kollegen.

Fein säuberlich hatte Brucker dort seine wichtigsten Telefonnummern notiert, von der Gronauer Wäschefabrik über die Firma Lorenz in Münster, den Frankfurter Korea-Importeur Dae Woo, von dem er viel Non-Quota-Ware bezog, bis zu Karl Boßhammer, dem Importleiter des Fürther Großversenders Quelle. Es sei deshalb »keine besonders waghalsige Spekulation«, anzunehmen, daß Boßhammer und Brucker häufiger Geschäfte zusammen getätigt hätten, erfuhr ich hinter den Kulissen. Das müsse aber keineswegs heißen, fügte mein Informant hinzu, es habe »sich dabei ausschließlich um krumme Geschäfte gehandelt«.

Robert Brucker wurde von den Österreichern schon kurze Zeit nach seiner Festnahme wieder freigelassen. Dabei sollen weniger strafrechtliche als religiöse Gründe eine Rolle gespielt haben. »Vorbeugender Anti-Antisemitismus« nannte es ein Wiener Ermittlungsbeamter.

Doch schon ein halbes Jahr später mußte sich Robert Brucker erneut, diesmal in seinem Heimatland Holland, vor Gericht verantworten. Im April 1983 wurde das Verfah-

ZOLLKRIMINALINSTITUT

A 3010 B - AW 700 - K 52

Zollkriminalinstitut . Neuköllner Straße 1 . 5000 Köln 1

Köln, 13. Oktober 1982

Fernsprecher:
Durchwahl (0221) 20 60-
Vermittlung (0221) 2060-1
Fernschreiber
Telex 8882910 zkl d
Polizeinetz: Köln Z KI über LVSt Bonn (bu)

Zollfahndungsämter Berlin
Düssel...

Betrifft: Internationaler Textilschmuggel;
hier: Auswertung des Notizbuches des internationalen Textilschmuggelers Robert Brucker

Robert Brucker war in Österreich durch Beamte der österreichischen Zollfahndung in Feldkirch wegen Verdachts des Textilschmuggels festgenommen worden. Bei der Festnahme wurde u.a. ein Notizbuch mit Geschäftskontakten vorgefunden und sichergestellt. Gegen mehrere der im Notizbuch vermerkten Personen und Firmen mit Sitz in Deutschland wird auch von deutschen Zollfahndungsämtern wegen Verdachts des Schmuggels von Textilien und der ungenehmigten Einfuhr von Textilien ermittelt.

Zur Auswertung in den bei Ihnen anhängigen Ermittlungsverfahren teile ich die von Brucker notierten Kontakte/Telefonnummern mit.

...

Dorawa 2365-/1809
Eckert (Stella) 01-626111 (Schweiz)
Cronauer Wäschefabrik (Auferot/Hutse) 0049-25626018
C. Lorenz 0049-2534-7065
[illegible] (Hotel Fleistermühle) 0049-25132616
[illegible] 01-241726[illegible] (Schweiz?)
Panasia 0044-458-4166

ZFA München:
Dobal 089-186065
Itag 089-171329
Germex 089-355085

ZFA Nürnberg:
Korb 035-46857
Quelle (Boshammer) 0049-911-742268- (letzte Ziffer nicht lesbar)

Viele Telefonnummern im Notizbuch: Bei der vorübergehenden Verhaftung Robert Bruckers in Österreich beschlagnahmten die Fahnder ein Adreßbuch. Darin hatte er seine wichtigsten Kontaktleute in Europa aufgelistet, darunter auch Karl Boßhammer vom Fürther Großversender Quelle. Die Österreicher informierten das Zollkriminalinstitut in Köln, das wiederum die bundesdeutschen Zollfahndungsämter in Kenntnis setzte (Ausriß).

[redacted], ZAR   Lindau (B), 23. Juni 1982

Zollfahndungsamt München
- Der Leiter der Zweigstelle Lindau -

VERTRAULICH

Aktenvermerk zu E-Sache 190/82 - 720/ZOI [redacted]

Betrifft: Schmuggel südkoreanischer Herrenoberhemden über die Schweiz und über Österreich im externen gemeinschaftlichen Versandverfahren (T 1);

hier: verdächtige Tätergruppe um

a) BRUCKER Robert, 26.08.47 Amsterdam, ohne Staatsangehörigkeit, Kaufmann, Büro Firma RELAN AG, FL-9490 Vaduz, z.Zt. wohnhaft A-6800 Feldkirch/Vorarlberg, Winzerweg 2;
Eltern: Isaak und Alice, geb. Weiss;
INZOLL-Bestand vorhanden wegen Textilschmuggels
ZFA Frankfurt/Main ENr. 938/81
ZFA Düsseldorf ENrn. 95/80 und 1492/80
Haftbefehl des AG Düsseldorf vom 11.08.81
150 Gs 2870/81 für StA Düsseldorf zu 28 Js 106/80
(= ENr. 1492/80 ZFA Düsseldorf)

...vorge...
unerledigten Vers...schein und die Emp...
gung der Spedition bei Augsburg. BRUCKER erklärte, die "Löschung des Versandverfahrens" bereite keine Schwierigkeiten. Er habe "beim ZA Thayngen" (= Schweiz; deutsche Zollstelle: HZA Singen - ZA Bietingen bei Schaffhausen) einen deutschen Zollbeamten, der für ihn dies erledig . Dies koste ihm etwa Fr. 5.000 je Versandschein (Anm.: s. Bezug 2).

Fälle 2 und 3:

BRUCKER kaufte von der Firma DAE WOO, Frankfurt/Main, die zwei Partien zu je 342 Karton Hemden ab Zollfreizone Wien. Die Hemden stammen aus Südkorea (Anm.: s. Tz 3.2.4).

...

Erledigung durch deutsche Zollbeamte: Robert Brucker besaß gute Beziehungen — auch zum deutschen Zoll. Er habe im Zollamt Thayngen bei Schaffhausen einen Helfer, der für jeweils 5000 Schweizer Franken falsche Papiere für ihn ausstelle, gab Brucker bei der Vernehmung an. Das Zollfahndungsamt Lindau wurde von den österreichischen Kollegen in Kenntnis gesetzt, das daraufhin diesen Aktenvermerk machte (Ausriß).

ren gegen Isaac und Robert Brucker sowie weitere elf Direktoren, leitende Angestellte und Hilfskräfte von Brucker-Firmen vor dem Landgericht in Amsterdam eröffnet und zunächst einmal vertagt. Nach mehrjährigen Recherchen und Ermittlungen hatte der Economische Controledienst genügend Beweismaterial gesammelt, um den Clan auf die Anklagebank zu bringen. Der entscheidende Durchbruch war Arnulf Heeisermans und seinen Kollegen bereits zweieinhalb Jahre früher gelungen. Doch letztendlich blieb es ein Pyrrhussieg.

Schmuggel und Menschenrechte

Der Economische Controledienst hatte im Spätsommer 1980 ein Geheimbüro Isaac Bruckers in Amsterdam ausfindig gemacht. In einer spektakulären Aktion schlugen 65 Fahnder dann am 11. September zu, beschlagnahmten vertrauliche Unterlagen, Dokumente und Akten, die das Textilhandelsimperium ins Wanken brachten — wenigstens vorübergehend.
Ganz unvorbereitet traf der Zugriff der Behörden Brucker und seine Mitarbeiter indessen nicht. Drei Tage vor der Aktion war in der holländischen Tageszeitung TELEGRAPH ein sensationell aufgemachter Bericht erschienen, gewissermaßen eine Vorschau auf die möglichen Ermittlungsergebnisse gegen die Organisation. Ob eine gezielte Indiskretion vorlag und wer die Zeitung informiert hatte, konnte nie geklärt werden. Jedenfalls war Brucker gewarnt. Aber die Zeit reichte nicht mehr, alles Material aus dem Geheimbüro beiseite schaffen zu lassen. Was der Economische Controledienst fand, reichte aber allemal zur Anklageerhebung aus.

Mitte Februar 1984 ging es vor Gericht in die entscheidende Runde. Während des Prozesses verwahrte sich Brucker senior, unterstützt von acht Rechtsanwälten, entschieden dagegen, als Gesetzesbrecher eingestuft zu werden. Sein Plädoyer in eigener Sache am siebten Verhandlungstag geriet ihm zu einem großen Auftritt, in dem er sich, rhetorisch geschliffen, als der unschuldig Verfolgte darstellte. Sohn Robert, weit weniger wortgewaltig als der Vater, gab eine schlichtere Interpretation des Sachverhalts: »Wir sind doch keine Textil-Mafia, wir sind ein Familienunternehmen, das sein Geschäft versteht. Wir haben nichts anderes getan, als die Lücken in den Gesetzen aufzuspüren. Da ist vieles unklar und zweideutig. Aber das kann man uns nicht anlasten. Dafür müssen die geradestehen, die diese EG-Gesetze gemacht haben.«

Die Amsterdamer Richter sahen es anders. Immerhin waren den Bruckers in der Beweisaufnahme illegale Textileinfuhren in Höhe von fünfzig Millionen Gulden nachgewiesen worden, wobei Straftaten der Dutch Connection außerhalb der Niederlande sogar noch unberücksichtigt blieben.

Am 15. März 1984 wurden Isaac und Robert Brucker zu Freiheitsstrafen von drei beziehungsweise zwei Jahren und vier Monaten, zu Geldstrafen von jeweils 100 000 Gulden, zu Steuernachzahlungen von insgesamt fünf Millionen Gulden und zu einem Berufsverbot von fünf Jahren verurteilt. Bei der Verkündung des Richterspruchs kam es zu einer tumultartigen Szene: Isaac Bruckers Frau schrie in höchster Erregung, daß sie das Urteil für »eine Schande für die holländische Justiz« halte. Dann verließ sie heftig protestierend den Sitzungssaal und knallte die Tür hinter sich zu.

Die Schande, die Frau Brucker meinte, wurde zwei Jahre später vom höchsten Gerichtshof der Niederlande getilgt. Unter Berufung auf die »Internationale Konvention zum

Schutz der Menschenrechte und Grundfreiheiten« fochten Vater und Sohn Brucker den Richterspruch mit der Begründung an, das Urteil sei ihnen nicht innerhalb der gesetzlich vorgesehenen Frist, sondern erst eineinhalb Jahre nach der Verkündung schriftlich zugestellt worden. Sie hatten Erfolg. Am 25. April 1986 entschied der Gerichtshof in Den Haag, das Urteil aufzuheben. Eine nochmalige Überprüfung der Schuldfrage wird es nicht geben. Sie wäre mit der Menschenrechtskonvention nicht in Einklang zu bringen. Die Staatsanwaltschaft darf in dieser Angelegenheit auch nicht mehr neu ermitteln. Der Richterspruch roch nach politischer Manipulation. War es eine Schlampigkeit der niederländischen Justiz, bindende Termine verstreichen zu lassen? Stand politischer Einfluß dahinter? Isaac Brucker und sein Sohn Robert bekamen jedenfalls höchstrichterlich einen Freibrief ausgestellt — absurder kann sich ein Rechtsstaat nicht verhalten. Hinter vorgehaltener Hand hat man mir in Den Haag erzählt, die Tatsache, daß die Familie Brucker mosaischen Glaubens sei, habe entscheidend zu der Verschleppung beigetragen.

Mit dem erfolgreichen Appell der holländischen Textilschmuggler an die Menschenrechte war nicht nur eine fünfjährige Ermittlungsarbeit der Strafverfolgungsbehörden für die Katz, auch das Berufsverbot wurde damit natürlich hinfällig. Entsprechend verbittert reagierten die Fahnder des Economische Controledienst, die den Familienclan dank mühseliger Ermittlungen überhaupt erst auf die Anklagebank gebracht hatten. Das Urteil sei ein Armutszeugnis für den holländischen Rechtsstaat, erboste man sich beim EGD — und ein Schlag ins Gesicht aller ehrlichen Steuerzahler!

Während sich der Gerichtshof in Den Haag mit dem Revisionsbegehren der Bruckers befaßte, wurde der Holländer

VONNIS

DE ARRONDISSEMENTSRECHTBANK TE AMSTERDAM, ECONOMISCHE KAMER,
rechtdoende in strafzaken:

Gezien de stukken in de zaak van de OFFICIER VAN JUSTITIE tegen:

Isaac BRUCKER, APPEL
geboren te Rotterdam op 14 november 1919,
van beroep textielhandelaar,
wonende te Amstelveen aan de Graaf Janlaan 10;

Gelet op het onderzoek ter terechtzitting van 6 april 1983, 7 april 1983, 20 april 1983, 21 april 1983, 15 februari 1984, 16 februari 1984, 17 februari 1984 en 1 maart 1984;

Verdachte is gedagvaard terzake van de hierna volgende telastelegging:

Hij, verdachte, heeft te Amsterdam en/~~of op~~ andere plaatsen in en/of buiten Nederland op verschillende tijdstippen in de periode van of omstreeks 1 januari 1979 tot 15 september 1980 telkens (al dan niet) opzettelijk tezamen en in vereniging met een of meer andere personen en of rechtspersonen en/of organisaties als bedoeld in artikel 51 lid 3 van het Wetboek van Strafrecht, althans alleen, in Nederland ingevoerd -dan wel doen invoeren- in de zin van artikel 1 van de In- en uitvoerwet zonder (rechtsgeldige) vergunning van (dan wel verleend namens) de Minister van Economische Zaken een of meer van de hieronder vermelde goederen,die van oorsprong waren uit de hieronder daarbij vermelde landen ~~of~~ gebieden: [illegible]

Dutch Connection auf der Anklagebank: Nach jahrelangen Ermittlungen der holländischen Behörden standen Brucker senior und junior Anfang 1984 vor Gericht. Sie wurden zu drei beziehungsweise zwei Jahren und vier Monaten Gefängnis, zu Geldstrafen und zu Steuernachzahlungen in Millionenhöhe sowie zu einem Berufsverbot verurteilt (Ausriß Urteil).

arrestnummer
rolnummer 23002438-85
datum uitspraak 25 april 1986
tegenspraak

Arrest van het Gerechtshof te Amsterdam

gewezen in het hoger beroep ingesteld tegen het
vonnis van de arrondissementsrechtbank te
Amsterdam van 15 maart 1984
in de strafzaak onder parketnummer 36.777.I 80
tegen

Robert BRUCKER,
geboren te Amsterdam op 26 augustus 1947,
wonende te Feldkirch (Oostenrijk), Winzerweg 3
... woon- of verblijfplaats bi...

De beslissing

Het hof vernietigt het vonnis waarvan beroep en doet opnieuw recht.

Het hof:

Verklaart het openbaar ministerie niet ontvankelijk in zijn verdere
strafvervolging ter zake van de ten laste gelegde feiten.

Dit arrest is gewezen door de economische kamer van het gerechtshof te
Amsterdam, belast met de behandeling van strafzaken, waarin zitting
hadden mrs. Vermeulen, Mendel en Vermeijden, in tegenwoordigheid van
mr. Kerkhoffs als griffier en is uitgesproken op de openbare
terechtzitting van dit gerechtshof van 25 april 1986.

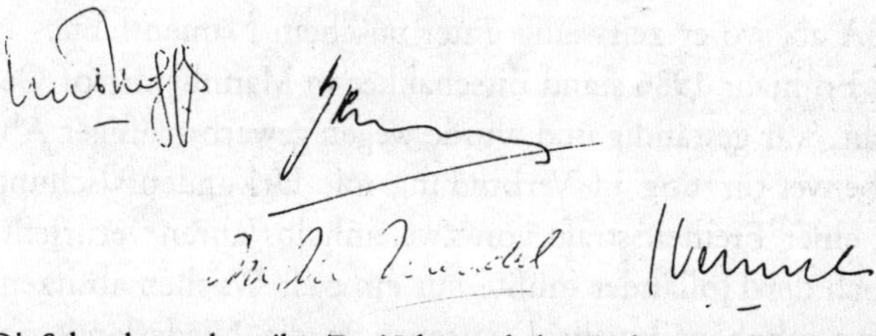

Die Schande wurde getilgt: Zwei Jahre nach dem Richterspruch gab der Gerichtshof in Den Haag dem Appell der Bruckers statt und hob das Urteil auf. Begründung: Die damalige Entscheidung des Gerichts sei den Beklagten nicht fristgemäß schriftlich zugestellt worden (Ausriß Revisionsurteil). In den Niederlanden vermutet man, politische Manipulation habe zu der Aufhebung geführt.

Frits Bitschakker (Name geändert), vormals ein enger Vertrauter des Seniors, über Interpol aus den USA an die deutsche Justiz ausgeliefert. Isaac hatte ihn 1978 in Wien angeheuert, für Balkangeschäfte, die dem Syndikat damals lukrative Möglichkeiten zu bieten schienen. Bitschakker erwies sich als zuverlässiger Mitarbeiter: Er tätigte Abschlüsse mit griechischen Exporteuren und kaufte von rumänischen Staatshandelsgesellschaften Baum- und Zellwollgewebe, die danach mit gefälschten Ursprungszeugnissen über Österreich und die Schweiz in die Bundesrepublik geschmuggelt wurden. Die dabei hinterzogenen Steuern beliefen sich auf rund eine Million Mark. Die falschen Papiere habe er meist in Italien beschafft, gestand Bitschakker nach seiner Auslieferung den deutschen Ermittlungsbeamten. »In einem Bürohaus bei Como kreuzte immer ein höherer italienischer Zollbeamter auf, der gegen entsprechende Provision Zollstempel zur Verfügung stellte.« Das große Geld bei diesen Geschäften mit einem Volumen von etwa zehn Millionen Mark habe selbstverständlich der Senior eingesteckt, für den Handlanger blieben nach eigenem Bekunden nicht einmal 100 000 Mark. Bitschakker sah sich irgendwann als eine Art »nützlicher Idiot«, setzte sich deshalb 1982 in die USA ab, wo er zeitweilig unter falschem Namen lebte.

Im Frühjahr 1986 stand Bitschakker in Mannheim vor Gericht, war geständig und wurde wegen gewerbsmäßiger Abgabenverkürzung in Verbindung mit Urkundenfälschung zu einer Freiheitsstrafe von zweieinhalb Jahren verurteilt. Doch der Holländer mußte nur ein paar Wochen absitzen, dann schoben ihn die Deutschen in die Niederlande ab. Obwohl er dort ebenfalls zur Fahndung ausgeschrieben war, blieb er straffrei. Das Gericht hatte die Großen laufengelassen, da konnte es den Kleinen schwerlich hängen.

Mitte Mai 1984 ging in Wien einer der größten Prozesse gegen Textilschmuggler mit einer Gesamtstrafe von dreizehn Jahren und acht Monaten mit Bewährung sowie umgerechnet mehr als neun Millionen Mark zu Ende — verhängt unter anderem gegen die beiden österreichischen Geschäftsleute Helmut Ferdinand (Name geändert) und Heinz Kurath (Name geändert). Auch bei deren Transaktionen hatte die Dutch Connection ihre Hände im Spiel. Den Wienern war nachgewiesen worden, in den Jahren 1980 bis 1982 mindestens 500 000 Herrenhemden sowie 60 000 sonstige Bekleidungsstücke mit Hilfe gefälschter Dokumente aus Schweizer Zollfreilagern nach Österreich importiert und dann ihre Wiederausfuhr nach Rumänien und Polen vorgetäuscht zu haben.

Helmut Ferdinand hatte die Textilien über seine Firma Loma GmbH von dem koreanischen Handelshaus Dae Woo in Frankfurt-Niederrad beschafft und den Schweizer Edmund (»Edi«) Eichenberger für die Abwicklung des Deals engagiert, jenen Tessiner Schmuggler, der dann 1982 den stellvertretenden Direktor der französischen Zollfahndung, Roger Saint-Jean, der Bestechlichkeit bezichtigte (vgl. Seite 87 f).

Um die Herkunft der Ware zu verschleiern, wurden in Österreich gleich mehrere Tarnfirmen zwischengeschaltet. Das alles geht aus einigen Dutzend Fernschreiben von Dae Woo hervor, die von der Wiener Zollfahndung bei Ferdinand beschlagnahmt wurden.

Zeitgleich mit dem Verfahren in Wien wurden im März 1983 in Marburg zwei Tessiner Kraftfahrer verurteilt, die für Eichenberger tätig gewesen waren. Ihr Prozeß illustrierte die enge Zusammenarbeit der Austria-Gang mit

HAUPTZOLLAMT FELDKIRCH

Finanzstrafbehörde I. Instanz

A-6800 Feldkirch, Reichsstraße 151
Tel. 05522/23891 - DW 46
Schließfach 87 - (900) DVR: 0011045
Telex 52257 (Tisis)

Amtsstunden:
Montag – Freitag 8 – 16.00 Uhr

Zl.:
Bei Eingaben wird um Anführung der o. a. Geschäftszahl ersucht.

Sachbearbeiter:
[redacted]

An die
Staatsanwaltschaft beim
Landesgericht Feldkirch
in

6800 F e l d k i r c h

Feldkirch, 1984 05 08

Betreff: Gerichtliches Finanzstrafverfahren gegen Robert Brucker, Edmund Eichenberger, Vilem Kantorik, Mario Benozzo, Andreas Balsiger, Christoph Sahli und Marcel Rosset wegen des begründeten Verdachtes des gewerbsmäßigen und bandenmäßigen Schmuggels von Herrenoberhemden.
Str.L.Nr. 143, 144, 145, 146, 150, 151/82-III/St. und 97/83-III/St.

Bezug: Anzeigen des Zollamtes Feldkirch vom 19. und 20.7.1982 an die Staatsanwaltschaft beim Landesgericht Feldkirch; do. Zl. 20 Vr 1666/82.

Beilage: Strafakt

Das Zollamt Feldkirch als Finanzstrafbehörde I. Instanz erstattet in der gerichtlichen Finanzstrafsache gegen

1.) Robert BRUCKER, geb. am 26.8.1947 in Amsterdam, holländischer Staatsbürger, Firmenberater, verheiratet, wohnhaft in 6800 Feldkirch, Winzerweg Nr. 3,

2.) Edmund EICHENBERGER, geb. am 8.1.1938 in Ponte Capriasca, Schweizer Staatsbürger, Kaufmann, wohnhaft in CH - 6951 Ponte Capriasca, Fa. VEWAG,

Zweigstellen:

Bahnhof	Tel. 0 55 22/23 0 12	Nofels	Tel. 0 55 22/22 1 28
Bangs	Tel. 0 55 22/22 1 29	Post	Tel. 0 55 22/23 8 91
Buchs	Tel. 0 55 37/61 1 21	Tisis	Tel. 0 55 22/22 1 56
Meiningen	Tel. 0 55 22/21 3 48	Tosters	Tel. 0 55 22/22 4 02

Bankverbindungen:
Postscheckkonto Wien 5574.995
Öst. Nationalbank Bregenz, Kto. 114
München Postscheckkonto 58563 für
Raiffeisenbank Hirschegg, Kleinwalsertal

Wenn der Robert mit dem Edi: Einige seiner zweifelhaften Geschäfte wickelte Brucker junior mit dem Schweizer Schmuggler Edmund Eichenberger ab, einem Experten für gefälschte Frachtpapiere. Im Abschlußbericht des österreichischen Hauptzollamts in Feldkirch (Ausriß) werden die beiden Kaufleute des »bandenmäßigen Schmuggels von Herrenhemden« bezichtigt. Die Ware stammte vorwiegend vom koreanischen Handelshaus Dae Woo in Frankfurt-Niederrad.

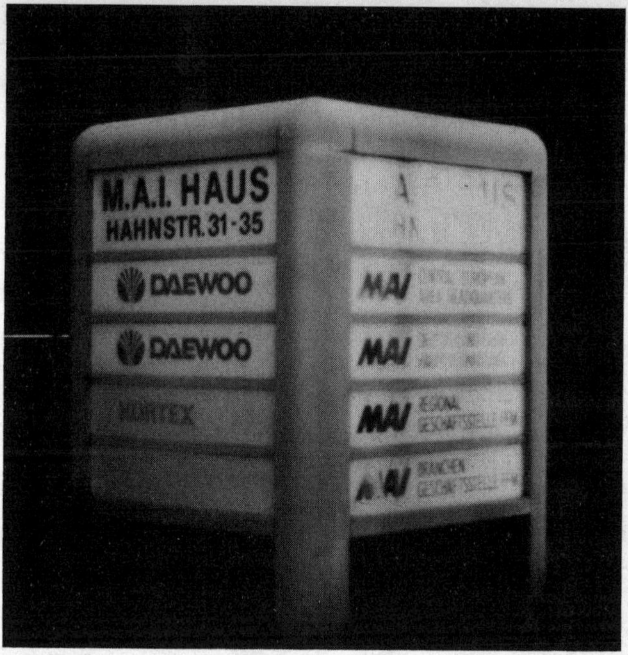

Eichenberger und dem holländischen Brucker-Clan — und den diversen Abnehmern dieses Syndikats vor allem in der Bundesrepublik. Nach Auskunft des stets redseligen Eichenberger gingen 1981 und 1982 mindestens dreißig Hemdentransporte via Österreich in die Bundesrepublik. Und immer kaufte zunächst Ferdinand oder Kurath in Wien die bereits in Schweizer Zollfreilagern aufbewahrte Ware bei Dae Woo in Frankfurt. Das koreanische Handelshaus ist der größte europäische Hemdenimporteur. Sämtliche Non-Quota-Ware wird von den Koreanern offiziell nur im Transit gehandelt, weil diese Textilien für die EG gesperrt

sind. Dae Woo kommt damit eine ähnliche Rolle zu wie den Tabakkonzernen beim Zigarettenschmuggel: Die Koreaner verstoßen selbst nicht gegen Rechtsvorschriften, müssen aber wissen, daß ihre Ware in der Absicht gekauft wird, sie zu verschieben, schwarz und unverzollt.
Mehr als zwanzig Hemdenfuhren ließ Edmund Eichenberger auch nach Münster, zu den Firmen Wauligmann u. Wiechers und Lorenz karren. Dabei wäre Edi im März 1982 fast der Zollfahndung in Münster ins Netz gegangen. Die Ereignisse ließen sich später wie folgt rekonstruieren: Eichenberger fuhr, trotz mehrerer Haftbefehle in der Bundesrepublik, mit seinem BMW nach Münster, um die Abwicklung des Deals zu kontrollieren. Doch sein Besuch wurde dem Zoll in Münster von einem Anonymus angekündigt. Edi traf etwas verspätet auf dem Hof der Firma Lorenz ein, setzte sich jedoch gleich wieder ab, da ihm die Situation verdächtig vorkam. Zwei Fahndungsbeamte nahmen in ihrem Dienstwagen die Verfolgung auf. An einer Ampel mußte Edi halten, verriegelte seinen Wagen von innen und harrte der Dinge, die da kommen sollten. Die Leute vom Zoll verließen ihr Fahrzeug, kamen an seinen BMW und bedeuteten ihm, das Fenster herunterzukurbeln.
»Sind Sie Herr Eichenberger?«
»Ja!«
»Dann sind Sie verhaftet!«
Das sah Eichenberger wohl anders: Er gab sofort Vollgas, preschte über den Fußweg davon, entkam über die Autobahn Richtung Osnabrück, fuhr dann in Richtung Osten und an der DDR-Grenze entlang in den Süden. Trotz sofort eingeleiteter Fahndungsmaßnahmen gelang es ihm, bei Singen über die grüne Grenze in die Schweiz zurückzukehren. Die Kunden in Münster bezahlten die Schmuggelware auf das Konto einer Züricher Bank zur Verfügung der Firma

Horst Press in Memmingen. Nachforschungen des ECD ergaben, daß es kein Unternehmen dieses Namens, wohl aber einen Horst Press gibt, der jedoch nachweislich nichts mit Textilschmuggel zu tun hatte. Ihm war jedoch geraume Zeit zuvor sein Reisepaß abhanden gekommen, mit dessen Hilfe jemand das Konto in Zürich eröffnet haben mußte. Gegenüber der Zollfahndung im österreichischen Feldkirch sagte später Bruckers ehemalige Freundin aus, Rob habe sie vor einiger Zeit gebeten, mit Hilfe des Passes von Horst Press in der Bundesrepublik eine Firma zu gründen.

Am 29. März 1982 flog der gesamte Hemdendeal aus der Schweiz via Österreich in die Bundesrepublik auf: Ein Lkw mit Tessiner Kennzeichen, auf dem knapp 16 000 koreanische Hemden geladen waren, wurde auf dem Betriebshof eines Textilhändlers in Wetter beschlagnahmt, die beiden Schweizer Chauffeure verhaftet und später dann in Marburg zu einem Jahr und neun Monaten beziehungsweise einem Jahr und drei Monaten Gefängnis ohne Bewährung verurteilt.

Wien ist sicherlich eine der Schaltstellen im weltweiten Handel mit schwarzer Ware. In der Donaumetropole gibt es Dutzende dubioser Handelsgesellschaften, die überwiegend vom illegalen Im- und Export mit Textilien aus Ostasien und den Ostblockstaaten leben. Sie operieren meist nebeneinander, mitunter miteinander, gelegentlich auch einmal gegeneinander. Eine der Routen, über die Wiener »Lumpen-Spezis« Schmuggelware aus Korea nach Europa verschiffen, führt von Seoul über Zypern in den Libanon. Beirut ist noch immer ein idealer Umschlagplatz für den Weiterverkauf in die EG-Länder, weil die Ausfuhr zusätzlich durch Zollpräferenzen begünstigt wird. Bei einer Reihe von Artikeln ist der Zollsatz null, wenn Ursprungszeugnisse vorgelegt werden, aus denen die libanesische Herkunft der Ware hervorgeht. Gefälschte Dokumente sind in Beirut mühelos zu beschaffen, die Kriegswirren in der umkämpften Stadt haben den Textilschmuggel eher begünstigt. Von Wien über den Libanon wurden auch wichtige Drähte nach Ost-Berlin gezogen: Beirut leitete die Bestellung weiter an eine bulgarische Staatshandelsgesellschaft in Sofia, die über die nötigen Fertigungskapazitäten in bulgarischen Textilkombinaten verfügte. Die Ware wurde dann von Sofia an den VEB Wäschekonfektion in Lösnitz/DDR versandt, dort umgepackt, mit neuen Papieren versehen und dann in die Bundesrepublik weitergeleitet. Die Einschaltung möglichst vieler Zwischenstationen sowohl für die Order als auch für die Bezahlung ist ein üblicher Schachzug im Schmuggelgewerbe, um eventuelle Nachforschungen zu erschweren. »Die Wiener«, so weiß der Lindauer Textilhändler und frühere Schmuggler Otmar Baas (Name geändert) aus eigener Erfahrung, »haben das manchmal etwas übertrieben — aber es hat fast immer funktioniert.«

Fast. Im Falle des Bulgarien-DDR-Libanon-Geschäfts allerdings kam der Zoll den Ganoven auf die Schliche: Der für alle Seiten lukrative Handel platzte. Der letzte Auftrag konnte nur noch zur Hälfte abgewickelt werden. Dann wurde storniert — Textil-Commerz betrachtete den Liefervertrag als erledigt.

Auch in Feldkirch an der Österreichischen Grenze zum Fürstentum Liechtenstein beziehungsweise zur Schweiz wurde nach der Pleite in Wetter gegen Brucker und Eichenberger ermittelt. Edi erklärte Anfang September 1982 bei einem Telefongespräch mit dem dort zuständigen Beamten: »Es ist richtig, daß ich der Organisator war von Textilsendungen, die aus der Schweiz nach Österreich bzw. nach Deutschland durchgeführt worden sind mit gefälschten Versandpapieren T-1 mit dem Zollstempel ›Chiasso Punto

Franco‹.« Und dann schimpfte Edi auf Brucker junior. Er sei »ein Narr« und habe ihm durch mehrere Fehler sein »System zunichte gemacht«. Vor allem brachte Edi keinerlei Verständnis dafür auf, daß die österreichische Staatsanwaltschaft Robert Brucker, der im August 1982 verhaftet worden war, schon wieder laufenlassen hatte. »Warum habt ihr ihn nicht wenigstens in einen Zug nach München gesetzt?« wollte Eichenberger wissen und habe dann, so erinnert sich der Beamte, geflachst: »Wenn ich euch einmal besuchen komme, darf ich wohl kaum mit so viel Verständnis und Rücksichtnahme rechnen. Ich mache dann doch eine Tournee durch die Gefängnisse quer durch Europa!«

Edmund Eichenberger, am 8. Januar 1938 in Aburg in der Schweiz geboren, gilt als einer der wichtigsten Drahtzieher im internationalen Schmuggel, als ein Mann für alle Fälle, wie es in Fahnderkreisen durchaus anerkennend heißt. Im Wiener Prozeß gegen Helmut Ferdinand und Heinz Kurath äußerte einer der Verteidiger, »Stempel und Dokumente fälschen, das ist sicherlich eine Spezialität von Herrn Eichenberger«. In der Tat scheint Edi gute Beziehungen zu bestimmten Werkstätten zu haben, die innerhalb weniger Tage jeden Stempel und jedes Formular anfertigen können. Mit dem Brucker-Clan verbindet den Tessiner offenbar eine Art »Haßliebe«. Immer wieder schimpft er auf diese »Mischpoke«, machte dann aber doch wieder Geschäfte mit den Holländern. Der alte Brucker sei ein Ehrenmann, der halte sein Wort, aber Sohn Robert hält Edi für »ein Kind«.

Sauer ist Eichenberger auf Brucker junior vor allem, seit dieser ein von ihm abgewickeltes Geschäft für einen deutschen Kunden 1986 über seine Bücher laufen ließ. Der Tessiner dagegen nahm es als das, was es war: ein Schwarzgeschäft. Es kam, wie es kommen mußte. Im Rahmen einer Steuerprüfung bei Robert Brucker fielen der Schweizer Finanzbehörde die Unterlagen in die Hände, Edi wurde nach Bern zitiert und sollte Rechenschaft über die Transaktion ablegen, für die er natürlich keine Steuern bezahlt hatte. Eichenberger hielt sich zunächst an den Senior. Der versuchte in Bern zu retten, was zu retten ist. Aber es half nichts: Es kam eine saftige Nachzahlung von rund einer Million Schweizer Franken, die Edi von Brucker junior wiederhaben will. Egal wie. Ganovenehre.

Als Robert Brucker von Eichenbergers Rachegelüsten erfuhr, brach er seine Zelte in Feldkirch und Vaduz ab und kehrte in die Niederlande zurück.

Vom Strumpfwirker zum Textilganoven

Anfang Februar 1987 wurde in West-Berlin der holländische Kaufmann Henk Wasmoeth zu Grabe getragen. Wasmoeth war zeitlebens ein Wanderer zwischen den Blöcken, ein Händler zwischen Ost und West mit Wohnsitz in der Schweiz, und dabei in einige krumme Geschäfte verwickelt. Der Holländer soll zum Beispiel, so erfuhr ich an berufener Stelle in der Bundesrepublik, Teile des deutschen Panzers Leo 2 über Belgien an die Russen verkauft und beim Schmuggel mit sensibler Elektronik vermittelt haben; daneben gehörten Umgehungseinfuhren mit Textilien über die DDR zu seinem Geschäftsbereich. Um seinen Sarg waren denn auch, kaum überraschend, einige prominente Wirtschaftskriminelle aus Ost und West versammelt, darunter die Verantwortlichen der Ostberliner Textilschmuggelszene: Heinz Poehnert und Christine Keller von Textil-Commerz und Lilo Seemann, die inzwischen siebzigjäh-

rige pensionierte Generaldirektorin von Coimpex, einem Tochterunternehmen von Textil-Commerz.
Auch Otmar Baas war zur Beerdigung Wasmoeths nach Berlin gekommen, Inhaber mehrerer Bekleidungsläden in Lindau und Umgebung, und unter Textilschmugglern bekannt wie ein »bunter Hund«. Es war Lilo Seemann, die Baas seinerzeit, vor mehr als zehn Jahren, mit der DDR ins Geschäft brachte. Beim Leichenschmaus sei von alten Zeiten geschwärmt worden, erzählt mir Baas, »das war, als wäre zwischen 1979 und heute nichts gewesen«.
Mitte April 1987. Ich sitze Otmar Baas in einem Café in der Lindauer Innenstadt gegenüber. Er ist Inhaber von zwei Textilgeschäften in der Bodenseeregion. Baas schildert mir, wie er mit dem Textilschmuggel in Berührung, dann aber wieder davon loskam. Noch heute fühlt er sich ungerecht behandelt: »Zum erstenmal hatte dieser Staatsanwalt Dr. Müller, in meinen Augen ein Fanatiker, einen Täter erwischt, und der mußte für die gesamte Organisation hängen.« Rudolf Müller war jener Staatsanwalt in Hof, der Baas 1979 wegen illegaler Geschäfte mit Textilien hinter Gitter brachte. Am liebsten würde er die Jahre danach ganz aus seinem Gedächtnis streichen, bekennt Baas. Nach seiner Entlassung sei er in Lindau Spießruten gelaufen, weil die Regionalpresse in aller Ausführlichkeit und mit sämtlichen Details über seine Tätigkeit berichtet habe. Mit seinen Läden sei es fortan bergab gegangen, »weil die Leute mich für einen Ganoven hielten«. Erst seit 1985 habe er wieder richtig Fuß gefaßt.
Aufstieg und Fall einer Berufskarriere in Stichworten: 1935 geboren, abgebrochener Schulbesuch, zweijährige Hilfsarbeitertätigkeit, Lehre als Strumpfwirker, anschließend bis 1964 Beschäftigung bei einer Lindauer Textilfabrik, zuletzt Betriebratsvorsitzender. Noch während seiner Zeit als Interessenvertreter der Arbeitnehmer begab er sich 1961 ins Unter-

nehmerlager, gründete ein Bekleidungsgeschäft, danach eine Reihe von Textilhandelsfirmen.

Mit der Universum GmbH & Co KG in Lindau machte Baas Anfang der siebziger Jahre Umsätze in Höhe von bis zu hundert Millionen Mark im Jahr, stieg zu einem der größten Arbeitgeber in Lindau auf, erzielte Millionengewinne. Zeitweise wickelte Baas fünf Prozent aller Textillieferungen aus der DDR in die Bundesrepublik ab.

Dann der Sturz: Ein Großteil der Geschäfte mit der DDR war illegal. »Es lief immer nach der gleichen Masche ab«, bekennt Otmar Baas: Textilien aus Fernost, oft geliefert von dem koreanischen Handelshaus Dae Woo, wurden auf Umwegen in die DDR gebracht, dort bei Textil-Commerz, Coimpex oder Viratex zu DDR-Ware umfrisiert und dann im innerdeutschen Handel zoll- und abgabenfrei, ohne jedwede Quotenbeschränkungen, in die Bundesrepublik geschleust. Fast wöchentlich kamen Fuhren von drüben bei Universum an, diverse Gewebe für Bekleidung, Kleiderstoffe oder fertige Textilien. Absender, aber nicht Hersteller, waren unter anderem der VEB Bekleidungswerke Görlitz, der VEB Cottana Muehlhausen oder der VEB Oberlausitzer Textilbetriebe; die meisten Exportverträge trugen den Stempel von Textil-Commerz und die Unterschrift der Direktorin Christine Keller.

Die Keller-Geschäfte fanden im Foyer von Textil-Commerz in der Ostberliner Behrenstraße 46 statt. »Jeder saß an einem kleinen Tischchen und orderte Ware. Es ging überhaupt nicht konspirativ zu — wir konnten immer verstehen, welches krumme Geschäft gerade am Nachbartisch ausgeheckt wurde.« Viele Abschlüsse seien auch auf der Leipziger Frühjahrsmesse getätigt worden, »da traf man sich abends in den einschlägigen Bars und Etablissements und legte fest, welche Aktionen in Zukunft ablaufen können«.

Nach dem Willen der Siegermächte des Zweiten Weltkriegs, wie er in der Konferenz von Potsdam 1945 seinen Niederschlag fand, sollte das in Besatzungszonen aufgeteilte Deutschland als wirtschaftliche Einheit fortbestehen. Im Militärregierungsgesetz Nr. 53 wurden die Vorschriften für den Warenaustausch zwischen den Währungsgebieten Ost und West festgelegt, 1951 dann im Berliner Abkommen und 1972 im Grundlagenvertrag zwischen der Bundesrepublik und der DDR modifiziert. Die Rechtsgültigkeit des Militärregierungsgesetzes Nr. 53 und der darauf basierenden späteren Verträge hat der Bundesgerichtshof 1981 ausdrücklich bestätigt. Demzufolge mußten sämtliche Geschäfte im innerdeutschen Handel vom Bundesamt für Wirtschaft in Eschborn, das dem Bundeswirtschaftsministerium untersteht, genehmigt werden. Grundsätzlich galt: Es durften nur solche Waren aus der DDR in die Bundesrepublik verbracht werden, die dort tatsächlich gewonnen oder hergestellt wurden.

Nach einer Entscheidung des Bundesverfassungsgerichts aus dem Jahre 1973 war der innerdeutsche Handel kein Außenhandel. Er unterlag jedoch gewissen Einschränkungen gegenüber dem Binnenhandel in der Bundesrepublik. Für Waren, die in der DDR hergestellt wurden, brauchten an der bundesdeutschen Grenze weder Zölle noch Einfuhrumsatzsteuern entrichtet zu werden. Hinzu kam: Der Käufer erhielt steuerliche Vergünstigungen in Form eines fiktiven Kürzungsanspruchs eingeräumt, was sich zu einer Abgabenersparnis bis zu vierzig Prozent des Warenwertes summieren konnte.

Für den Geldtransfer von West nach Ost wurden verbindliche Regeln festgelegt: Die Zahlung der DDR-Waren erfolgte

123

TEXTILCOMMERZ
Volkseigener Außenhandelsbetrieb
der Deutschen Demokratischen Republik
108 Berlin, Behrenstraße 46 Postfach 1206

Vertrag — Die rot umrandeten Nummern bitte in allen Dokumenten und Schriftverkehr angeben

5. Exp.-Vertr.-Nr.: AHB-Exp.Abt. (3) J. Vorg.-Nr. (5) 43541 / 78088 — Zahl.Vorschr. (2)

Imp.-Vertr.-Nr.:
(Käufer-Auftr.-Nr.): — Datum:
Abk.-Nr./Anrechn.-Jahr: 77 — Pos.-Nr./Unterkonto: 1/2
Imp.-Liz.-Nr.: — gültig bis:

2. Frachtempfänger:
Sped. Militzer & Münch
y Hof

6. Käufer: Fa. Universun
Lindau/Bodensee
Friedrichshafener Str. 1

Die genauen Versandinstruktionen des Käufers müssen beim Verkäufer vorliegen bis zum

Vertreter:

3. Notify-Adresse:

7. Lieferbasis/Preisstellung: frfr Grenze DDR/BRD
Zahlungsart: Vers.Haus/Haus deckt Verk.
Ware gegen Zahlungsnachweis netto

4. Versand per: LKW — über: Rudolphstein
Binnenschiffsname: — Versandort/station: Leipzig
Schiffsname: — Verladehafen: 637 299 — Liefertermin: IV. Quartal 1977
Bestimmungshafen: — Bestimmungsort/station: Hof
Avisierung an: — durch Lieferer

8. Markierung und Nummer	Anzahl und Art der Verpackung Beschreibung der Ware – ELN-Nr.	Menge und Einheit lfm	Preis in VE per m	VE gesamt
	Oberbekleidungsgewebe für Damen 100 % PES-t und 70/30 PEF/ViF lt. Spezifikation	8900	1,68	14.952,--

10 % Unterlieferung gestattet

Verpackung: unverpackt, LKW mit Papier ausgelegt
Aufmachung: gerollt, neutrale Etiketten
Dokumente: Währungsfaktura 3-fach, Packliste 2-fach

9. Zahlung: An Deutsche Außenhandelsbank AG Berlin zugunsten von Textil Commerz gegen Vorlage vorstehend genannter Dokumente wegen Warenverkauf

Gewicht brutto:	Kubatur m³:
Gewicht netto:	

10. Lieferer bzw. AHB:
VEB Bekleidungswerk "vestis"
Leipzig

12. Der Verkäufer verkauft und der Käufer kauft die o. a. Ware/Leistungen auf der Grundlage der in diesem Vertrag festgelegten Bedingungen und umseitigen „Allgemeinen Verkaufsbedingungen".
Der Vertrag besteht aus 2 Blatt

BN-Lieferer/AHB:

11. Lindau, den 14.9.77
UNIVERSUM
(Käufer)
(Stempel und Unterschrift)

13. Leipzig, den 10.9.77
TEXTIL COMMERZ
(Unterschriften)

VV Halle Ag 309-16004-102-74 1. Aufl. 75 IV-28-1-1201 — AW-020

Immer nach der gleichen Masche: Der Lindauer Textilimporteur Otmar Baas machte Ende der siebziger Jahre blendende Geschäfte mit dem Volkseigenen Betrieb Textil-Commerz in Ost-Berlin. Bekleidung aus Fernost wurde von mehreren Textilkombinaten zu DDR-Ware umfrisiert und dann zoll- und abgabenfrei in die Bundesrepublik eingeschleust. Auf den Lieferscheinen hatte meist die Textil-Commerz-Direktorin Keller unterschrieben.

Abschlüsse im Foyer: Frau Direktorin Christine Keller von Textil-Commerz (Foto: Hünger)

ausschließlich auf dem Wege der Verrechnung nach imaginären Einheiten (VE). Die ihr in dieser Form gutgeschriebenen Beträge durfte die DDR nur zum Kauf von Waren in der Bundesrepublik verwenden. Zahlungen in D-Mark oder frei konvertierbarer Währung waren unzulässig.
Der besondere Status des innerdeutschen Handels wurde auch im Zusatzprotokoll zu den Römischen EG-Verträgen anerkannt und abgesichert. Dabei gingen die Partner in der

Europäischen Gemeinschaft allerdings davon aus, daß die zwischen der Bundesrepublik und der DDR geschlossenen Vereinbarungen strikt eingehalten, Verstöße unnachsichtig geahndet würden. Und genau hier beginnt der politische Skandal des großangelegten Schmuggels über die DDR — nicht nur mit Textilien, sondern mit vielen anderen Wirtschaftsgütern (vgl. Seite 30). Über die deutsch-deutsche Grenze wurden nicht nur Textilien mit Ursprung DDR geliefert, sondern Waren aus Fernost, die in der DDR lediglich »eingedeutscht« wurden. Für die Lieferländer war Ost-Berlin lediglich eine Drehscheibe im illegalen Geschäft mit Bekleidung jedweder Art.

Grenzüberschreitende Geschäfte konnten in der DDR nur durch staatliche Außenhandelsbetriebe getätigt werden, die gegenüber den westlichen Geschäftspartnern zwar häufig in der Rechtsform einer GmbH auftraten, um ihre wirtschaftliche Handlungsfreiheit zu demonstrieren, in Wahrheit aber gegenüber dem Außenhandelsministerium in Ost-Berlin weisungsgebunden waren. Der Staat bestimmte in jedem Fall, wie die Geschäfte abzulaufen hatten — die legalen wie die krummen. 1986 wurden Waren im Wert von 7,3 Milliarden Mark aus der DDR in die Bundesrepublik geliefert, darunter allein für eine Milliarde Textilien. Maschinen gegen Kleider: Die DDR bezog aus der Bundesrepublik für insgesamt 7,8 Milliarden Mark vor allem Elektrotechnik und Maschinen. Ein erheblicher Anteil der DDR-Bekleidung stammte jedoch gar nicht aus den Textilkombinaten — wie hoch dieser Anteil ist, darüber werden nicht einmal hinter vorgehaltener Hand Zahlen genannt.

Die Hilfsdienste ließ sich Textil-Commerz natürlich vergüten: Eine Provision in Höhe von fünfzehn bis achtzehn Prozent des Warenwertes war durchaus üblich, in harter Währung.

Hatte eine Lieferung mit Scheinursprung DDR erst einmal die Grenze zur Bundesrepublik überschritten, dann gab es für sie im Geltungsbereich der EG keinerlei Zollschranken mehr. Die DDR war auf diese Weise gewissermaßen ein assoziiertes Mitglied der Europäischen Gemeinschaft. Die schwerwiegenden Verstöße gegen die Vereinbarungen des innerdeutschen Handels wurden von den EG-Partnern deshalb ausgesprochen kritisch betrachtet, zumal das Problem auf dem deutsch-deutschen Verhandlungsweg nicht diskret zu bereinigen war. Im Gegenteil: Es wurde wegen der Störanfälligkeit der politischen Beziehungen grundsätzlich ausgeklammert.
In der EG-Kommission sah man hierin eine ernsthafte Gefährdung der Wirtschaftsordnung in der Gemeinschaft. Der innerdeutsche Handel war den meisten EG-Staaten wegen der Machenschaften der DDR und ihrer Zusammenarbeit mit Ganoven und Schmugglern ein Dorn im Auge.

Das Urteil von Hof

Was sich da in der Grauzone des Handels zwischen den beiden deutschen Staaten abspielte, blieb der Öffentlichkeit bis Ende der siebziger Jahre weitgehend verborgen. Auch Staatsanwälte und Richter standen der neuen Variante von Wirtschaftskriminalität zunächst rat- und tatenlos gegenüber. Verstöße gegen das Außenwirtschaftsrecht wurden von den Oberfinanzdirektionen in vielen Fällen als Kavaliersdelikte eingestuft und mit Bußgeldern geahndet, die in keinerlei Verhältnis zu den Profiten standen, die sich die Textilschmuggler ergaunert hatten. Die Strafen waren nicht mehr als Lappalien, die »ehrbaren« Kaufleute zahlten sie schon deshalb aus der Hosentasche, um ihren untadeligen Ruf zu behalten. Da Ordnungswidrigkeiten nach dem Bußgeldverfahren nicht veröffentlichungspflichtig sind, erfuhr auf diese Weise überdies niemand von den illegalen Praktiken.

Im Juli 1979 fand vor dem Landgericht in Hof ein Prozeß statt, der allein deshalb in der örtlichen und überregionalen Presse beachtliche Aufmerksamkeit fand. In Ost-Berlin sorgte er gar für helle Aufregung. Es war das erste Mal, daß die Öffentlichkeit von der heillosen Verstrickung der DDR in Geschäfte der europäischen Textilsyndikate und von anderen illegalen Verschiebungen im großen Stil über die deutsch-deutsche Grenze erfuhr.

Hof liegt an der Autobahn zwischen Berlin und München, kurz hinter dem Grenzübergang Rudolphstein, über den der Warenverkehr aus der DDR gen Süden rollt. Insofern war es kein Zufall, daß einer der Ganoven, der mit der DDR gemeinsame Sache machte, hier angeklagt und schließlich auch verurteilt wurde. Schon seit Beginn der siebziger Jahre waren über Rudolphstein illegal Waren in den Westen gelangt, einmal hochprozentiger Alkohol, als Chemikalien getarnt, ein anderes Mal Zigaretten hinter einer Deckladung aus Eichenholzmosaiks.

Im Spätherbst 1977 erfuhr Otmar Baas, daß Dae Woo einen größeren Posten Herrenhemden koreanischen Ursprungs in den Freihäfen Hamburg und Rotterdam liegen hatte und zum Verkauf anbot. Für die Ware hatte Südkorea keine Exportlizenz für die EG mehr ausgestellt, weil die Quoten erschöpft waren. Baas griff zu und ließ die Ware im Januar 1978 nach Ost-Berlin spedieren.

»Ich schaltete Helmut Ferdinand in Wien ein«, erinnert sich Otmar Baas. »Er sollte die Hemden offiziell erwerben, damit hinterher auf keinen Fall ermittelt werden konnte, daß ich Verkäufer in die DDR und Käufer aus der DDR in einer Person bin.« Die Finanzierung übernahm seine Universum GmbH. Doch im Frühjahr 1978 kam ihm der Economische Controledienst in Den Haag auf die Schliche. Der ECD informierte Staatsanwalt Dr. Rudolf Müller in Hof, weil die Niederländer den Verdacht hegten, daß die koreanischen Herrenhemden, die von der DDR-Spedition Deutrans aus dem Freilager des Rotterdamer Hafens als Transitware übernommen worden waren, gar nicht für die DDR bestimmt seien, sondern dort lediglich die Versandpapiere und die Richtung wechseln und dann über Rudolphstein in die Bundesrepublik verschoben werden.

Die Fahnder vom ECD hatten die richtige Nase. Da die Nummern der observierten Deutrans-Lastzüge bekannt waren, konnten sie leicht identifiziert werden: Vierzig Stunden nach ihrer Abfahrt aus Rotterdam trafen die Lkws aus Richtung Ost-Berlin tatsächlich in Rudolphstein ein.

Die Frachtdokumente wiesen Hemden aus DDR-Kombinaten aus, der Zoll ließ sie passieren, heftete sich aber an die Hinterräder des dubiosen Transports. Die Beschattung hatte Erfolg: Die DDR-Lkws fuhren ein Warenlager unweit von Hof an, das zuvor von Otmar Baas angemietet worden war. Dort lagerte bereits Korea-Ware aus der DDR. Rudolf Müller veranlaßte die Beschlagnahme der Textilien. In der Lagerhalle fanden die Zollfahnder Verpackungsmaterial mit koreanischer Aufschrift, in einigen Kartons lagen noch die originalen koreanischen Packzettel. »Das war natürlich ein Fehler«, gibt Baas heute schmunzelnd zu, »da nützte uns auch die Erklärung nichts mehr, die DDR habe alle Korea-Kartons zweimal verwendet – aus Mangel an Pappe.«

Otmar Baas sowie einige seiner Mitarbeiter wurden festgenommen. Einer von ihnen legte in der Haft ein umfassen-

des Geständnis ab (Baas: »Dieser Vollidiot!«), das eine lückenlose Aufklärung der dubiosen DDR-Geschäfte ermöglichte. In den ersten Monaten der Ermittlungen kamen Funktionäre der Ostberliner Außenhandelsgesellschaft Textil-Commerz einige Male nach Hof, um »Mißverständnisse« aufzuklären und die Verdächtigen zu entlasten. Als sich die Beteiligung der DDR-Firmen nicht mehr leugnen ließ, blieben die Besuche aus Ost-Berlin plötzlich aus. Anfragen an die zuständigen DDR-Behörden wurden erst mit Ausflüchten, dann gar nicht mehr beantwortet. Eine Zeugenvorladung der Direktorin von Textil-Commerz, Christine Keller, blieb ohne Erfolg.
Ost-Berlin beschränkte sich fortan darauf, bundesdeutsche Zeitungen übler Pressekampagnen zu bezichtigen. Der Treuhandstelle für den innerdeutschen Handel in West-Berlin wurde versichert, die DDR stehe zur ihren vertraglichen Verpflichtungen und verhalte sich stets korrekt. Einzelne »ungewollte Transaktionen« seien zwar nicht auszuschließen, sie gäben aber keinen Anlaß, die Angelegenheit zu dramatisieren — im beiderseitigen Interesse.
Auf hartnäckiges Bohren einiger Bundestagsabgeordneter wurde dann doch noch das Ausmaß des aufgeflogenen Schmuggels mit Fernosttextilien bekannt: Otmar Baas hatte rund 600 000 Herrenhemden im Wert von 2,5 Millionen Mark aus Korea, Dekostoffe und Baumwollgewebe im Wert von fast sieben Millionen Mark aus Taiwan, Billigware unbekannter Herkunft im Wert von sogar 27 Millionen Mark über Ost-Berlin bezogen; ein Abschluß über eine Million koreanischer Herrenhemden kam nur deshalb nicht mehr zustande, weil Baas inzwischen in Untersuchungshaft saß. Die DDR hatte von dem Lindauer Textilhändler eine Provision von achtzehn Prozent kassiert, also einen Betrag von etwa sieben Millionen Mark — nicht in

Verrechnungseinheiten, sondern in harter Westwährung, D-Mark oder Schweizer Franken, zu zahlen auf ein Züricher Konto.
Am 19. November 1979 wurde Otmar Baas von der Wirtschaftsstrafkammer des Hofer Landgerichts zu viereinhalb Jahren Gefängnis und einer Geldstrafe von 10 000 Mark verurteilt, auch drei andere Mitarbeiter der Universum GmbH erhielten Haftstrafen. Die Angeklagten hätten »eiskalt auf Kosten der Allgemeinheit« zoll- und steuerrechtliche Vergünstigungen des innerdeutschen Handels ausgenutzt, hieß es in der Urteilsbegründung.
Knapp ein Jahr später war Otmar Baas wieder auf freiem Fuß: Gegen eine Kaution von 155 000 Mark erhielt er Haftverschonung. Doch der Lindauer Textilhändler war nicht geläutert. »Eines Tages meldete sich Edmund Eichenberger aus Lugano und bot mir ein todsicheres Geschäft über Belgien an«, erinnert sich Baas. Er wolle alles organisieren, brauche nur einen Finanzier und Abnehmer für die Ware – Hemden, die in den Schweizer Freilagern Basel und Chiasso lagerten.
»Widerwillig«, wie er heute behauptet, ging Baas auf das Angebot ein. »Der Edi hatte an der deutsch-belgischen Grenze einen Zöllner, der ihm alles bestätigte, was er wollte – auch, daß die Ladung nach Belgien gegangen sei, obwohl sie in der Bundesrepublik längst gelöscht worden war.«
Doch auch der Deal flog auf. Im März 1984 stand Otmar Baas als Wiederholungstäter in Augsburg vor Gericht, kam mit einer Bewährungsstrafe von zwei Jahren dabei sogar noch glimpflich davon. Eichenberger kam trotz bestehenden Haftbefehls, auf Zusicherung freien Geleits durch die bayerische Justiz, nach Augsburg zur Verhandlung und sagte vor Gericht als Entlastungszeuge für Baas aus. Er nahm alle Schuld auf sich und verhalf dem Lindauer Textil-

händler damit zu einem milden Richterspruch. Baas: »Da hat sich der Edi sehr fair verhalten!«

Das alles sind inzwischen Episoden einer »bewältigten Vergangenheit« für Otmar Baas. Weiß er, ob die DDR danach noch weiter im Textilschmuggel mitmischte? »Mehr als je zuvor«, kommt es wie aus der Pistole geschossen. Bei der Beerdigung von Henk Wasmoeth im Februar 1987 in Berlin habe man ihm bestätigt, daß der Schmuggel mit Bekleidung jedweder Art genauso laufe wie damals, nur geschickter. »Und dann wollten alle, daß ich wieder einsteige. Ich hätte nur ja zu sagen brauchen.« Aber er habe genug, wolle kein deutsches Gefängnis mehr von innen sehen, das Risiko sei für einen über Fünfzig mit angeschlagener Gesundheit »einfach zu groß«. Dabei fügt er lachend hinzu: »Lust hätte ich schon.«

Umwege über Manila

Sie kamen früh am Morgen, unangemeldet, waren mit Funksprechgeräten ausgerüstet und wußten, wonach sie suchen mußten. Am 5. Juni 1984 fielen siebzig Ermittlungsbeamte der Nürnberger Staatsanwaltschaft und Zollfahndung nach einem generalstabsmäßig vorbereiteten Plan in die Verwaltungsgebäude des Fürther Großversandhauses Quelle ein. Es ging um Knopf und Kragen. Quelle, so der Verdacht, habe Textilien geschmuggelt und dabei Steuern hinterzogen.

Als die Fahnder nach Stunden wieder abrückten, schleppten sie fast zehn Tonnen Papier auf mehreren Lkws ab; im zuständigen Zollfahndungsamt in Nürnberg mußten erst einmal Regale im Wert von mehreren tausend Mark be-

schafft werden, um Ordnung in die gewaltige Aktenflut zu bringen.
Tobend sei Grete Schickedanz durch die Chefetage gestürmt, erzählte mir einer der beteiligten Ermittlungsbeamten. Er erinnerte sich auch an einen der Flüche aus dem Mund der damals zweiundsiebzigjährigen Firmeninhaberin: »Welcher Sauhund hat uns das eingebrockt?«
Als Grete Schickedanz die Fassung wiedergewonnen hatte, ließ sie ihre Presseabteilung verbreiten, die Durchsuchung sei »rechtswidrig, unverständlich und absolut unverhältnismäßig« gewesen. Quelle habe »nichts zu verbergen«, verlange deshalb »eine schnelle und umfassende Aufklärung« und behalte sich im übrigen alle »rechtlichen Schritte gegen den Eingriff der Behörden vor«. Und auch den Verdacht der Steuerhinterziehung wies Quelle »mit allem Nachdruck zurück«.
Eine Beschwerde der Anwälte des Großversandhauses wurde am 7. Juni 1984 von der Wirtschaftskammer des Landgerichts Nürnberg »als unbegründet« verworfen. Die vom Amtsgericht angeordneten Schritte stünden »in angemessenem Verhältnis zu der Schwere der Straftat und der Stärke des bestehenden Tatverdachts«.
Um so überraschender war das Urteil, zu dem dasselbe Gericht rund eineinhalb Jahre später, im November 1986, gelangte. Es stand in keinem Verhältnis zur spektakulären Durchsuchung: Gegen zwei von sieben Verantwortlichen ergingen Strafbefehle in Höhe von zusammen nicht einmal 50 000 Mark. Gegen die anderen fünf Beschuldigten, darunter die Vorstandsmitglieder Herbert Bittlinger und Hans Dedi, Gretes Schwiegersohn, wurde das Verfahren eingestellt.
Nach den Gründen für die richterliche Milde jedoch wurde in Nürnberg nicht gefragt. Vom Abschluß des Verfahrens

nahm die Lokalpresse, die über die aufsehenerregende Durchsuchung im Juni 1984 noch ausführlich berichtet hatte, keinerlei Notiz mehr.

Zwei Erklärungen für die Diskrepanz zwischen Aktion und Reaktion sind denkbar: Entweder schossen die Nürnberger Ermittlungsbeamten weit über das Ziel hinaus, als sie die Durchsuchung beantragten und danach gleich in Kompaniestärke anrückten – oder die bayerische Justiz wollte der Quelle-Chefin, die Ende 1986 vom Vorsitz des Vorstandes zurücktrat und Klaus Zumwinkel Platz machte, im Rahmen ihres Ermessensspielraums mit »nur« zwei Strafbefehlen eine Art Abschiedsgeschenk bereiten. Denn bei einem öffentlichen Gerichtsverfahren wäre sehr wahrscheinlich schmutzige Wäsche gewaschen worden. Immerhin warfen die Nürnberger Zollfahnder den leitenden Angestellten und den Vorstandsmitgliedern nämlich nicht nur Steuerhinterziehung, sondern auch Urkundenfälschung, dem Importleiter Karl Boßhammer darüber hinaus Einschüchterung von Zeugen und Anstiftung zur Falschaussage vor. Bei den Strafbefehlen (der Strafbefehl ist eine Art Urteil ohne mündliche Verhandlung) gegen Boßhammer und die Leiterin des Quelle-Büros auf den Philippinen, Ilse Müller, ging es aber »nur« um vorsätzliche Steuerhinterziehung. Die Betroffenen akzeptierten das Strafmaß.

Quelle ist das viertgrößte Unternehmen der Bekleidungsbranche hierzulande: Mehr als drei Milliarden Mark Umsatz machte der Fürther Großversender 1986 mit Textilien, nur C & A, Karstadt und Kaufhof setzten jeweils mehr um. Daß es in der Branche nicht immer mit rechten Dingen zugeht, daß viele Importeure phantasievolle, aber eben nicht immer legale Möglichkeiten nutzen, um den Fiskus auszutricksen und Non-Quota-Ware ins Land zu schleusen, wurde mir von Zollfahndern in den EG-Staaten immer wie-

der bestätigt. Alle großen Textilhandelsfirmen seien daran in der einen oder anderen Form beteiligt, hieß es, und Quelle könne nicht als eine rühmliche Ausnahme gelten. Eher als das Gegenteil.
Quelle weist dies mit Nachdruck zurück. Die Steuerhinterziehung sei ein einmaliger Fehler gewesen, der bei einem Importwert von vielen Millionen Mark pro Monat schon einmal passieren könne. Die Fahnder, mit denen ich sprach, lassen dieses Argument nicht gelten: »Bislang«, so einer von ihnen wörtlich, »ist allenfalls die Spitze des Eisberges sichtbar geworden.« Um mir ein eigenes Urteil über diese konträren Einschätzungen zu bilden, bin ich 1986 und 1987 mit einer Vielzahl von Ermittlungsbeamten im In- und Ausland zusammengetroffen, habe mich mit früheren und heutigen Mitarbeitern des Fürther Großversandhauses unterhalten.
Und so begann der Fall, der schließlich zu den Strafbefehlen führte: Die Nürnberger Ermittler vom Zoll erhielten nach eigener Darstellung im August 1980 einen Hinweis ihrer österreichischen Kollegen. Die Quelle-Niederlassung in Linz, so hieß es da, habe Herrenhemden mit gefälschten Dokumenten von den Philippinen eingeführt. Nachforschungen ergaben dann, daß solche Fälschungen auch benutzt worden waren, um Textilien aus Manila zollfrei in die Bundesrepublik zu liefern. Die Philippinen zählen zu jenen Entwicklungsländern, aus denen nach dem Welt-Textil-Abkommen (vgl. Seite 130) abgabenfrei Hemden, Blusen, Unterwäsche und Strümpfe in die westlichen Konsumländer eingeführt werden dürfen. Bedingung: Sie müssen dort vom ersten Faden bis zum letzten Knopf hergestellt worden sein. Auf den Philippinen aber gibt es kaum Fabriken, die Stoffe — sogenannte Meterware — weben, keine Qualität jedenfalls, die europäischen Ansprüchen genügen würde.

№ 083S20

Certificate of Origin

1. Goods consigned from (Exporter's business name, address, country)

Eastwind Garment Mfg. Corp.
1201 Cristobal Street
Paco, Manila, Philippines

Reference No. 18674

GENERALIZED SYSTEM OF PREFERENCES
CERTIFICATE OF ORIGIN
(Combined declaration and certificate)
FORM A

Issued in the Philippines
(Country)

See Notes overleaf

2. Goods consigned to (Consignee's name, address, country)

3. Means of transport and route (as far as known)

From : Manila, Philippines
To : Hamburg, Germany
Vessel : Weser Broker B-49/ Nedlloyd Dejima V-452

4. For official use

5. Item number	6. Marks and numbers of packages	7. Number and kind of packages; description of goods	8. Origin criterion (see Notes overleaf)	9. Gross weight or other quantity	10. Number and date of invoices
1	[redacted] HAMBURG ORDER NO. N.W. ____ G.W. ____	1,940 pieces Damen-Pullis as per Order No. 9443086 LBS. SEVENTY SEVEN (77) CARTONS LBS. ONLY	"A" 60.05	604.00 Kls.	80/100(537) Dec. 8,1980

BUREAU OF CUSTOMS · MINISTRY OF FINANCE

L/C No.
Drawee: ... America
Accoun[redacted]

11. Certification

It is hereby certified on the basis of control carried out, that the declaration by the exporter is correct.

Republic of the Philippines
Department of Finance
Bureau of Customs
M a n i l a

AGNES J. TOBILLO
SENIOR EXPORT TRADE ANALYST
EXPORT COORDINATION DIVISION

Place and date, signature and stamp of certifying authority

DEC 18 1980

12. Declaration by the exporter

The undersigned hereby declares that the above details and statements are correct; that all the goods were produced in

the Philippines
(Country)

and that they comply with the origin requirements specified for those goods in the Generalized System of Preferences for goods exported to

Hamburg, Germany
(Importing Country)

Mla. Phil. 12-18-80 LINDA T. JAVIER
General Manager

Place and date, signature of authorized signatory

Original und Fälschung: Viele der vom Großversandhaus Quelle zwischen 1979 und 1982 vorgelegten Ursprungszeugnisse aus den Philippinen erwiesen sich nach Überprüfung durch die Zollbehörden als »Totalfälschungen«. Während im Original der kleine Stern im Emblem des Stempels exakt unter dem »F« des »BUREAU OF CUSTOMS« steht …

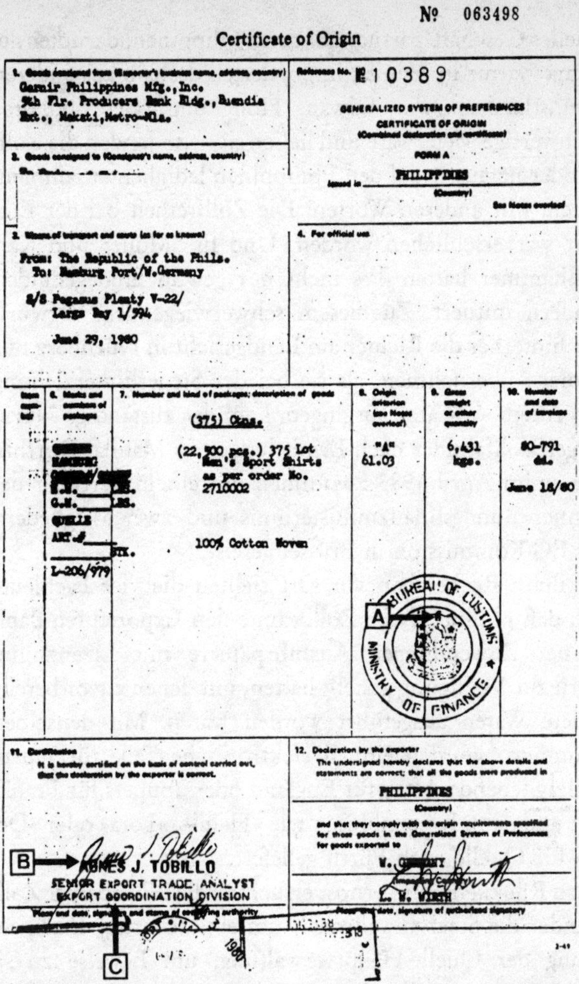

№ 063498

Certificate of Origin

1. Goods consigned from (Exporter's business name, address, country)
Garnir Philippines Mfg., Inc.
5th Flr. Producers Bank Bldg., Buendia
Ext., Makati, Metro-Mla.

Reference No. 10389

GENERALIZED SYSTEM OF PREFERENCES
CERTIFICATE OF ORIGIN
(Combined declaration and certificate)
FORM A
Issued in PHILIPPINES
(Country)
See Notes overleaf

2. Goods consigned to (Consignee's name, address, country)

3. Means of transport and route (as far as known)
From: The Republic of the Phils.
To: Hamburg Port/W.Germany
S/S Pegasus Plenty V-22/
Large Bay 1/594
June 29, 1980

4. For official use

5. Item number	6. Marks and numbers of packages	7. Number and kind of packages; description of goods	8. Origin criterion (see Notes overleaf)	9. Gross weight or other quantity	10. Number and date of invoices
	HAMBURG N.W. ___ LBS. G.W. ___ LBS. QUELLE ART.# ___ ___ STK. L-206/979	(375) Ctns. (22,500 pcs.) 375 Lot Men's Sport Shirts as per order No. 2710002 100% Cotton Woven	"A" 61.03	6,431 kgs.	80-791 dd. June 16/80

11. Certification
It is hereby certified on the basis of control carried out, that the declaration by the exporter is correct.

Place and date, signature and stamp of certifying authority

12. Declaration by the exporter
The undersigned hereby declares that the above details and statements are correct; that all the goods were produced in
PHILIPPINES
(Country)
and that they comply with the origin requirements specified for those goods in the Generalized System of Preferences for goods exported to
W. GERMANY
(Importing Country)
L. W. WIRTH
Place and date, signature of authorized signatory

… ist er im nachgemachten Stempel auf der Fälschung unter dem »U« zu finden (siehe Pfeil A). Außerdem ist die Unterschrift der philippinischen Beamtin Agnes J. Tobillo nur sehr schlecht nachgemacht (siehe Pfeil B). Schließlich heißt es im zweiten gefälschten Stempel »OOORDINATION« statt »COORDINATION« (siehe Pfeil C).

Quelles Geschäftspartner auf den Philippinen, darunter die Firma Garnir in Manila, importierten deshalb aus anderen Fernostländern wie Taiwan, Hongkong oder Südkorea hochwertige Meterware und ließen sie — so fanden die Zollfahnder heraus — auf den Philippinen lediglich zusammennähen. Mit anderen Worten: Die Zollfreiheit bei der Einfuhr war erschlichen worden. Und Ilse Müller und Karl Boßhammer hätten dies nicht nur gewußt und geduldet, sondern initiiert. Zu diesem schwerwiegenden Vorwurf, den hinterher die Richter am Landgericht in Nürnberg nur insofern übernahmen, als sie bei der Steuerhinterziehung von einem »Vorsatz« ausgingen, kam der zuständige Nürnberger Zollfahnder nach Ermittlungen in Manila. Dorthin war er im April 1983 zusammen mit einem Vertreter des Bonner Bundesfinanzministeriums und zwei Mitgliedern der EG-Kommission in Brüssel gereist.

Bei ihren Recherchen vor Ort stellten die vier Fachleute fest, daß philippinische Zollbeamte den Exporteuren dank kleiner Zuwendungen Ausfuhrpapiere mit Lizenznummern zur Verfügung gestellt hatten, mit denen zuvor bereits andere Waren ausgeführt worden waren. Mit denselben Nummern wurden einmal elektronische Teile für Japan, fünfzig lebende Affen für England oder Toupets für Frankfurt und dann Damenblusen wie »Heidi«, »Lora« oder »Delia« für Quelle nach Fürth geliefert.

Nach Rückkehr aus Fernost ersuchten die Nürnberger Zollfahnder die Staatsanwaltschaft um eine sofortige Durchsuchung der Quelle-Hauptverwaltung, um Beweise zu sichern. Der zuständige Staatsanwalt forderte die Rechtsabteilung von Quelle jedoch zunächst schriftlich auf, bestimmte Unterlagen zur Verfügung zu stellen. Als die Juristen des Großversandhauses dem Wunsch nach einem Jahr noch nicht im erwarteten Ausmaß nachgekommen waren, beantragte die Staatsanwaltschaft die Hausdurchsuchung. Dabei stellte sich heraus, daß zwischenzeitlich »belastende Vorgänge beiseite geschafft« oder »nachträglich verändert worden« waren, wie es im Abschlußbericht des Nürnberger Zollfahndungsamtes vom 12. Dezember 1985 heißt (AZ: E 339/81/201).

Vier Wochen nach der Aktion wurde Haftbefehl erlassen gegen Ilse Müller wegen »fortgesetzter Steuerhinterziehung und Urkundenfälschung«. Der Haftbefehl konnte jedoch nicht vollstreckt werden, weil sich die Quelle-Mitarbeiterin auf den Philippinen aufhielt und nicht durch freiwillige Rückkehr in die Bundesrepublik zur Klärung der Vorwürfe beitrug. Ihr Schwager, der nordrheinwestfälische Wirtschaftsminister Reimut Jochimsen, soll sich aber im Bundesfinanzministerium gelegentlich nach dem Fortgang der Ermittlungen erkundigt haben. In Bayern erfuhr ich, das Justizministerium des Freistaats habe die Nürnberger Staatsanwaltschaft angewiesen, vor Klageerhebung in jedem Fall nach München zu berichten. Und – (partei)politisches Interesse auf allen Ebenen – dem Auswärtigen Amt in Bonn kamen plötzlich Zweifel, ob die Recherchen in Manila überhaupt rechtens gewesen seien, ob die dabei gewonnenen Erkenntnisse mithin gegen das Unternehmen von Grete Schickedanz verwendet werden dürften.

Den Ermittlern in Bonn und Nürnberg muß die Frage wie eine kaum verhüllte Gretchenfrage vorgekommen sein; sie antworteten, es hätte der Belehrung nicht bedurft, die Rechtslage sei »nicht erst seit dem Hinweis« des Außenministeriums bekannt. Die Regierung der Philippinen habe den Ermittlungen jedoch zugestimmt; überdies hielten »die Justizbehörden und das Finanzgericht die Rügen in Kenntnis der Rechtsgrundlagen der Ermittlungen für unbegründet«. Doch die Bereitschaft der philippinischen Institutio-

nen, die bundesdeutschen Ermittlungen zu unterstützen, ließen sehr bald spürbar nach. Wichtige Beweismittel gegen Quelle wurden »nicht an die deutsche Zollbehörde weitergeleitet«, heißt es im Schlußbericht der Zollfahnder, und zwar habe »die Firma Quelle bei der philippinischen Zollverwaltung interveniert« und diese ihrerseits »die guten Exportbeziehungen, die zwischen beiden Ländern bestehen, nicht unnötig stören« wollen.
Im September 1984, drei Monate nach der spektakulären Durchsuchungsaktion, beehrte der neue philippinische Botschafter in Bonn, Ramon V. del Rosario, als erstes deutsches Unternehmen das Fürther Großversandhaus und führte Gespräche über künftige wirtschaftliche Zusammenarbeit. Wenige Monate später teilte die EG-Kommission in Brüssel dem Bundesfinanzministerium mit, daß die Zusammenarbeit mit der philippinischen Zollverwaltung »praktisch zum Erliegen gekommen« sei. Ein direkter Zusammenhang zwischen beiden Ereignissen kann sicherlich nicht hergestellt werden. Beide Vorgänge illustrieren jedoch, welche bedeutende Rolle Quelle als Handelspartner für die Philippinen spielt.

Papperlapapp

Erwin Dornbirn (Name geändert), bis 1979 Leiter der Abteilung Zölle bei Quelle, sagt, er habe das alles damals schon kommen sehen: »Karl Boßhammers Geschäfte wurden schon immer von ganz oben gedeckt!« Man habe ihm seinerzeit einmal vorgehalten, »bei einem Umsatz von drei Milliarden Mark ist ein Bußgeld von 50000 Mark doch ein Risiko, mit dem man leben muß, das man eingehen muß«. Im Oktober 1978 wurde Kurt Wollschläger (Name geändert) als Leiter der Quelle-Abteilung Exportlizenzen eingestellt, ein Fachmann des Bundesamtes für Wirtschaft in Eschborn, der zuständigen Überwachungsbehörde für Textilimporte. In der Oberfinanzdirektion in Nürnberg hoffte man, bei dem Großversandhaus sei damit endlich eine Weiche zum Besseren gestellt worden. Das dachte auch Wollschläger.

Doch schon gleich zu Anfang seiner Tätigkeit sei ihm, wenn er auf ordentlichen Einfuhrlizenzen bestanden habe, »immer wieder vorgehalten« worden, »daß bei Herrn Boßhammer alles gehe«. »Ob ich alle Leute zu Beamten machen« wolle, sei er von dem Importleiter gefragt und als »Einfuhrverhinderer« gescholten worden, gab Wollschläger im Rahmen der Ermittlungen zu Protokoll.

Aus Manila und den anderen Fernostbüros, erinnert er sich, seien gelegentlich verschlossene, vertrauliche Umschläge »für die Rechtsabteilung oder für Herrn Boßhammer oder auch für den Einkauf« eingetroffen, was ihn »doch sehr verwundert« habe.

Im Schreibtisch seiner Kollegin, der Sachbearbeiterin Ulrike Windhorst (Name geändert), fanden die Zollfahnder unzählige Stempel und Blankobriefbögen von insgesamt 44 Firmen im ganzen Bundesgebiet, mit deren Hilfe sie seit Jahren nichts anderes gemacht habe, als Lizenzen zu erschleichen oder Umweggeschäfte aus Fernost abzuwickeln, bekannte die Quelle-Mitarbeiterin. Sie habe alle Vorgänge für diese Scheinfirmen »von der Auftragserteilung bis zur Abwicklung... auf Veranlassung des Herrn Boßhammer« bearbeitet. Und Kurt Wollschläger erinnert sich an »sonderbare Telefongespräche... schon in den ersten Wochen« seiner neuen Tätigkeit. Da sei ihm bedeutet worden, »daß die Ware über die eine oder die andere Firma laufen müsse. Ich wies darauf hin, daß es sich hierbei um Verstöße gegen

das Außenwirtschaftsgesetz und damit das Erschleichen von Einfuhrgenehmigungen handele..., daß dies nicht statthaft sei und daß ich hierfür keine Verantwortung tragen wolle.« Wollschläger wurde an den Quelle-Vorstand Herbert Bittlinger verwiesen, doch der habe nur gefragt, »was ich wolle, die Firma zahle doch zehn Prozent« Provision dafür.
Quelle stellte den Briefkastenfirmen oft über eine Großbank einen Kredit in Höhe von einigen hunderttausend Mark zu Verfügung, dafür importierten diese Unternehmen Textilien und verkauften sie nach Aufschlag von zehn Prozent an das Fürther Großversandhaus weiter. Auf diese Weise ließ sich das Welt-Textil-Abkommen aushebeln, das damals — anders als heute — jedem Textilimporteur eine feste Einfuhrquote pro Jahr zuwies.
Lizenzen wurden zum Beispiel auf der Übersee-Importmesse »Partner des Fortschritts« vergeben, die alljährlich im September in Berlin stattfindet. Dort ließen sich viele Briefkastenfirmen Quoten zuteilen, die sie selbst gar nicht in Anspruch nehmen, sondern lediglich zum Durchschleusen der Ware benutzen wollten — für Quelle oder andere Großabnehmer. Wollschläger hielt das aufgrund seiner langjährigen Erfahrungen beim Bundesamt für Wirtschaft, also bei der Kontrollbehörde, von Anfang an für »unzulässig«. Grundsätzlich drängte sich den Zollfahndern bei vielen kleineren Unternehmen im Umfeld von Quelle der Verdacht auf, »der eigentliche Firmenzweck« bestehe darin, Hemden und Blusen steuerfrei ins Land zu schleusen, wie es im Ermittlungsbericht des Nürnberger Zollfahndungsamtes heißt.
Einer der Strohmänner für Quelle war damals offensichtlich Robert Deubel, Geschäftsführer der Firma Montagna Textilien GmbH in Königsstein im Taunus. Er schrieb

MONTAGNA TEXTILIEN GMBH
IMPORT – EXPORT

Montagna Textilien GmbH · D-624 Königstein/Ts. · Postfach

D-624 KÖNIGSTEIN/TS.
POSTFACH
TEL (06174) 3904

STRENG VERTRAULICH !

Hiermit bestätigen die Unterzeichner die getroffene Vereinbarung, dass die über das bei der DRESDNER BANK Frankfurt eingerichtete Konto der MONTAGNA TEXTILIEN GMBH abzuwickelnden Importgeschäfte für Rechnung und Gefahr der Firma GUSTAV SCHICKEDANZ laufen und die Firma MONTAGNA TEXTILIEN GMBH von jedwelchen Gewährleistungsansprüchen – insbesondere hinsichtlich der üblichen Einkaufsbedingungen, Mängelrügen, Lieferverzögerungen, Kursrisiken etc. – befreit ist.

Die Firma MONTAGNA TEXTILIEN GMBH verpflichtet sich, die durch Kreditzusage zur Verfügung gestellten Mittel gewissenhaft nach den Anweisungen der Firma GUSTAV SCHICKEDANZ zu verwalten.

Diese Vereinbarung gilt auch für Geschäfte mit Firmen, die zur sog. SCHICKEDANZ Gruppe gehören.

für GUSTAV SCHICKEDANZ

Für MONTAGNA GMBH

Königstein Ts.,
Fürth, den 28. Mai 1975

Dieser Brief existiert in zweifacher Ausfertigung und ist gültig für 1975.

Abwicklung über Briefkastenfirmen und Strohmänner: Wie bei der Montagna Textilien GmbH sollen schon in den siebziger Jahren Dutzende von kleinen Importeuren dem Großversandhaus Quelle dazu gedient haben, sich Einfuhrquoten zu erschleichen. Der Brief der Montagna macht deutlich, daß deren Importgeschäfte auf Rechnung und Risiko der Quelle liefen. Während die Quelle-Chefetage dieses Verfahren immer für legal hielt und sich dabei auf die Rechtsprechung beruft, warnte der zuständige Quelle-Sachbearbeiter damals vor »unzulässigen« Importen.

schon 1974 »streng vertraulich«, an Boßhammer, »daß die über das bei der Dresdner Bank Frankfurt eingerichtete Konto der Montagna Textilien GmbH abzuwickelnden Importgeschäfte für Rechnung und Gefahr der Firma Gustav Schickedanz KG laufen« und daß die Montagna deshalb von allen Gewährleistungsansprüchen befreit sei. Deubel wandte sich seinerzeit mit der Frage an Karl Boßhammer, ob man solche Vereinbarungen nicht besser mündlich treffe, denn Schriftstücke »wären doch ein ideales Beweismittel für den ›potentiellen Gegner‹, im Falle eines Falles«. Diese Vorgänge sind zugegebenermaßen schon recht alt, sie machen aber deutlich, daß die Importmethoden sich schon damals vornehmlich danach richteten, was zweckmäßig für das Großversandhaus war. Quelle dagegen macht geltend, das Bundesverwaltungsgericht habe diese Art Umweggeschäfte niemals verboten. Wenn alles völlig legal war, warum mußten dann aber solche Transaktionen über Briefkastenfirmen und Strohmänner konspirativ vorbereitet und hinterher vertuscht werden?
Aus einem internen Quelle-Protokoll vom 26. Juni 1981 geht überdies hervor, daß auch nach Einschätzung der Experten des Großversenders selbst der »Ablauf des Einfuhrverfahrens ... nicht der Außenwirtschaftsverordnung« entsprach. Bei einer Betriebsprüfung könne das »zur Zeit praktizierte Verfahren zu Ordnungsstrafen führen, da wir offensichtlich gegen die Geschäftsherrentheorie verstoßen«, heißt es da. Diese Theorie besage, daß Firmen als Subunternehmen nicht »von dem Risiko, das mit dem Abschluß und der Durchführung des Einfuhrgeschäftes verbunden ist, freigestellt« werden dürfen. Im Klartext: Es komme »nicht darauf an, wer formell als Importeur aufgetreten ist, sondern darauf, wem das Einfuhrgeschäft materiell zuzurechnen ist, in wessen Interesse und für wessen Rechnung es

wirtschaftlich erfolge«. Und das sei eben die Firma Quelle. Die Tatsache, daß für solche Zwecke Dispositionskredite zur Verfügung gestellt wurden, werten die Nürnberger Zollfahnder als deutlichen Hinweis dafür, »daß die Quelle-Verantwortlichen Dedi, Bittlinger, Franz und Boßhammer über die illegale Handlungsweise bezüglich der Briefkasten- oder Fremdfirmen genau Bescheid wußten und diese förderten«. Auch mit Grete Schickedanz, so erinnert sich Erwin Dornbirn, sei ein nüchternes, sachliches Gespräch über einwandfreie, aber teurere Einfuhrmöglichkeiten nicht zu führen gewesen. »Sie sagte dann nur: Papperlapapp.«

Kriminelle Intensität?

Im Oktober 1984 begannen Staatsanwaltschaft und Zollfahndungsamt in Nürnberg mit der Vernehmung von Zeugen. Am 14. November 1984 unterwies der Quelle-Vorstand in einer vertraulichen Hausmitteilung alle betroffenen Mitarbeiter »über Ihr Verhalten und Ihre Pflichten, insbesondere bei Vorladungen durch die Zollbehörde«. Jeder Kontakt mit den Ermittlern müsse zuvor von der Rechtsabteilung genehmigt werden.

Der zuständige Staatsanwalt hielt am 22. November 1984 in einem Zwischenbericht fest, daß die Firma Quelle »wie selten in einem Verfahren die Erforschung der Wahrheit« erschwere. Im Mittelpunkt der Kritik stand der Importleiter und Prokurist Karl Boßhammer. Er habe Zeugen »mit dem Verlust des Arbeitsplatzes gedroht«, sie veranlaßt, »nachträglich beweiserhebliche Unterlagen« zu verändern, und sie zu Falschaussagen angestiftet, um sich selbst aus der Schußlinie zu bringen. Das Verhalten lasse keinen Zweifel

an der »kriminellen Intensität« zu, mit der Boßhammer vorgehe, um seine Interessen durchzusetzen.
Das sind Vorwürfe schwersten Kalibers der Ermittlungsbeamten, die sich auf eine Reihe von Zeugenaussagen stützen. »Die Quelle-Verantwortlichen bearbeiten die Leute, und es wird ihnen in den Mund gelegt, keine Angaben zu machen«, vertraute Ulrike Windhorst einem der Zollfahnder nach einem Gespräch mit Boßhammer an. »Ich habe es selbst erlebt, das haben sie mit mir auch gemacht.«
Der Revisor Ludwig Schreiner (Name geändert) sei von Boßhammer zu einer falschen Aussage vor dem Ermittlungsrichter angestiftet worden, heißt es im Abschlußbericht. Aktenkundig ist: Schreiner wurde im März 1985 wegen uneidlicher Falschaussage zu einer Gefängnisstrafe von sechs Monaten mit Bewährung verurteilt; später wurde das Verfahren eingestellt, weil — so steht es in den Akten — Schreiner zugegeben habe, daß er eine »Gesprächsnotiz auf Veranlassung des Boßhammer abänderte, da diese den Zollbehörden in die Hände falle könnte«.
Ähnlich erging es einer Quelle-Sekretärin. Sie wurde gleichfalls in erster Instanz wegen uneidlicher Falschaussage verurteilt. Das Verfahren wurde dann jedoch, zwei Monate nach den Strafbefehlen gegen Karl Boßhammer und Ilse Müller, Ende Januar 1987, »wegen geringer Schuld« eingestellt. Wer ist Karl Boßhammer, der Mann, den Staatsanwaltschaft und Zollfahndung so schwer beschuldigen?
Karl Boßhammer wurde 1928 geboren, trat 1960 in die Dienste des Fürther Familienunternehmens; seit 1977 ist er Bereichsleiter Import, 1980 erhielt er Prokura. »Seit mindestens 1974«, so klagt die Nürnberger Oberfinanzdirektion (OFD), trat er »permanent in Ermittlungsverfahren im Zusammenhang mit Zollabwicklungen der Firma Quelle in Erscheinung«. Einmal soll es um die Erschleichung von Ein-

Betriebsprüfungsstelle Zoll
für den Oberfinanzbezirk Nürnberg

Auftragsbuch-Nr. 250/1976

Anhang
zum Bericht vom 15.11.1977
über die Firma
Gustav Schickedanz KG und
Großversandhaus Quelle
Gustav Schickedanz KG

in Fürth /Bayern
Nürnberger Straße 91 - 95

A. Prüfungsanlaß: Schreiben der OFD'en Düsseldorf, Münster, Saarbrücken wegen Zuwiderhandlungen bei Wareneinfuhren (s. "zu Tz 13" im grünen Bogen)

B. Prüfungsergebnis:

Festgestellte Zuwiderhandlungen:

I. gegen § 10 Abs. 1 Satz 2 AWG i.V. mit der Einfuhrliste

1. ungenehmigte Einfuhren (bei Vollgeschäften)

Tz 18.3.2 von Waren im Jahre 1976 und 1. Halbjahr 1977, für die EG'en erst nach Abfertigung = Anschreibung beantragt worden sind

aus Brasilien	im Werte von	2.125.195,-- DM	(Anl. 3)
aus Polen	"	467.145,-- DM	(Anl. 4)
aus Ungarn	"	83.760,-- DM	(Anl. 4)
CSSR	"	91.514,-- DM	(Anl. 4)

Die Herren Franz, Bosshammer und [redacted] haben sich zu wenig oder überhaupt nicht um die außenwirtschaftlichen Angelegenheiten gekümmert und die mit der Abwicklung der Ein- und Ausfuhren betrauten Angestellten nicht genügend überwacht. Verhandlungen mit dem BAW führte in der Regel Herr Bosshammer selbst. Bei Anwendung der pflichtgemäßen und auch zumutbaren Sorgfalt hätten immerwiederkehrende Fehler und Organisationsmängel erkannt werden müssen.

Darüber hinaus sind die Herren Bosshammer und [redacted] bei früheren Prüfungen auf Unzulänglichkeiten und Organisationsmängel bei der Abwicklung der Ein- und Ausfuhren hingewiesen worden (s.noch nicht abgeschlossene Bußgeldverfahren aus 1973 und 1974).

Permanente Ermittlungen: Seit mehr als zehn Jahren wurden gegen den Importleiter Karl Boßhammer immer wieder Verwarnungen ausgesprochen und Bußgelder verhängt. Schon 1977 ging es, wie ein Bericht der Nürnberger Oberfinanzdirektion deutlich macht (Ausriß), um ungenehmigte Einfuhren aus mehreren Ländern. Vorwurf der Finanzbehörde: Boßhammer habe sich »zu wenig oder überhaupt nicht« um eine ordnungsgemäße Abwicklung gekümmert.

fuhrlizenzen, ein anderes Mal um die illegale Einfuhr aus Fernost gegangen sein. Es seien Verwarnungen ausgesprochen und Bußgelder verhängt worden, aber ohne großen Erfolg. Bei einer Betriebsprüfung 1977 hatten Nürnberger Finanzbeamte zum Beispiel »ungenehmigte Einfuhren« aus zehn Ländern, Ostblockstaaten, aber auch Brasilien und Indien festgestellt. Karl Boßhammer habe sich, so heißt es im Bericht der OFD vom 15. November 1977 (Auftragsbuch Nr. 250/1976), »zu wenig oder überhaupt nicht um die außenwirtschaftlichen Angelegenheiten gekümmert«. Wenige Monate zuvor hatten sich sogar Schweizer Zollbehörden bei ihren Nürnberger Kollegen gemeldet und über die unklaren Textilimporte von Quelle beschwert. Man »habe den Eindruck«, so heißt es da, »daß Schickedanz weiterhin versucht, unrechtmäßig die Präferenz-Zollbehandlung zu beanspruchen«. Es müßten daher »besondere Maßnahmen« gegen das Großversandhaus und seinen Importleiter getroffen werden.

Karl Boßhammer führte sogar jahrelang Privatgeschäfte über die Racotex GmbH durch, die im Oktober 1975 von seinem Schwiegervater gegründet worden war. Im Juni 1979 wurde das Unternehmen in Nürnberg, Weltenburger Straße 171, von seiner Ehefrau Gertrud übernommen.

Der Importleiter setzte die Firma für Einfuhren aus Fernost ein, 1979 zum Beispiel für 14 220 Herrenjeans und 34 524 Geschirrtücher aus China, Wert rund 140 000 Mark, die er mit zehn Prozent Aufschlag an Quelle weiterveräußerte. Boßhammer ließ sich für solche Privatgeschäfte von seinem Vorgesetzten im Vorstand, Herbert Bittlinger, mit Zustimmung des Konzernchefs Hans Dedi, eine Kreditgarantie in Höhe von 200 000 Mark einräumen, ging also keinerlei persönliches Risiko ein. Nachdem Wollschläger die Eigentumsverhältnisse bei der Racotex durch einen

Blick ins Handelsregister herausgefunden hatte, sei das Unternehmen im Dezember 1981 plötzlich aufgelöst worden. Karl Boßhammer, soviel steht fest, pflegte engen geschäftlichen Umgang mit Wirtschaftsstraftätern der Textilbranche. Er verhandelte mit dem Holländer Robert Brucker, in dessen Notizbuch seine Telefonnummer angegeben war (vgl. Seite 155 f.), ließ Pavel Knortcek Ware dubioser Herkunft anbieten (vgl. Seite 153 f.) und bezog Hemden und Blusen von Mosche (Marc) Meler, der seit vielen Jahren, wie es im Verwaltungsdeutsch heißt, »amtsbekannt«, im Klartext: schon häufiger wegen undurchsichtiger Einfuhr von Texti-

Zollfahndungsamt Frankfurt am Main Frankfurt,

E 1128/79 - 304

Bearbeiter: ZI [redacted]

1) OFD Ffm.

Betr.: Überwachung des Außenwirtschaftsverkehrs;
hier: Schlußbericht in dem Ermittlungsverfahren gegen die Verantwortlichen der Firmen
1. HUBCO Handelsgesellschaft mbH (i.L.), ehemals Justus von Liebig Str. 19 d, Dietzenbach,
2. JEPCO Handelsgesellschaft mbH, Wolfsgangstr. 85, Frankfurt am Main,
3. CIMPEX GmbH, Paul Ehrlich Str. 5, Dietzenbach,

wegen des Verdachts ungenehmigter Textileinfuhren aus fernöstlichen Ursprungsländern und damit im Zusammenhang stehender Verstöße gegen Zoll-, Außenwirtschafts- und Allgemeinstrafrechtliche (Gebrauch falscher Beurkundungen) Bestimmungen.

Bezug: Ihre diversen Verfügungen; meine Zwischenberichte vom 09.12.1981 und 21.05.1982 sowie Ihre Verfügung vom 28.01.1982 BGL 71/81 / BGL 5 - 7/81 - Z IV 23

Anlg.: -2- Berichtsdurchschriften
-1- Heft Ermittlungsunterlagen (doppelt)
-3- Beweismittel-Ordner I, II, VI
-3- Beweismittel-Hefter III, IV, V
-40- Ordner Geschäftsunterlagen Jepco } J 1 - J 31
-8- Hängeordner Tx-Verkehr }
-1- Umschlag mit Schlüssel
-1- Rückschein
-1- *Karten Zollbelege*

1. In dem o.a. Erm.-Verfahren werden beschuldigt:

1.1. Der deutsche StA
Marc (Moshe) Meler,
geb. 18.02.1948 in Liegnitz/Schlesien
whft. Wiesenau 50, 6000 Frankfurt (weitere Pers. Bl. 20 EA)

1.1.1. als Geschäftsführer der Fa. Hubco Handels GmbH

1.1.1.1. der fortgesetzten ungenehmigten Einfuhr von D.Bl. + H.H. aus fernöstlichen Ursprungsländern unter Verwendung einer falschen Warenbezeichnung z. T. in TE mit Steuerhinterziehung, gemeinschaftlich handelnd

Amtsbekannter Hemdenschmuggler: Quelle arbeitete auch mit dem Frankfurter Kaufmann Mosche Meler und dessen Firma Jepco (links) zusammen. Die Zollfahnder in der Mainmetropole mußten sich immer wieder mit Melers diversen anderen fragwürdigen Geschäften befassen, wie der Ermittlungsbericht (Ausriß) zeigt. Die anderen Namen auf Melers Briefkasten haben nichts mit Textilschmuggel zu tun.

BUNDESAMT FÜR GEWERBLICHE WIRTSCHAFT • BAW

Bundesamt für gewerbliche Wirtschaft, Postfach 5171, 6236 Eschborn

An die
Oberfinanzdirektion Frankfurt
Postfach 111431

6000 Frankfurt 11

Oberfinanzdirektion
Frankfurt am Main Z
16 AUG 83 0025

Ihr Zeichen	Mein Zeichen	☎ (0 61 96) 404-1 Durchwahl	Eschborn
	V 5 (ZSt) 31-88	404 - 270	3.8.1983 Gr/Wo.

Betr.: Bekämpfung von Zuwiderhandlungen bei der Einfuhr von Textil- und Bekleidungserzeugnissen
hier: Nachprüfung von japanischen Ursprungszeugnissen der Firma Jepco

Bezug: Ihr Schreiben vom 2.10.1981 (Az.: A 0717 B-Z IV 21); unser Schreiben vom 21.4.1982 (o.g.Az.)

Anlagen: 80 japanische Original-Ursprungszeugnisse;
8 griechische Original-Ursprungszeugnisse
5 japanische Original-Ursprungszeugnisse übersandt von dem ZFA-Frankfurt am 17.2.1982 (Az. E 1128/79 - 304)

Bezüglich der japanischen Ursprungszeugnisse (UZ) liegt nun das offizielle Ergebnis aus Japan vor.

Bei den von der Firma P.A.T. und Yaoki ausgestellten UZ ist der wahre Ursprung der Waren Südkorea.
Bei den restlichen UZ ist der Ursprung entweder Taiwan oder Südkorea, niemals jedoch Japan, wie auf den UZ angegeben.

Gegenüber Südkorea und Taiwan konnten entsprechende Quotenabzüge, innerhalb des neuen Welttextilabkommens, durchgesetzt werden.

Die japanischen UZ Nr. 1419, 1420, 1421, 1539 und 1587, ebenfalls die Firma Jepco betreffend, wurden der OFD-Hamburg zurückgesandt. Auch bei diesen UZ ist der Ursprung der Waren Südkorea (vgl. Schreiben des ZFA-Ffm. vom 17.2.1982/ Az.: E 1128/79 - 304).
Ich bitte, das ZFA-Ffm. hiervon zu unterrichten.

Zu den griechischen UZ, die Sie uns am 2.10.1982 ebenfalls zur Nachprüfung zusandten, ist zu sagen, daß hier m.E. mit einer Antwort aus Griechenland nicht mehr zu rechnen ist (vgl.auch unser Schreiben vom 17.2.1982). Ich sende Ihnen somit auch diese 8 Original-UZ wieder zu.

Im Auftrag

- Franzer -

Dienstgebäude Frankfurter Straße 29-31 6236 Eschborn | Telex 4 15 603 baw d | Telefax (0 61 96) 40 42 12 | Telegramm-Kurzanschrift bagewi | Postscheckkonto: Frankfurt/Main 89 71-608 (BLZ 500 100 60) Bankkonto: Landeszentralbank Frankfurt/Main 50101020 der Bundeskasse Frankfurt/Main (BLZ 500 000 00)

Niemals Japan: Eine Überprüfung der von Meler vorgelegten japanischen Ursprungszeugnisse durch das Bundesamt für gewerbliche Wirtschaft in Eschborn ergab, daß es sich dabei um Fälschungen handelte — die Textilien stammten, so schrieb die Behörde an die Zollfahndung, aus Taiwan oder Südkorea, niemals jedoch, wie auf den Ursprungszeugnissen angegeben, aus Japan.

Anhang zur Liste "Japan-Lieferungen" der Fa. JEPCO

Ursprungsländer:	H = Hongkong	
	J = Japan	
	K = Korea (Süd)	
	L = Luxemburg	
	T = Taiwan	
Lieferanten :	I = Yaoki Shoji	/ Japan
	II = P.A.T.	/ "
	III = Osaka Bussan	/ " (OSB)
	IV = A.S. Intern.	/ Luxemburg
	V = Hantra AG	/ Schweiz
	VI = Wako Ind.	/ Japan
	1 = Hychi	/ Taiwan
	3 = Oemec	/ "
	4 = Jacky Head	/ Korea (Süd)
	5 = Garmentus	/ Hongkong
Kunden :	1 = Quelle	Nbg.
	2 = Otto	Hbg.
	3 = Baur	Burgkunstadt
	5 = Bader	Pforzheim
	6 = Neckermann	Ffm.
Aufbau der Ordernummer :	z.B. 0 / 11672	
	/ 1 =	Kunde (Quelle)
	167 =	lfd. Nr.
	2 =	2.Teillieferung bzw. Nachorder

Attraktive Kunden: Mosche Meler belieferte nicht nur Quelle, sondern auch die anderen Großversandhäuser in der Bundesrepublik mit Waren, wie aus der Auflistung der angeblichen »Japan-Lieferungen« durch die Zollfahndung hervorgeht (Ausriß). Wahrscheinlich sind also geschmuggelte Jepco-Textilien auch in den Katalogen von Otto, Baur, Bader und Neckermann gelandet.

lien aufgefallen ist. Mit seiner inzwischen erloschenen Firma Hubco GmbH und den noch in der Frankfurter Wolfgangstraße 85 gemeldeten Firmen Jepco GmbH und Soltra GmbH soll Meler nach Ermittlungen der Frankfurter Zollfahndung vielerlei Geschäfte mit Quelle gemacht haben, unter anderem mit »in Korea hergestellten und aus Quotengründen für den Export gesperrten Blusen«. Die bei der Hubco festgestellten Falschanmeldungen »betrugen dabei achtzig Prozent des Gesamteinfuhrumfanges« (Fahndungsbericht).

Im August 1983 schrieb das Bundesamt für Wirtschaft in Eschborn der Frankfurter Oberfinanzdirektion, eine Rückfrage bei den Behörden in Japan habe ergeben, daß 85 von Meler vorgelegte Ursprungszeugnisse falsch seien. Der Ursprung der angeblich japanischen Textilien sei Südkorea oder Taiwan, »niemals jedoch Japan«.

Melers Jepco hat alle Textilhäuser von Rang und Namen in der Bundesrepublik mit Schmuggelware beliefert, erfuhr ich. Zu den Kunden zählte nicht nur Quelle, sondern auch die anderen Großversender Otto, Baur, Bader und Neckermann gehörten dazu. Doch Karl Boßhammer war offensichtlich der bedeutendste Abnehmer: Allein zwischen 1980 und 1983 soll Meler mit den Fürthern Umsätze in Höhe von mindestens 25 Millionen Mark gemacht haben. Bei der Durchsuchungsaktion in der Quelle-Hauptverwaltung im Juni 1984 fiel den Ermittlern auch ein Schreiben der Quelle-Niederlassung in Seoul in die Hände. Aus dem gehe hervor, daß die von einer anderen Meler-Firma »gekauften Blusen aus Quotengründe über ein drittes Land verschifft werden sollen« (Abschlußbericht ZFA Nürnberg).

Im Mai 1986 nahm Boßhammer über seinen Anwalt Einsicht in die umfangreichen Akten der Nürnberger Staatsanwaltschaft — eigentlich nichts Ungewöhnliches. Dabei stellte er jedoch fest, daß einige seiner Kollegen entgegen der Anweisung, ohne Rücksprache mit der Rechtsabteilung, vor den Ermittlern über die Vorgänge in der Importabteilung von Quelle ausgesagt hatten. Vor allem die Ausführungen seiner Mitarbeiterin Ulrike Windhorst müssen ihn in Rage versetzt haben. Eine Woche nach seinem Termin beim Rechtsanwalt schickte die Personalabteilung des Fürther Großversandhauses Frau Windhorst ein Schreiben (Zeichen: PW 3/Gu/Kg), in dem es unter anderem heißt, sie habe mit ihrem Verhalten »die Vertrauensbasis derart zerstört«, daß »uns eine Weiterbeschäftigung unmöglich erscheint«.

Energische Dementis

10. Juli 1987, Quelle-Hauptverwaltung in Fürth. Ich bin mit einigen leitenden Mitarbeitern des Großversandhauses verabredet, unter anderem mit Wolfgang Keck, der schon vor Jahren an den fragwürdigen Geschäften mit Robert Brucker beteiligt war (vgl. Seite 141), und dem früheren Justitiar und heutigen Rechtsberater, Alfred Gebauer.
Die Vertreter des Großversandhauses weisen die Beschuldigungen der Nürnberger Zollfahnder entschieden zurück. Aber warum akzeptierten Herr Boßhammer und Frau Müller dann den Strafbefehl wegen vorsätzlicher Steuerhinterziehung? Die Angelegenheit habe endlich vom Tisch gesollt, immerhin lag ja auch noch ein Haftbefehl gegen Ilse Müller vor, der nur so aus der Welt geschafft werden konnte, erklären die Herren Keck und Gebauer. Verhält man sich so, wenn man sich im Recht wähnt?
Bei der Durchsuchung der Quelle-Geschäftsräume am 5. Juni 1984, so zitiere ich aus den Ermittlungsakten, sei auch

ein »Aktionsplan über Umgehungseinfuhren (Textilien mit Ursprung Taiwan, Korea und Hongkong) über Singapur nach Deutschland« gefunden worden. Nach Bekunden von Herrn Keck und Herrn Gebauer handelt es sich dabei jedoch nicht, wie die Zollfahndung vermutet, gleichsam um einen Leitfaden zur notorischen Steuerhinterziehung, sondern um den irrelevanten Vorschlag eines Kunden, dem man nie Bedeutung beigemessen habe.

Drehscheibe für die Fernostgeschäfte ist das Quelle-Büro in Hongkong. Dort seien kurz nach dem Besuch der Zolldelegation in Manila im Frühjahr 1983 »große Vernichtungsaktionen von Geschäftsunterlagen durchgeführt« worden, berichtete Ulrike Windhorst der Nürnberger Staatsanwaltschaft. Und das Büro Hongkong habe — so steht ebenfalls im Schlußbericht des Zolls — fernschriftlich Geschenke und preisgünstige Artikel aus dem Katalog geordert — für die Dame der Genehmigungsbehörde in der Kronkolonie, weil diese seit Jahren »täglich 20 und mehr Export-Lizenzen für die Firma Quelle gegen alle bestehenden Vorschriften ausstellt«. Keck und Gebauer geben an, von einer solchen »Vernichtungsaktion« nichts zu wissen; und auch das in den Akten zitierte Telex sei im Hause nicht bekannt. Ob dies denn heiße, die Zollfahnder hätten sich den Text dieses Fernschreibens ausgedacht, hake ich nach. Keck: Dazu könne man mehr nicht sagen.

Umgehungsimporte, so hatte mir der frühere Quelle-Mitarbeiter Erwin Pfitzner (Name geändert) in einem Gespräch erläutert, seien über Ostblockstaaten, über die Türkei und über Griechenland (»Aktion Charly« und »Aktion Heinrich«) gelaufen. Mitunter habe die Importabteilung große Umwege in Kauf genommen, um den wahren Ursprung der Hemden und Blusen, Strümpfe und Unterwäsche zu vertuschen und die Ware am deutschen Fiskus vorbei in den Versandhandel zu drücken. Keck und Gebauer dementieren das entschieden. Und Geschäfte über sogenannte Briefkastenfirmen seien nach geltender Rechtsprechung nicht illegal. Neunzig Prozent aller Quelle-Importe aus Haiti, die laut Zolldokumenten auf der Karibikinsel hergestellt worden waren, stammten tatsächlich aus Japan, waren also mit falschen Ursprungszeugnissen eingeführt worden (Schlußbericht Zollfahndung). Auch das könne nicht den Tatsachen entsprechen, sagen Keck und Gebauer.

Doch es ging nicht nur um die ungeklärte und dabei für die Frage der Zollbegünstigung so entscheidende Herkunft so mancher Ware: Uwe Jorthel (Name geändert), der frühere Leiter des Quelle-Büros in Singapur, gab im Januar 1985 gegenüber den Fahndern zu Protokoll, »die drei B«, Karl Boßhammer, das Vorstandsmitglied Herbert Bittlinger und der Leiter des Büros in Hongkong, H. H. Braun, hätten auch dubiose Aktionen mit Briefkastenfirmen im Raum Frankfurt organisiert. »Krumme Geschäfte«, so sagte Jorthel wörtlich, »werden von diesen Herren abgewickelt.« Keck und Gebauer halten diese Vorwürfe für »geradezu lachhaft«, für die üble Nachrede eines ehemaligen Kollegen, der zur Konkurrenz übergewechselt sei.

Seit dem Strafbefehl und dem gleichzeitigen Machtwechsel an der Konzernspitze in Fürth von Grete Schickedanz zu Klaus Zumwinkel ist Karl Boßhammer nicht mehr Leiter der Importabteilung, sondern für das Unternehmen in Bern verantwortlich tätig: In der dortigen Kramgasse 33 haben die Quelle Finanz AG und die Quelle G. Schickedanz KG ihren Sitz. Er sei in die Schweiz befördert worden, sagt Alfred Gebauer am Ende unseres mehrstündigen Gesprächs, und fast scheint mir, als sei die Doppeldeutigkeit dieser Bemerkung so unbeabsichtigt nicht. Nachfolger als Leiter der Importabteilung wurde übrigens Wolfgang Keck.

HIGH-TECH
UND HIGH EXPLOSIVES

Der Technobandit

Werner J. Bruchhausen wickelt seine Geschäfte mit Vorliebe telefonisch ab. Mit seinen Partnern in Ost und West bespricht er dann, auf welchen verschlungenen Wegen die Ware am besten an ihren Bestimmungsort gelangen könnte. Früher, Ende der siebziger Jahre, in Düsseldorf, stand auf Bruchhausens Bürotür: »Nicht stören!« Wer ihn beim fernmündlichen Dirigieren seines weltweiten Firmenimperiums störte, flog unweigerlich raus.
Aufs Telefonieren mag der deutsche Geschäftsmann auch an seinem neuen ständigen Aufenthaltsort, dem Staatsgefängnis von Tallahasse im US-Bundesstaat Florida, nicht verzichten. Dorthin mußte Bruchhausen im Frühjahr 1987 umziehen, nachdem ihn ein Bezirksgericht in Los Angeles des jahrelangen Schmuggels hochsensibler Technologie nach Moskau für schuldig befunden und zu fünfzehn Jahren Haft verurteilt hatte.
Im Rahmen der Telefonüberwachung einer deutschen Firma, die im Verdacht steht, amerikanische Elektronik in den Ostblock zu verkaufen, glaubten bundesdeutsche Fahnder einige Monate später ihren Ohren nicht zu trauen: In der angezapften Leitung vernahmen sie die ihnen wohlbekannte Stimme von Werner Bruchhausen, der, kaum verschlüsselt, Anweisungen für neue Transaktionen gab. Gegenüber so viel Ausgebufftheit konnten die Horcher vom Zoll ihre Bewunderung nicht ganz verbergen.
Ihren amerikanischen Kollegen, die der Sache nachgingen, gefror alsbald das Lachen. Da vom Gefängnistelefon in Tallahasse keine Auslandsgespräche möglich sind, rief der Deutsche fast täglich seinen Anwalt im kalifornischen

Long Beach an und ließ sich von ihm mit Hilfe eines Spezialapparates mit den Geschäftspartnern in aller Welt verbinden. Schmunzelnd räumte Bruchhausen gegenüber einem Kollegen des amerikanischen Fernsehsenders NBC ein, auch mit sowjetischen Offizieren geplaudert zu haben, rein privat, wie er betonte: Die Russen sollten sich für seinen Austausch gegen einen amerikanischen Agenten in sowjetischer Haft starkmachen.

Die Amerikaner verstanden bei dieser Art Wirtschaftskriminalität über den Eisernen Vorhang hinweg keinerlei Spaß. Bruchhausen selbst sieht sich deshalb auch eher als Opfer denn als Täter. »Alles eine Auslegungsfrage«, meint ein deutscher Experte, der sich hierzulande hinter den Kulissen mit High-Tech-Schmuggel beschäftigt. In gewisser Weise sei an Bruchhausen ein Exempel statuiert worden.

Ziemlich genau sieben Jahre vor seiner Verurteilung waren Spezialagenten des amerikanischen Zolls erstmals die Aktivitäten des deutschen Geschäftsmanns aus Pfaffing bei

Amtsgericht

Düsseldorf, den 25.11.1981
Ort und Tag

Mühlenstr. 34 83061
Anschrift und Fernruf

Geschäfts-Nr.: (Bitte bei allen Schreiben angeben!)
150 Gs 4033/81

Haftbefehl

Gegen den/die Beschuldigte(n) Elektronik-Ingenieur
Werner Jürgen Bruckhausen,
geb. am 05.11.1939 in Dortmund,
wohn. in 8019 Niederseeon, Haus Nr. 21,

wird die Untersuchungshaft angeordnet.

Er/Sie wird/werden beschuldigt,

in der Zeit von 1978 bis 1980 einschließlich
in Düsseldorf und anderenorts
gemeinschaftlich mit anderen Beschuldigten handelnd
in vier Fällen, davon in einem Fall in Form des Versuchs vorsätzlich
Rechtsgeschäfte und Handlungen im Außenwirtschaftsverkehr vorgenommen
zu haben, obwohl diese nach § 7 Außenwirtschaftsgesetz (AWG) in Verbindung mit § 2 AWG nicht genehmigt waren und dadurch
a) die Sicherheit der Bundesrepublik Deutschland beeinträchtigt zu haben,
b) die auswärtigen Beziehungen der Bundesrepublik Deutschland erheblich gestört zu haben,
in weiteren fünf Fällen
Waren in die DDR verbracht zu haben, ohne die dazu erforderliche Genehmigung eingeholt zu haben
und dadurch das Staatsinteress[…] Bestand und Erhaltung der Wirtschaftsordnung im ganzen oder in ein[…] verletzt zu haben, indem er
durch seine Zuwiderhandlungen […]det hat, die die
staatliche Wirtschaftsordnun[…] Bereichen mißachtet, inbesondere dadurch[…]
Eigennutz oder sonst verant[…]

Guter Draht nach Moskau: Der deutsche Geschäftsmann Werner J. Bruchhausen organisierte von seiner Münchner Villa den Schmuggel von High-Tech in den Ostblock. Schon 1981 war er verhaftet, aber gegen Kaution auf freien Fuß gesetzt worden. Er floh ins Ausland.

München aufgefallen. Bei der Überprüfung einer kalifornischen Firma, die im Verdacht illegaler Exporte in die Sowjetunion stand, stießen die Fahnder des US-Customs auf die verdächtige Bestellung eines kleinen Unternehmens: Continental Technology Corporation (CTC). CTC, so stellte sich heraus, war eine von zwölf Firmen Bruchhausens in den USA, über die er — zusammen mit dem in der Sowjetunion geborenen Amerikaner Anatoli Maluta — Elektronik und Technologie nach Europa exportierte. In diesem Fall ging es um zwei HiPox-Spezialöfen, wie sie zur Herstellung von Halbleitern benötigt werden; Einkaufswert in den USA: umgerechnet rund eine halbe Million Mark. Die Spezialagenten beschlossen, die Lieferung im Auge zu behalten. Sie tauschten die in mehrere Großkisten versandfertig verpackte Gerätschaft mit einem Gesamtgewicht von rund fünf Tonnen heimlich gegen Sand aus und verfolgten die Lieferung bis nach Wien.
Dort beauftragte Bruchhausens österreichischer Partner Dietmar Ulrichshofer die holländische Fluggesellschaft KLM mit dem Transport der Kisten über Amsterdam nach Moskau — die Russen hatten sich verpflichtet, etwa 1,5 Millionen Mark für die Ware zu bezahlen. Doch in der Ausfuhrhalle des Flughafens Wien-Schwechat erlebte Ulrichshofer dann eine böse Überraschung, die ihm die Sprache verschlug. »Ich dachte, da will mir einer einen üblen Streich spielen, ich dachte, Herr Bruchhausen oder eine seiner Firmen wäre es gewesen, die den Sand eingefüllt hätten.«
Neben seinen amerikanischen Firmen kontrollierte Bruchhausen zusammen mit Ulrichshofer mehr als dreißig Unternehmen in der Bundesrepublik, in Österreich und in der Schweiz. Sie alle hatten die Aufgabe, High-Tech in den USA zu kaufen und dann über möglichst viele Zwischenstationen, in der Regel neutrale europäische Länder, unauffällig

in die Sowjetunion zu verschieben. Herkunft und Endziel der Ware wurden mit gefälschten Frachtdokumenten verschleiert.
Allein GTC hatte zwischen 1971 und 1980, so ergaben die Ermittlungen, sensible Technologie im Gesamtwert von mehr als zwanzig Millionen Mark in den USA gekauft und für den dreifachen Preis an die sowjetischen Geheimdienste KGB und GRU verkauft. Die Bestellungen aus Moskau gingen in der Regel bei Ulrichshofer in Wien oder Bad Reichenhall ein. Er leitete den Auftrag fernschriftlich an Maluta in Kalifornien weiter, der dann die Ware bei den amerikanischen Herstellern orderte. Im August 1981 beschlagnahmte der US-Customs bei CTC High-Tech im Gesamtwert von fast 1,5 Millionen Mark. Zum gleichen Zeitpunkt wurde Anatoli Maluta verhaftet und später zu einer Gefängnisstrafe von fünf Jahren verurteilt. Im Gerichtsverfahren gegen Bruchhausen Anfang 1987 sagte er dann gegen seinen ehemaligen Boß aus.
Werner J. Bruchhausen tauchte rechtzeitig unter, verlegte seine Operationsbasen nach Zypern, Griechenland und Bulgarien. Am 1. Mai 1985 buchte er einen Flug von Thessaloniki via Zürich nach London, um über die Lieferung von VAX-Computern zu verhandeln, die die Bulgaren bei ihm bestellt hatten. Zwei Rechner des Typs waren bereits in den Vormonaten, als Bürogeräte getarnt, über Griechenland nach Sofia geliefert worden.
Was Bruchhausen nicht wußte: Ein griechischer V-Mann beschattete ihn schon seit Monaten. Als dieser von der geplanten Visite des Technologieschmugglers in London erfuhr, setzte er seine amerikanischen Auftraggeber in Kenntnis, die ihrerseits sofort Scotland Yard um Mithilfe baten. Kurze Zeit nach seiner Ankunft in Heathrow wurde Werner Bruchhausen festgenommen. Die Briten konnten ihn fest-

Form 7525-V (Rev. July 1962)

U.S. DEPARTMENT OF COMMERCE
BUREAU OF THE CENSUS—BUREAU OF INTERNATIONAL PROGRAMS

SHIPPER'S EXP[illegible]T DECLARATION

OF SHIPMENTS FROM THE UNITED STATES

Export Shipments Are Subject To U.S. Customs Inspection

READ CAREFULLY THE INSTRUCTIONS ON BACK TO AVOID DELAY AT SHIPPING POINT

Declarations Should Be Typewritten Or Prepared In Ink

Form approved. Budget Bureau No. 41-R397

CONFIDENTIAL—For use solely for official purposes authorized by Secretary of Commerce. Use for unauthorized purposes is not permitted. (Title 15, Sec. 30.5 C.F.R.; 50 U.S.C. App., 2026c.)

Customs Authentication (For Customs use only)

NARC 158A

Do Not Use This Area — DISTRICT 27 — PORT 20 — COUNTRY (For customs use only)

FILE NO. (For Customs use only.)

1. FROM (U.S. Port of Export) LAX LOS ANGELES

2. METHOD OF TRANSPORTATION (check one): ☐ Vessel ☒ Air ☐ Other (Specify)

2a. EXPORTING CARRIER (If vessel, give name of ship, flag and pier number. If air, give name of airline.) LUFTHANSA GERMAN AIRLINES

3. EXPORTER (Principal or seller—licensee) Universal DIgital Corp. — ADDRESS (Number, street, place, state) 1843 Lincoln Blvd, Suite 202 Santa Monica, CA 90404

4. AGENT OF EXPORTER (Forwarding agent) KAMINO AIR TRANSPORT, INC. — ADDRESS (Number, street, place, state) 613 HINDRY AVENUE, INGLEWOOD, CALIF. 90301

5. ULTIMATE CONSIGNEE Ulrichshofer Bad Reichenhall — ADDRESS (Place, country) West-Germany

6. INTERMEDIATE CONSIGNEE Rhenus Spedition Bad Reichenhall — ADDRESS (Place, country) 8000 Muenchen-Airport/Frachtzentrum West-Germany

7. FOREIGN PORT OF UNLOADING (For vessel and air shipments only) FRANKFURT

8. PLACE AND COUNTRY OF ULTIMATE DESTINATION (Not place of transshipment) Muenchen/West Germany

(9) MARKS AND NOS.	(10) NUMBER AND KIND OF PACKAGES, DESCRIPTION OF COMMODITIES, EXPORT LICENSE NUMBER, EXPIRATION DATE (Or General License Symbol)	(11) SHIPPING (Gross) WEIGHT IN LBS.	(12) SPECIFY "D" OR "F"	(13) SCHEDULE B COMMODITY NO.	(14) NET QUANTITY in Schedule B Units (State unit)	(15) VALUE AT U.S. PORT OF EXPORT
address	2 boxes Furnace	x 3097 #	D	683.9525	9	1,547
	G-Dest. IRS # 95-3406701					

...not under Validated License

Page No. ____ Dated ____

LICENSED BY DESTINATION West Germany (INSERT NAME OF COUNTRY) DIVERSION CONTRARY TO U. S. LAW PROHIBITED.

Carrier)

17. DATE OF EXPIRATION (Not required for shipments by vessel) MAY 12 1980

18. THE UNDERSIGNED HEREBY AUTHORIZES KAMINO AIR TRANSPORT, INC., 613 HINDRY AVENUE, INGLEWOOD, CALIF. 90301 TO ACT AS FORWARDING AGENT FOR EXPORT CONTROL AND CUSTOMS PURPOSES.

EXPORTER UNIVERSAL DIGITAL CORP. BY (DULY AUTHORIZED OFFICER OR EMPLOYEE)

19. I CERTIFY THAT ALL STATEMENTS MADE AND ALL INFORMATION CONTAINED IN THIS EXPORT DECLARATION ARE TRUE AND CORRECT. I AM AWARE OF THE PENALTIES PROVIDED FOR FALSE REPRESENTATION. (See Paragraphs I (c), (e), on reverse side.)

(Duly authorized officer or employee of exporter or named forwarding agent) For KAMINO AIR TRANSPORT, INC. (Name of corporation or firm, and capacity of signer; e.g., secretary, export manager, etc.)

...AVENUE, INGLEWOOD, CALIF. 90301

Do Not Use This Area

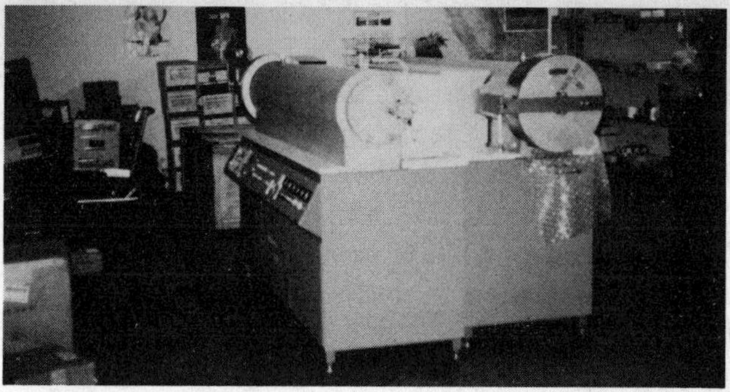

electronic

Electronic · Elektrotechnische Bauelemente · Handelsgesellschaft m. b. H.
A-1140 Wien

Re

V/O "Technopromimport"

Mosfilmowskaja 35
SU 117330 Moskau

Ihr Auftrag	Auftragstag	Liefernummer	Liefertag	Rechnungsnummer	Rechnungstag	Blatt
Contract Nr.: 56-8/02967/-111	79/11/30	405417	80/05/27	405417	80/05/21	1

Versandanschrift	Versandart	Währung
AS Above	AIRFREIGHT	US $

Narjad Nr.:
85.0.07115

Warenbezeichnung	Menge	Preis	Betrag
TRANS NR.: 82 6113			
Gasonics - System 5025 with all ordered Options	1	343.554,200	343.554,200
(Serial Nr.: 3029)			
Trans Nr.: 82 6114			
Gasonics - System 5025 with all ordered Options	1	409.914,200	409.914,20
(Serial Nr.: 3030)			

Total US-Dollar:	753.468,40
Less Discount:	1.942,41 -
Franco Airport Moscow	13.000,--
Total Amount:	$ 764.525,99

PAYMENT: 30 Days net at the
Wiener Genossenschaftsbank, 1010 Vienna,
Franz Josefs Kai 13
Account Nr.: 25 014 19

Umwege über Europa: Von einem leeren Schreibtisch in Kalifornien (links unten) orderte Bruchhausen hochsensible Technologie (rechts oben) und schickte sie, als Möbel deklariert (Exporterklärung), über Wien nach Moskau (Rechnung).

setzen, weil er einen falschen brasilianischen Paß auf den Namen Ernesto Hause bei sich trug. Den High-Tech-Schmuggel in die Sowjetunion hätte man ihm in Großbritannien kaum nachweisen können.

Ein Jahr lang kämpfte der Siebenundvierzigjährige gegen die Auslieferung in die USA, weil er wußte, was ihn dort erwartete; viel lieber wollte er nach Hause abgeschoben werden, denn hier wäre er wahrscheinlich mit einem saftigen Bußgeld davongekommen: In der Bundesrepublik werden, anders als in den USA, Verstöße gegen die Embargobestimmungen (Cocom) lediglich als Zollvergehen, also als sogenannte Ordnungswidrigkeiten, geahndet, und, wenn es hoch kommt, die Gewinne aus den illegalen Transaktionen abgeschöpft.

Schon im November 1981 hatte das Düsseldorfer Amtsgericht Bruchhausen wegen Technologieschmuggels in den Ostblock vorübergehend in Haft genommen, gegen eine Kaution von 100 000 Mark aber wieder auf freien Fuß gesetzt. Alle Hoffnungen, jetzt aufgrund dieses Haftbefehls der Düsseldorfer Justiz übergeben zu werden, waren indes vergebens. Selbst ein Appell an das House of Lords, Großbritanniens höchstes Gericht, blieb ohne Erfolg: Im Juni 1986 kehrte Werner Bruchhausen in die Vereinigten Staaten zurück — in Polizeibegleitung.

Die Auslieferung, so schimpfte Bruchhausen später, sei nur durch eine Lüge des amerikanischen Botschafters in London zustande gekommen. Der habe nämlich behauptet, es liege ein Haftbefehl aus dem Jahre 1981 aus Los Angeles gegen ihn vor. Die Amerikaner hätten ihn um jeden Preis haben wollen, schon kurz nach seiner Ankunft in Kalifornien seien im Gegenzug »mehrere IRA-Kämpfer nach Großbritannien ausgeliefert« worden.

Nach vierwöchiger Verhandlung befand das kalifornische

Gericht im Februar 1987 Werner Bruchhausen in insgesamt fünfzehn Fällen für schuldig, zwischen 1974 und 1981 aus finanziellen Motiven High-Tech-Anlagen auf Schleich- und Umwegen in die Sowjetunion verschoben und damit der nationalen Sicherheit der USA schweren Schaden zugefügt zu haben. Für seine Straftaten nach 1981 konnte er nicht belangt werden, weil sie nicht Teil des amerikanischen Auslieferungsersuchens waren. Beamte der amerikanischen Zollfahndung bezeichneten Bruchhausen im Prozeß als »einen der größten Techno-Banditen der Welt«. Bruchhausen selbst allerdings sah und sieht das, kaum überraschend, anders: »Es war vielleicht ein leichter Verstoß gegen die Regeln, aber kein Verbrechen.« Und mit Spionage hätten seine Handelsgeschäfte »nichts, aber auch gar nichts zu tun«. Er sei vielmehr von den Amerikanern »aus durchsichtigen Gründen zum Buhmann, zum größten Fisch der Geschichte aufgebaut« worden. Einige Jahre vorher hatte sich Bruchhausen freilich in einer famosen Fernsehreportage der BBC noch gebrüstet: »Es war ein gutes Geschäft, und wir verdienten ganz schön was extra. Deshalb habe ich die Chance genutzt.«

KGB, GRU und Zickzackkurse

Im Mai 1982 wurde dem amerikanischen Kongreß eine umfassende Studie zugeleitet, die auf der Basis nachrichtendienstlicher Informationen detailliert über die sowjetischen Bemühungen berichtete, militärisch wichtige Technologie im Westen zu beschaffen und in den Ostblock zu schmuggeln. Der Report unter dem Titel »Soviet Acquisition of Western Technology« ist in den nachfolgenden Jahren aktualisiert und im September 1985 erneut den zuständigen amerikanischen Politikern und Institutionen zur Verfügung gestellt worden, weil inzwischen — mittels Spionage und Gegenspionage — »viel mehr Details als bis jetzt enthüllt werden konnten«; sie ließen es »dringend notwendig« erscheinen, »die sowjetische Beschaffungstätigkeit zu begreifen, damit Mittel und Wege erdacht werden können, die Technologie des Westens vor gegnerischer Beschaffung zu schützen und zu verhüten, daß sie gegen die Sicherheitsinteressen des Westens verwendet wird«.

Den amerikanischen Erkenntnissen zufolge sind zwei sowjetische Beschaffungsprogramme zu unterscheiden:

- Das »Erste Moskauer Programm« steht unter Leitung der Militärindustriellen Kommission des Ministerratspräsidiums (VPK); seine Aufgabe ist es, den technologischen Stand der sowjetischen Waffentechnik und industrieller Produktionsverfahren mit Hilfe in den Osten geschleuster Informationen und Geräte, Soft- und Hardware, anzuheben. Die VPK versucht in erster Linie durch geheimdienstliche Tätigkeit an sogenannte Dual-use-Items zu kommen, an Technik also, die sowohl eine zivile als auch eine militärische Bedeutung hat, also gewissermaßen in der Nähmaschine wie im Raketenwerfer Anwendung finden kann.
- Das »Zweite Moskauer Programm« steht unter der Leitung des sowjetischen Außenhandelsministeriums. Dabei werden — im Sprachgebrauch der Nachrichtendienstler — sogenannte Ablenkungsmanöver organisiert, das heißt zum Beispiel, daß Computer, Chips und andere elektronische Anlagen und Geräte, die im Westen einer Ausfuhrkontrolle unterliegen, auf langen Wegen durch die ganze Welt »abgelenkt« werden — nach

Moskau anstatt nach Bombay, dem offiziellen Ziel, beispielsweise.

Nach Urteil der Verfasser des Berichts an den US-Kongreß muß das VPK-Programm als großer sowjetischer Erfolg gewertet werden: Über 3500mal sei es allein im Rahmen des zehnten Fünfjahresplans (1976 bis 1980) gelungen, Soft- und Hardware zu beschaffen. Etwa die Hälfte der über 30 000 Stückteile aus dem Bereich der entweder eindeutig militärischen oder aber der doppelt nutzbaren Technologie und etwa zwanzig Prozent der über 400 000 technischen Informationen, Blaupausen und Konstruktionszeichnungen zum Beispiel, würden dazu verwandt, die Leistungsfähigkeit sowjetischer Militärgeräte und Waffensysteme zu verbessern.
Der Direktor des Bundesinstituts für Ostwissenschaftliche und Internationale Studien in Köln, Heinrich Vogel, meint, daß bis zu siebzig Prozent der militärischen Neuentwicklungen des Warschauer Pakts illegal im Westen beschafft wurden. Diese Akquisition ließ sich der Sowjetstaat allerhand kosten: Für ausgewählte Forschungsunterlagen über amerikanische Flugabwehrkonzeptionen stand zum Beispiel ein Betrag von 200 000 Rubel, in Kaufkraft umgerechnet etwa eine Million Mark, zur Verfügung. Insgesamt wurde nach amerikanischer Überzeugung in Moskau ständig eine Reserve von mehr als 2,5 Milliarden Mark bereitgehalten, um geheime westliche Geräte und Dokumente kaufen zu können.
In beiden Beschaffungsprogrammen fiel den sowjetischen Geheimdiensten KGB und GRU, der zivilen und der militärischen Spionage, die entscheidende Rolle zu. Dabei arbeiteten vor allem die zivilen Nachrichtendienste des Ostblocks dem großen Bruder in Moskau zu: Polen, Ungarn

und die DDR, so heißt es, zählten »zu den erfolgreichsten Sammlern von Verschlußsachen und kontrollierten Exportwaren aus dem Westen«.

Der KGB (Komitee für Staatssicherheit) führte die Sammler- und Ablenkungstätigkeit mit Hilfe eines Zentralbüros »Direktorat T« durch, dem rund tausend Offiziere, darunter dreihundert im Ausland, zugeordnet waren. Westliche Geheimdienste vermuteten die größten KGB-Stäbe in Bonn, Köln, London, New York, Tokio und Wien; ein Teil der Agenten arbeitete getarnt als Mitarbeiter der sowjetischen Botschaften und Handelsmissionen.

Der GRU (Geheimdienst des sowjetischen Generalstabs) beschaffte im wesentlichen militärisch-wissenschaftliche Dokumente mit Hilfe von rund 1500 im Ausland stationierten Offizieren. Doch gerade die Ablenkungsgeschäfte, bei denen die Sowjets bestimmte europäische, asiatische, neuerdings in verstärktem Maße auch afrikanische Länder gleichsam als Relaisstationen einsetzten, wären bei weitem nicht so erfolgreich gewesen, hätte es nicht eine Vielzahl großer und kleiner Ganoven und Wirtschaftskrimineller gegeben, die den Ostblockgeheimdiensten bei ihren Ablenkungsmanövern behilflich waren.

Der Schwerpunkt der sowjetischen Anstrengungen auf dem Gebiet der Beschaffung von Handelsware lag auf dem Gebiet des High-Tech: In nahezu der Hälfte aller bekanntgewordenen Fälle ging es um Mikroelektronik und Computertechnologie. »Unter Einsatz skrupelloser westlicher Händler, die sich gefälschter Lizenzen, vorgetäuschter Gerätebeschreibungen, Scheinfirmen, falscher Endverbraucher bei illegalen Ankäufen, des Schmuggels und der Hilfe von Nachrichtendiensten bedienen, hat die UdSSR im Laufe der letzten zehn Jahre mindestens mehrere tausend größere Mikroelektronik-Fertigungsanlagen erworben«, heißt es im amerikanischen Expertenbericht über die sowjetische Akquisition westlichen Know-hows und westlicher Technologie.

Makler des Gegners

Der Nachschub für die sowjetischen Militärs gestaltet sich erheblich schwieriger, seit amerikanische Fahndungsbehörden 1981, nach Ronald Reagans Amtsantritt, damit begannen, ein eigenes Fahndungsnetz (»Operation Exodus«) aufzuziehen. Dabei arbeiten die Agenten der Customs Investigation Hand in Hand mit den Kollegen des FBI und der CIA. Zu den vornehmlichsten Aufgaben gehörte zunächst die intensive Ausbildung der Fahnder, von denen »die meisten vorher einen Mikrochip nicht von einem Kartoffelchip unterscheiden« konnten, spottet ein amerikanischer Regierungsbeamter. Doch das hat sich inzwischen geändert. In den letzten Jahren wurden in Zusammenarbeit mit den europäischen Partnerorganisationen etwa 4000 für den Ostblock bestimmte illegale Frachtsendungen abgefangen. Gleichwohl, darüber sind sich alle Beteiligten einig, läßt sich der High-Tech-Schmuggel lediglich einschränken; verhindern läßt er sich nicht. Es gebe »eine verhältnismäßig große Gruppe von Firmen oder Einzelpersonen, die bereit sind, alles zu liefern, solange der Preis stimmt. Wenn die Russen also etwas wirklich wollen, dann bekommen sie es auch«, versicherte voller Überzeugung ein amerikanischer High-Tech-Händler, dessen Partner gerade wegen Schmuggels in die Sowjetunion hinter Gittern sitzt, den Kollegen des BBC.

Wie kreativ die Sowjets sind, wenn es um den illegalen

Technologietransfer geht, illustriert der Fall des Geschäftsmanns Amos Dawe Anfang der achtziger Jahre. Dawe, einem erfolgreichen britischen Finanzmakler in Fernost, wurde eines Tages von der Moskau Narodny Bank in Singapur ein günstiger Kredit in Millionenhöhe offeriert, mit dessen Hilfe der Engländer amerikanische Banken im Gebiet von San Francisco und Silicon Valley aufkaufen sollte. »Die Russen besaßen schon alle wichtigen Details«, erinnerte sich Dawe später, »zu meiner Überraschung holten sie fertige Pläne aus der Schublade, eine Gebietskarte, auf der die Banken eingezeichnet waren, für die man sich interessierte. Man suchte nur noch jemanden, der in Moskaus Auftrag die Banken in San Francisco übernahm.«

Zunächst erwarb Amos Dawe die Bank of Trade, dann, für elf Millionen Dollar, das Dreifache des Buchwertes, die Central Bank im Silicon Valley. Die Sowjets wollten Informationen über die Kreditwürdigkeit von Wissenschaftlern und Ingenieuren in dieser Region, dem Mekka der US-Elektronikindustrie, erhalten, um dann einzelne Leute gezielt unter Druck setzen zu können. Um an die Informationen zu gelangen, schien ihnen der Erwerb von Geldinstituten der richtige Weg. Doch die Investitionen Moskaus zahlten sich nicht aus. Die CIA bekam Wind von der Sache und konnte die Machenschaften unterbinden, noch ehe sie richtig begonnen hatten.

Dafür waren die sowjetischen Beschaffer in vielen anderen Fällen sehr viel erfolgreicher: Einer ihrer besten Ablenker, ein »Makler des Gegners« (US-Pentagon), war der Bundesbürger Richard Müller aus Jesteburg in der Lüneburger Heide – bis er 1983 aufflog und im Osten untertauchen mußte. Der Bericht an den amerikanischen Kongreß erweist Müller die zweifelhafte Ehre eines ihm gewidmeten Extrakapitels. Seit Anfang der siebziger Jahre sei er in illegale Ankäufe im Auftrag der Sowjets verwickelt gewesen, heißt es da, zunächst für das Außenhandelsministerium, später auch für den KGB. Für seine Beschaffungen habe Müller ein Netz von Strohmännern und Scheinfirmen in Europa eingesetzt, zeitweise mehr als 75 Unternehmen in Österreich, Frankreich, der Schweiz, England, den USA und der Bundesrepublik Deutschland betrieben. Mit seinen Auftraggebern sei er regelmäßig in Moskau zusammengetroffen.

Zwischen 1978 und 1983 lieferte Müller den Sowjets fortgeschrittene Computer und Anlagen für die Chip-Produktion im Wert von vielen Millionen Dollar. Die aufsehenerregendste Aktion Müllers war sein Versuch, Ende 1983 sieben VAX-Großrechner der Firma Digital Equipment Corporation (DEC) sowie dazugehörige Hard- und Software nach Moskau zu schmuggeln. Insbesondere das Modell der VAX-11-780-Serie wäre wegen der Anwendungsmöglichkeiten des computergestützten Entwurfs (CAD) für die Herstellung serienmäßiger Mikroelektronik und für das Feuerleitsystem von Atomraketen äußerst wertvoll gewesen.

Doch es endete mit einem Fehlschlag: Die Geräte waren von Müllers deutschen und südafrikanischen Scheinfirmen in den USA gekauft, dann jedoch dank hartnäckiger Ermittlungsarbeit amerikanischer Agenten und Zollfahnder im November 1983 auf dem Weg nach Moskau in Hamburg und im schwedischen Hafen Helsingborg abgefangen und beschlagnahmt worden.

Der größte bekanntgewordene Coup, den Moskaus Elektronikbeschaffer in den letzten Jahren landen konnten, war die Ablenkung elektronisch gesteuerter Werkzeugmaschinen zur Herstellung von geräuscharmen U-Boot-Antriebsschrauben. Geliefert haben die sensible Technik die japanische Toshiba Machine Co, eine Tochter des Elektronikmultis Toshiba, und die norwegische Kongsberg Våpenfabrikk. Mit der neuen Superschraube, die für das geplante amerikanische Unterseeboot »Seawolf« konstruiert wurde, haben die Sowjets einen technologischen Vorsprung der USA gleichsam über Nacht aufgeholt. Der Schaden für die NATO wird auf insgesamt dreißig Milliarden Dollar beziffert. Der Deal, bei dem die beiden Firmen aus Japan und Norwegen die internationalen Cocom-Bestimmungen brachen, führte zu einer ernsthaften Verstimmung zwischen den Regierungen: In Tokio mußte die Toshiba-Konzernspitze zurücktreten, Norwegens Ministerpräsidentin Gro Harlem Brundtland entschuldigte sich in einem persönlichen Brief an Präsident Ronald Reagan. Doch das änderte nichts an der unversöhnlichen Haltung der Amerikaner: Der US-Senat beschloß im Juli 1987 ein Importverbot für die Produkte der beiden Firmen auf mindestens zwei Jahre.

»Welche Tragik auch, der Chairman und Präsident von Toshiba sind beide zurückgetreten«, ließ sich Werner Bruchhausen danach aus dem Staatsgefängnis von Florida vernehmen, zum Glück stünden sie dem Unternehmen noch als Berater zur Verfügung. »Einer Erklärung der japanischen Regierung zufolge ist dies das Ärgste, was passieren kann... Also ich bin inzwischen 28 Monate eingesperrt und habe noch ein Mehrfaches dieser Zeit vor mir«, spottete Bruchhausen. »Ich würde mit den Herren schon tauschen.«

Bruchhausens Partner in Moskau war Victor Nikolaijewitsch Kedrov, Vizechef des Staatshandelsunternehmens Electronorgtechnica, »ein von mir hochgeachteter Mensch, ein intelligenter und sehr arbeitseifriger Ingenieur, absolut ehrlich und integer sowie äußerst kultiviert«, erläutert Bruchhausen. Kedrov sei ebensowenig ein KGB- oder GRU-Agent wie seine Lieferungen an Electronorgtechnica für eine »militärische Verwendung vorgesehen oder nach militärischen Spezifikationen gefertigt« seien.

Dagegen aber spricht eine Vielzahl von Erkenntnissen, über die ich von berufsmäßig gut informierten Quellen unterrichtet wurde. Zwar sei die Sowjetunion auch an High-Tech für den zivilen Bereich interessiert, »an erster, zweiter und dritter Stelle«, so erfuhr ich, »stehen jedoch die Wünsche der Militärs, mit der elektronischen Revolution in der amerikanischen Waffentechnik wenigstens im Abstand einiger Jahre Schritt halten zu können«. Der Tatbestand der Spionage spiele, so gesehen, immer auch eine Rolle und deshalb seien auch Technologiehändler wie der bundesdeutsche Ablenker Hans Jochheim wegen »geheimdienstlicher Agententätigkeit« zugunsten der DDR verurteilt worden (vgl. Seite 232).

Die Sowjets sind dabei durchaus sehr wählerisch, wen sie mit Ablenkungsaktionen betrauen, und sie werden aus gegebenem Anlaß zunehmend vorsichtiger:

- Das Außenhandelsministerium ist allenfalls bereit, ein geringes Risiko beziehungsweise eine minimale gesetzliche Haftung einzugehen. Die Mehrzahl der Verträge mit den westlichen High-Tech-Agenten wird in Moskau oder an einem anderen, günstig gelegenen, geheimgehaltenen Ort geplant und unterzeichnet, oft sogar nur mündlich verabredet oder durch legitime offene Geschäfte verschleiert.

- Mit dem Ablenker im Westen wird kein oder kaum Kontakt gehalten; er ist nach Auftragserteilung überwiegend unabhängig, was Entscheidungen über Scheinfirmen, Kauf, Versand, Lagerung und Lieferung der Ware angeht.
- Die Lieferungen erfolgen an Staatshandelsfirmen im gesamten Ostblock, die überall Doppelfunktionen haben: Electronorgtechnica, Mashpringborintorg und Technopromimport, alle in Moskau, Isotimpex in Sofia, Tungsram in Budapest, Metronex und Unitra in Warschau.
- Provisionen werden zu Beginn ausgehandelt. Die Sowjets zahlen lukrative, aber keine Höchstpreise. Das Honorar kann während der Beschaffung gegebenenfalls auch erhöht werden, wenn der Ablenker höhere Kosten hat oder ein größeres Risiko eingehen muß. Unter dem zunehmenden Fahndungsdruck sind die Preise ohnehin stark gestiegen: Für einen 100 000-Dollar-Rechner, den Moskau noch vor drei Jahren für 300 000 Dollar erhielt, müssen die Sowjets heute schon bis zu einer Million lockermachen.
- Die Bezahlung erfolgt in der Regel über Akkreditiv auf das Bankkonto des High-Tech-Schmugglers in der Schweiz, in Liechtenstein oder – wie im Falle Bruchhausen/Ulrichshofer – in Wien.

Auch wenn die Spielregeln feststehen, bisweilen wird auch mit sehr harten Bandagen gekämpft. Es gebe Zuckerbrot für die Beschaffer, »auch wenn sie vorübergehend mal die Hose voll haben«, es gebe aber auch die Peitsche, die »eher brutale Methode wie bei Amos Dawe«, also Erpressung und Nötigung, sagte man mir in Washington. So versucht das sowjetische Außenhandelsministerium oftmals über Jahre hinweg, interessante westliche Firmen von legalen Aufträgen aus der UdSSR abhängig zu machen. Dann wird den Unternehmen das Messer auf die Brust gesetzt, sie werden gezwungen, sich an den Beschaffungsaktionen der Makler, Sammler und Ablenker zu beteiligen, wenn der Rubel auch weiterhin rollen soll. »Solche Firmen«, heißt es im Report über die sowjetische Technologiebeschaffung verständnisvoll, können »das sowjetische Ersuchen nach illegalem Einkauf oder einer unterstützenden Rolle bei einer größeren illegalen Handelsaktion« wenn überhaupt, dann nur schwer ablehnen.

Elektronik für KoKo

Ähnlich große Aktivitäten wie KGB und GRU zeigten die Nachrichtendienste der DDR in Westeuropa und den USA. Dabei wurde der beschaffte High-Tech keineswegs immer postwendend nach Moskau weitergeleitet – Ost-Berlin hatte durchaus ein egoistisches Interesse, den eigenen Informations- und Wissensvorsprung auf dem Gebiet der Elektronik gegenüber der Sowjetunion zu behaupten. Die entsprechenden Behörden in der DDR waren straff organisiert: zuständig war im Ministerium für Staatssicherheit (MfS) die »Hauptabteilung Aufklärung«, und dort wiederum teilten sich die Unterabteilungen 14 und 15 des »Sektors Wissenschaft und Technik« (SWT) die Arbeit. Wünsche nach Elektronik, die man nicht legal bekommen konnte, mußten Industrie und Hochschulen dem Ministerium für Außenhandel melden. Von hier wurden sie an die in

den sechziger Jahren geschaffene und mit MfS-Mitarbeitern besetzte »Kommerzielle Koordinierungsstelle für Sonderimporte« (KoKo) weitergeleitet, die in der Wallstraße an der Spree, unweit des Grenzübergangs Heinrich-Heine-Straße, ihren Sitz hatte (vgl. Seite 36 f.).
SWT und KoKo arbeiteten eng zusammen und stimmten ihre Aktionen miteinander ab. Dabei wurden zwei unterschiedliche Beschaffungswege benutzt:

- MfS-Agenten warben Kaufleute an, vor allem solche, die im West-Ost-Handel tätig waren, weil diese ohnehin häufig zwischen den Blöcken pendelten und Embargowaren deshalb unauffällig in ihrem Gepäck mitführen konnten. Wer sich als unbedarfter Geschäftsmann einmal auf dieses »Spiel« eingelassen hatte, weil er sich davon eine Erhöhung seiner legalen Umsätze versprach oder auf den lukrativen Zusatzverdienst nicht verzichten wollte, wurde planmäßig verstrickt und mußte schließlich eine Verpflichtungserklärung unterschreiben. Dabei wurden die Geschäftsverhandlungen in der Regel in Restaurants und Hotels durchgeführt, um die Identität der Kaufleute gegenüber den nicht für das MfS tätigen Mitarbeitern der Außenhandelsbetriebe oder Forschungsinstitute zu verheimlichen.
- Die KoKo bediente sich staatlich autorisierter Firmen, die nach außen privatwirtschaftlich organisiert waren, über Dependancen in vielen europäischen Ländern verfügten und jeweils bestimmte Handelsbereiche abdeckten. Da diese Vertreterfirmen im Hinblick auf alle krummen Transaktionen Provisionen in West-Valuta beanspruchten, deckten sie gleichzeitig den Devisenbedarf der KoKo und des SWT für die Bezahlung jener Ware, die von den angeworbenen Geschäftsleuten beschafft

wurde (vgl. Seite 130). Zum Teil waren die Vertreterfirmen gehalten, Umweggeschäfte über die DDR, zum Beispiel mit amerikanischen Zigaretten, nur gegen die unmittelbare High-Tech-Provision zu ermöglichen (vgl. Seite 116).

Die Geschäftsführer der größten Vertreterfirmen waren westlichen Nachrichtendiensten seit langem namentlich bekannt: Ottokar Hermann, Michael Grossauer, Dr. Wolfgang Jahn, Dr. Günther Forgber und Joachim Farken (vgl. Seite 36 f.)
Für den Technologieschmuggel nach Ost-Berlin war zuallererst Dr. Günther Forgber, ein eher kleiner, unscheinbarer Mann, zuständig. Er war bereits Ende der fünfziger Jahre inoffizieller Mitarbeiter des MfS und wurde in dieser Funktion später als Boß verschiedener Außenhandelsbetriebe eingesetzt. Ende der sechziger Jahre gründete er eine der ersten Vertreterfirmen, die Forgber Industrie- und Handelsvertretungen in der Ostberliner Schlegelstraße 5. Daneben fungierte er als Inhaber der Firmen Günther Forgber Industriebüro in der Leipziger Straße 60, die mit Waren aller Art handelte, und der Exportcontact AG mit Sitz in der Klara-Zetkin-Straße 97 sowie deren Zweigstellen in Wien, Zürich und Vaduz. Mit »weltweiten Verbindungen zum nationalen und internationalen Beschaffungsmarkt« warb die Exportcontact AG auf der Leipziger Messe für ihre Aktivitäten. Herr Forgber scheint Humor zu haben.
Alle Forgber-Unternehmen waren nahezu ausschließlich für »illegale Schmuggel-Aktivitäten im Bereich der Nachrichtenübertragungstechnik, EDV-Anlagen, Funkgeräte, Chiffriergeräte« zuständig, erfahre ich aus sicherer Quelle in der Bundesrepublik. Einmal soll es um Verschlüsselungs-

geräte gegangen sein, mit denen auch Telefongespräche des amerikanischen Präsidenten kodiert wurden, ein anderes Mal um Mikrochips, die man später, exakt kopiert, in sowjetischen Spionagebojen vor der US-Küste wiederfand. Auch dem sowjetischen Großrechner Ryad, einer ziemlich originalgetreuen Nachahmung des IBM 3T0, soll Forgber auf die Sprünge geholfen haben. Und mit Werner Bruchhausen und Dietmar Ulrichshofer war der Technologiebeschaffer ebenso im Geschäft wie mit Hans Jochheim.

Jochheim, 1919 in Hagen/Westfalen geboren, der neben der deutschen auch die schwedische Staatsbürgerschaft besitzt, war bis zu seiner Verhaftung im September 1984 als Agent und Beschaffer für die DDR tätig. Er gab sich dabei stets als schwedischer Geschäftsmann mit Firmensitz in Göteborg aus und entging somit nicht nur jeder steuerlichen Erfassung in der Bundesrepublik, sondern konnte auch jederzeit in die Ostblockstaaten reisen, ohne größeren Verdacht zu erregen. Für die Lieferung von Pressen zur Herstellung synthetischer Diamanten im Wert von rund einer Million Dollar bekam er 1975 vom rumänischen Staatspräsidenten Nicolae Ceauşescu zwei Araberhengste geschenkt. Danach lieferte er bis zu seiner Verhaftung unzählige brisante Anlagen und geheime Geräte und Unterlagen an die DDR, darunter »alle Teile eines hochmodernen Funkmeß- und Überwachungssystems, wie es vorwiegend zum Einsatz im militärischen Bereich dient« (Jochheim-Urteil).

Im Februar 1986 wurde Jochheim »wegen geheimdienstlicher Agententätigkeit in Tateinheit mit einem Vergehen der Durchführung verbotener Geschäfte im innerdeutschen Handel« zu einer Gefängnisstrafe von drei Jahren und vier Monaten verurteilt. Der Angeklagte habe »modernste Technologie und entsprechendes Know-how von

Wahrnehmung von Interessen
für Industrie und Handel

GÜNTHER FORGBER

DDR-1040 BERLIN · SCHLEGELSTRASSE 15

Treffpunkt: Leipziger Messen
Die richtige Verbindung zum Markt
in einer guten Partnerschaft

Export · Import · Vertretungen
Beratungen · Kontakte
Projektkoordinierung

ALLIMEX

GROUP OF COMPANIES

ALLIMEX AG
Poststraße 30
CH-6301 ZUG, Schweiz
Tel.: + 41 42-22 30 22
FS: 862504 ALI CH

Fernsehüberwachungs-anlagen
Alarm- und Sicherungs-systeme
Funksprechanlagen
Meßgeräte der Elektronik
Bauelemente

Büro Berlin
Intern. Handelszentrum
Friedrichstr., DDR-1086 Berlin
Telefon 2 06 23 63

Wahrnehmung von Interessen: In den High-Tech-Schmuggel sind eine ganze Reihe von DDR-Firmen verstrickt, die sich im Katalog der Leipziger Messe stets als seriöse Unternehmen geben. Chef-Beschaffer ist Dr. Günther Forgber. Aber auch die Firmen Alimex, Intrac und Carl Zeiss spielen mit ihren Auslandsvertretungen eine bedeutende Rolle.

erheblichem wissenschaftlichen und materiellen Wert in die DDR geschafft«. Das ermögliche dem anderen Deutschland »neben der Gewinnung neuer Erkenntnisse über den technologischen Stand des Westens eine Verringerung des technologischen Vorsprungs des Westens, der von wirtschaftlicher und sicherheitspolitischer Bedeutung ist«.

Was oder wem nützt Cocom?

Wie kann sich der Westen schützen? Oder besser gefragt: Wer will sich im Westen *wovor* schützen?

Schon 1949 wurde der Koordinierungsausschuß für den Ost-West-Handel Cocom gegründet, um Exportbeschränkungen und Handelstabus zu entwickeln. Eine Lieferung sensibler Technologie in den Ostblock wurde verboten, zumindest aber von einer staatlichen Genehmigung abhängig gemacht. Cocom-Mitglieder sind die USA, England, die Türkei, Portugal, Norwegen, die Niederlande, Luxemburg, Japan, Italien, Griechenland, Frankreich, Dänemark, Belgien, Kanada und die Bundesrepublik Deutschland.

In den letzten Jahren freilich hegen die auf ihren Außenhandel angewiesenen westlichen Industrieländer den Verdacht, Cocom werde von den Vereinigten Staaten zunehmend als Instrument mißbraucht, Wettbewerbsvorteile für amerikanische Produzenten zu schaffen, etwa nach dem Motto: Wir bestimmen, was *ihr* liefern *dürft* — und das richtet sich danach, was *wir* liefern bzw. nicht liefern *möchten*. Die Cocom-Liste, eine Zusammenstellung von Waren und Gütern, die zivil wie militärisch genutzt werden können, ist in den letzten Jahren auf Druck der USA erheblich erweitert worden. Kritiker aus Japan und den europäischen NATO-Partnern glauben denn auch, der Bericht über High-Tech-Schmuggel an den US-Kongreß habe in erster Linie die Funktion gehabt, schärfere Embargobestimmungen durchzusetzen und Ausnahmegenehmigungen nicht mehr so großzügig zu handhaben wie bis dato. Für den früheren Bundesgeschäftsführer der SPD, Peter Glotz, ist Cocom deshalb »eher ein Instrument der wirtschaftlichen Konkurrenz Westeuropas und Japans als ein erfolgversprechendes Mittel zur Bekämpfung der Sowjetunion und ihrer militärischen Ambitionen«. Das hat auch Werner Bruchhausen immer so gesehen: Die USA bemühten sich, mit Cocom amerikanische Gesetze »auf der ganzen Welt durchzusetzen«, und duldeten auf der anderen Seite, »daß amerikanische Großfirmen dagegen verstoßen«. Bruchhausen: »Gott bewahre uns vor diesem Weltpolizisten!«

Selbst die OECD wies schon 1983 in einer Studie nach, daß der Getreideimport (überwiegend aus den USA) für die Wirtschaft der UdSSR eine ungleich größere Bedeutung hat als der illegale Technologietransfer.

So gesehen nützen die Cocom-Vereinbarungen eher den High-Tech-Schmugglern — weil das, was verboten ist, höhere Preise bringt — als dem Westen, der um seinen Wissensvorsprung bangt.

Die Autoren des Berichts an den amerikanischen Kongreß hingegen meinen, es lasse sich nur mit weiteren Exportbeschränkungen, der »selektiven Erweiterung der Cocom-Liste, den Sowjets wesentliche Produkte vorenthalten«. Doch auch dann werde »der Appetit der Sowjets auf westliche Technologie... enorm sein. Sie werden weiterhin alle Schwächen der westlichen Exportbeschränkungen sowie die Unterschiede in der Politik der Cocom-Länder ausnützen, um die von ihren Rüstungsprogrammen bis Ende dieses Jahrzehnts und danach benötigten Technologie zu erwerben.«

Für die Bundesrepublik stellt sich ohnehin die Frage, ob es nicht weitaus effektiver wäre, die Fahndungsstellen vom Zoll schlagkräftiger zu machen, um — wie die Amerikaner — mit Spezialeinheiten eindeutig illegale High-Tech-Schiebereien zu verhindern, anstatt immer neue Restriktionen für den Handel mit Wirtschaftsgütern einzuführen, die überhaupt nicht mehr kontrollierbar sind. Die Genehmigungsbehörde, das Bundesamt für Wirtschaft in Eschborn,

kann die Antragsflut kaum noch bewältigen, kann die Entscheidung, Exportgenehmigung ja oder nein, überdies fast ausschließlich nach Sichtung der eingereichten Unterlagen fällen.
Fast noch wichtiger wäre jedoch, den Schmuggel von Technologie in den Ostblock härter zu bestrafen. Hierzulande schrecken Bußgelder für Ordnungswidrigkeiten keinen Übeltäter vor illegalen Geschäften ab, wenn er mit Gewinnspannen von dreihundert bis fünfhundert Prozent rechnen kann. Merkwürdigerweise werden Geheimnisverrat und Spionage wie im Falle Jochheim strafrechtlich völlig anders gehandhabt, obschon die Grenzen manchmal fließend sind. Eine Anklage würde ohnehin nur erfolgen, wenn das außenpolitische Ansehen der Bundesrepublik durch den illegalen Export »gestört« worden wäre — und auch dann sind für Technologieschiebereien Gefängnisstrafen ohne Bewährung eher die Ausnahme.
Ein Urteil wie das des kalifornischen Gerichts im Falle von Werner J. Bruchhausen wäre hierzulande schon von der gesetzlich vorgesehen Höchststrafe undenkbar. Der übrigens hält sich für einen »politischem Gefangenen«, der gewissermaßen dafür büßen müsse, daß er zur Sicherung des Weltfriedens beigetragen habe, indem er die Technologielücke zwischen West und Ost nicht zu groß werden ließ. »Ich habe mich veranlaßt gefühlt«, erklärte er nach der Verhandlung in Los Angeles, »Hans-Dietrich Genscher bei seiner Entspannungspolitik zu unterstützen.« Gut gebrüllt, Löwe!

Ende November 1985, Autobahnraststätte Thurau-Nord zwischen St. Gallen und Zürich. Ich bin mit einem pakistanischen Wissenschaftler verabredet. Er hat diesen Treffpunkt vorgeschlagen und dabei strengste Vertraulichkeit zur Bedingung gemacht. Seinen Namen kenne ich bis heute nicht – der Kontakt kam über einen Mittelsmann zustande. Durch detaillierte Informationen, die mir dieser Mittelsmann am Telefon gegeben hat, bin ich jedoch zu der Überzeugung gelangt, daß sich ein Gespräch mit dem Pakistani, auch unter dermaßen konspirativen Bedingungen, lohnen würde. Ich bekam recht.

Mein Gesprächspartner weist mich in gutem Englisch an, auf die Autobahn nach Zürich zu fahren: »Unterwegs können wir ungestört reden.« Er habe einige Jahre lang am geheimen Projekt der Urananreicherung in Pakistan mitgearbeitet und sich dann nach Europa abgesetzt. »Seitdem lebe ich in der Angst, daß sie kommen, um mich mundtot zu machen.« Dabei blickt er starr aus dem Fenster.

»Wer?« frage ich.

»Die Leute vom pakistanischen Geheimdienst!«

Und dann erzählt er mir vom pakistanischen Bombenprojekt und von den umfassenden Beschaffungsaktionen, die mit Hilfe der pakistanischen Botschaften und eines Rings von »Ablenkern« in den USA und in Europa organisiert wurden und werden, um das Ziel, eine islamische Atombombe, zu verwirklichen.

Welche Botschaften, welche Beschaffer?

Die wichtigste Achse in Europa sei die zwischen der diplomatischen Vertretung seines Landes in Bonn (»da können Sie auch den Botschafter dazuzählen«) und dem Holländer Henk Slebos. Und die finanziellen Transaktionen liefen über ein Bankkonto in Zürich, das ein Notar verwalte, an dessen Namen er sich aber nicht mehr genau erinnere (»Storz, Stolz oder so ähnlich«).

Henk Slebos, so habe ich schon vorher in den Niederlanden in Erfahrung gebracht, ist ein Elektronikhändler, »ein bekannter und verurteilter Atomdealer«, wie mein Beifahrer sich ausdrückt. Und der Botschafter weiß davon? Er stecke mittendrin, bekräftigt der Pakistani und schaut mir dabei, als wolle er seiner Antwort besonderen Nachdruck verleihen, erstmals ins Gesicht.

Eine Woche später. Bad Godesberg, Rheinallee. Wir beobachten die Botschaft der Islamischen Republik Pakistan. Am 4. Dezember fällt uns ein Saab, silbermetallic, mit holländischem Kennzeichen (NS-26-FS) auf, dessen Fahrer in die Botschaft geht und sie erst nach längerer Zeit wieder verläßt. Es ist, so finden wir heraus, Henk Slebos, den die Leute vom Economische Controledienst (ECD) in Den Haag für einen »ganz schlimmen Finger, einen notorischen und skrupellosen Helfer für Pakistans Bombenpläne« halten. Er sei ein Paradebeispiel für die Richtigkeit der These: »Je geringer die Moral, desto besser die Geschäfte«.

Keine Frage: Auf dem Schwarzmarkt für Atombombenmaterialien und -zubehör gelten die Gesetze der Marktwirtschaft, richtet sich das Angebot nach der Nachfrage und der Preis nach dem Angebot. Gesetzliche Auflagen oder internationale Vereinbarungen verhindern nicht die Verbreitung brisanter Technologie, sie erhöhen nur den Gewinn der Beschaffer — trotz Cocom, Waffenembargo oder Atomwaffensperrvertrag.

Viele Entwicklungsländer haben an Panzern, Kanonen und Gewehren Interesse, einige Staaten auf der Schwelle zwischen Entwicklungshilfe und Industrialisierung ganz besonders an Bomben, gefüllt mit chemischen Kampfstoffen oder nuklearem Sprengmaterial. Mit dem Besitz solcher Massenvernichtungsmittel steigt auch die geopolitische Bedeutung und Macht eines Staates, und deshalb versuchen eine Reihe von Staatschefs, einen Finger an den atomaren oder chemischen Abzug zu bekommen — um jeden Preis.

Nur von den fünf Großmächten USA, UdSSR, Großbritannien, Frankreich und China ist definitiv bekannt, daß sie über ein erhebliches Arsenal atomarer Sprengköpfe verfügen; von drei anderen Ländern weiß man, daß sie wahrscheinlich längst zum exklusiven Club der Nuklearmächte gehören, obwohl sie sich dazu öffentlich noch nicht bekannt haben: Indien, Israel und Südafrika; hinzu kommen mindestens drei weitere Staaten, die geheime Bombenpläne schmieden und mehr oder weniger kurz vor der Entwicklung einer Kernwaffe stehen: Pakistan, Argentinien und Brasilien; und schließlich sind da noch die A-Bomben-Möchtegerne, die alles daran setzen würden, in den Besitz nuklearer Sprengsätze zu kommen: Libyen, Irak und Iran.

Im Mittelpunkt des internationalen Interesses stehen neben Pakistan vor allem die beiden südamerikanischen Länder, die in den letzten Jahren vom Westen, ganz besonders aber von der Bundesrepublik, mit Kernkraftwerken »aufgerüstet« wurden, und dadurch mit dem Know-how nicht nur für die Stromerzeugung aus Atomenergie. Zwar haben zivile Regierungen in Argentinien und Brasilien die dortigen Militärregimes abgelöst, gleichwohl wurden von beiden Staaten parallel zur zivilen Nutzung der Kernenergie die militärischen Programme mit Nachdruck vorangetrieben.

Anfang September 1987 verkündete Brasiliens Präsident José Sarney, es sei Wissenschaftlern am Nationalen Energieforschungsinstitut nahe Sao Paulo gelungen, mit Hilfe von Gaszentrifugen Uran anzureichern. Sein Land werde diese Technik in einer Atomfabrik nahe Ipero nutzen, um nu-

klearen Brennstoff für atomgetriebene U-Boote zu produzieren; deshalb auch sei die Marine für das Projekt verantwortlich.
Experten, sogar jene in Brasilien selbst, haben aber keine Zweifel, daß in Ipero auch Uran für Bomben produziert werden soll: Der Atomphysiker José Goldenberg zum Beispiel ist der Überzeugung, sein Land habe »keinen Bedarf an Atomstrom, sie sind daran interessiert, Atomwaffen zu bauen«.
In der Bundesrepublik wird man die Meldungen aus Südamerika mit Sorge vernommen haben. Denn erst das deutsch-brasilianische Atomabkommen aus dem Jahre 1975, das die Lieferung unter anderem von acht Reaktoren zum Preis von zwölf Milliarden Mark vorsah, bereitete den Weg zur brasilianischen Atombombe. Zwar ist der Rahmenvertrag längst hinfällig geworden, weil Brasilien das Geld fehlt. Doch der Bau von zwei Kernkraftwerken (Angra II und III) durch die deutsche Kraftwerks-Union (KWU), eine Siemens-Tochter, brachte den Brasilianern ein Heer ausgebildeter Techniker, Ingenieure und Wissenschaftler, die nach und nach zur Kriegsmarine abwanderten, um dort an der Urananreicherung mitzuarbeiten.
Argentinien betrachtet die Bombenpläne des Nachbarn mit großem Argwohn. Die Regierung in Buenos Aires läßt allerdings in Pilcaniyeu, hoch in den Anden, ebenfalls Uran anreichern, obwohl es dafür keinen zivilen Bedarf hat; westliche Nachrichtendienste gehen davon aus, daß Argentinien sein Programm seit einigen Jahren »auf Sparflamme kocht«.
»Wir brauchen die technologische Unabhängigkeit, koste es, was es wolle«, sagte der brasilianische Luftwaffenminister Preko Octavio Moreira Lima nach der Verkündung seines Präsidenten, man beherrsche jetzt die Technik der

Urananreicherung. Es könnte also zu einem nuklearen Wettlauf auf dem südamerikanischen Kontinent kommen, der die Ausmaße des Konflikts zwischen Indien und Pakistan erreicht.
Das ist der fruchtbare Boden, auf dem die guten Geschäfte der Atomdealer gedeihen. Weil Staaten wie Argentinien und Brasilien von den Industrieländern mit Atomtechnik kurzgehalten werden, wenn sie nicht einer Kontrolle ihrer Anlagen durch die Internationale Atomenergiebehörde (IAEO) in Wien zustimmen, springen Geschäftsleute in die Bresche und unterlaufen mit ihren Schwarzmarkttransaktionen die Nichtweiterverbreitung von Kernwaffen.

Heilige Aufgabe: islamische Bombe

Die Fähigkeit Pakistans, den Brennstoff U-235, der im Natururan lediglich in einer Konzentration von 0,7 Prozent enthalten ist, auf neunzig Prozent anzureichern und damit bombenfähiges Material zu produzieren, gilt heute unter allen westlichen Experten, mit denen ich zusammentraf, als unbestreitbar. Um die Anreicherungstechnik zu entwickeln, brauchte Pakistan Know-how und Technologie aus dem Westen. Beides hat es in den letzten fünfzehn Jahren auf dunklen Kanälen beschaffen können.
Seit Pakistans Erzfeind Indien am 18. Mai 1974 unterirdisch einen Atomsprengsatz zündete und damit seine nukleare Potenz unter Beweis stellte, hat sowohl die letzte gewählte Regierung Zulfikar Ali Bhuttos als auch der 1977 durch einen Militärputsch an die Macht gekommene General Mohammed Zia ul-Haq (der Bhutto zwei Jahre später hinrichten ließ) alles versucht, den indischen Vorsprung aufzuholen.

Beide Staaten haben bis heute den Atomwaffensperrvertrag nicht unterschrieben.
Ende 1975 kehrte ein pakistanischer Wissenschaftler aus Europa nach Islamabad zurück, der zur wichtigsten Figur des Bombenprojekts werden sollte: Dr. Abdul Quader Khan. Er hatte in den sechziger Jahren in Berlin und Delft Metallurgie studiert, bevor er 1972 Zugang zur europäischen Atomfabrik Urenco im niederländischen Almelo erhielt. In den dort von Holland, der Bundesrepublik und Großbritannien betriebenen Anlagen wird U-235 in Tausenden von Gaszentrifugen angereichert — allerdings nur bis zu einer Konzentration von drei bis fünf Prozent, wie sie für das Betreiben von Kernkraftwerken notwendig ist.
Khan gelang es, die streng geheimgehaltene Anreicherungsanlage auszuspionieren und sich mit Konstruktionsunterlagen sowie vertraulichen Listen der Zulieferfirmen abzusetzen. Bhutto machte ihn sofort nach seiner Rückkehr zum Chef des pakistanischen Bombenprojekts.
Mit Hilfe eines deutschen Kaufmanns kam Khan 1977 und 1978 ein erhebliches Stück voran: Der Freiburger Ingenieur Albrecht Migule lieferte trotz entsprechender Embargobestimmungen eine Anlage nach Pakistan, mit der Uranoxid in das gasförmige Uranhexafluorid umgewandelt werden kann — Voraussetzung für die Anreicherung in Gaszentrifugen. Am 4. Juni 1978 konnte Khan seinen ersten Durchbruch vermelden: »Es war ein historischer Tag für uns«, schrieb er Tage später an einen kanadischen Freund, »wir füllten die ›Luft‹ in die Maschine und bekamen zum erstenmal das richtige Produkt« — angereichertes Uran.
Ich habe die in der pakistanischen Landessprache Urdu verfaßten Briefe Khans in Washington erhalten. Sie waren ursprünglich von der kanadischen Polizei in Montreal im Rahmen von Ermittlungen gegen einen Beschaffer für das

»Projekt Butterfabrik« (so Khan in der Korrespondenz) beschlagnahmt worden. Die Schreiben stammen aus den Jahren 1978 und 1979 und geben gute Einblicke in die Aufbauphase der pakistanischen Urananreicherung.
Über die Zeit nach 1979 erfuhr ich interessante Details von meinem »namenlosen« Gesprächspartner an der Schweizer Autobahnraststätte: 1980 konnte Abdul Quader Khan von einer provisorischen Anlage in Sihala in seine eigene Atomfabrik in Kahuta, dreißig Kilometer südöstlich von Islamabad, umziehen. Das neue Atomzentrum erhielt den offiziellen Namen »Khan Research Laboratories«. In jedem der beiden Hauptgebäude, deren Dächer mit Tarnfarbe angestrichen wurden, um eine Aufklärung durch amerikanische und sowjetische Spionagesatelliten zu erschweren, sollen rund siebentausend Uranschleudern stehen. In der einen Halle wird der von Kahn modifizierte holländische Typ »Cnor-Snor« eingesetzt, hergestellt aus Spezialstahl und Aluminium, knapp zweieinhalb Meter hoch, elf Zentimeter im Durchmesser; in der anderen Halle der deutsche Zentrifugentyp, vollständig aus superfestem Stahl produziert, nur halb so hoch wie der holländische, fünfzehn Zentimeter breit.
Der Spezialstahl (»maraging steel«) für die Zentrifugen ist die Achillesferse von Kahuta: Er unterliegt in den Industrieländern einem Ausfuhrverbot. Frontorganisationen für Pakistans Bombenpläne in London, Paris und Brüssel sorgen jedoch regelmäßig für Nachschub. Im August 1985 fiel der deutschen Zollfahndung auf, daß von Arbed Saarstahl hergestellter superfester Stahl, der von einem orientalischen Teppichladen in der Londoner Innenstadt geordert worden war, über den Hamburger Hafen nach Karatschi exportiert werden sollte. Als die Ermittler zugreifen wollten, war die Ware jedoch schon weg. Ein Jahr später gelang es Pakistans

Tausende von Uranschleudern: Die Atomfabrik Urenco diente den Pakistani als Vorbild für Kahuta. (Foto: UCN)

Agenten in London erneut, »maraging steel« nach Hause abzulenken, diesmal aus Frankreich von der Firma Aubert et Duval. Und im Juli 1987 schließlich kamen Undercover-Fahnder des US-Customs einem Stahldeal auf die Schliche, bevor das Material nach Pakistan exportiert werden konnte.

Hauptbetätigungsfeld der Ablenker für Pakistans hochexplosive Pläne ist Europa – speziell jedoch die Bundesrepublik Deutschland, weil die pakistanische Botschaft in Bonn die Beschaffungsaktivitäten koordiniert. Seine Exzellenz Abdul Waheed, bis 1987 Pakistans Botschafter in der Bundeshauptstadt, ist nicht nur der Vetter des Staatspräsidenten Zia ul-Haq, sondern auch ein persönlicher Freund von Abdul Quader Khan.

Er kam erstmals nach dem Militärputsch 1977 in die Bundesrepublik – zusammen mit Ikram ul-Haq, der damals die Einkaufsabteilung der Botschaft übernahm. Was in Kahuta geordert wurde, mußte »Mr. Ikram« unter dem Schutz diplomatischer Immunität besorgen. In seinen Briefen an den kanadischen Freund empfahl Khan wiederholt, sich wegen der Abwicklung der einen oder anderen Angelegenheit an ihn zu wenden: »Mr. Ikram wird Dir Geld schicken (er ist zur Zeit hier und geht am 15. nach Bonn zurück)«, kündigte Khan beispielsweise in seinem Schreiben vom 8. Oktober 1979 an. 1982 kehrte Ikram ul-Haq nach Pakistan zurück und wurde zunächst Direktor einer Firma, die häufig als Tarnorganisation für illegale Lieferungen aus Europa benutzt wird. Heute ist er, so fand mein britischer Kollege Simon Henderson von der Financial Times heraus, ein enger Mitarbeiter Khans und für eine zweite Atomfabrik in Golra, zehn Kilometer westlich von Islamabad, verantwortlich.

Mitte Februar 1986. Ich bin mit Abdul Waheed verabredet. Er hat mich einige Wochen zuvor völlig überraschend zu einem Gespräch eingeladen und sogar eine Reise nach Bremen auf sich genommen, um mit mir zu reden. Zuviel der Ehre.

Er habe davon gehört, ich bereite einen Film über Pakistans Atomforschung vor. (Der Film wurde unter dem Titel »Gesucht wird... ein Bombengeschäft« am 3. November 1986 in der ARD gesendet.) Deshalb wolle er mir in aller Freundschaft, aber auch mit allem Nachdruck deutlich machen, daß alle Gerüchte, sein Land baue eine Kernwaffe, falsch seien. Ich möge doch bitte nicht der gezielten Desinformationspolitik »unserer Gegner Israel und Indien« auf den Leim gehen. Pakistan jedenfalls sei »ein friedliebendes Land und jederzeit bereit, den Atomwaffensperrvertrag zu unterzeichnen, wenn auch Indien dies tut«.

Bombenpläne dementiert: Botschafter Abdul Waheed

Einige Wochen später treffe ich mich zu einem zweiten Gespräch mit dem Botschafter in dessen Residenz in Königswinter. Vor der Fernsehkamera kommt Abdul Waheed dann allerdings mit der Begründung für das »friedliche Atomprogramm« ins Schleudern. Im Sendeprotokoll findet der Dialog folgenden Niederschlag:

»Wir reichern Uran bis zu drei Prozent an. Das habe ich nicht geleugnet. Wir haben ein friedliches nukleares Forschungsprogramm. Das habe ich nicht geleugnet!«

»Warum reichert Pakistan Uran an, wenn es keine Bombe bauen will?«

»Wir betreiben einen Atomreaktor in Karatschi, der früher von Kanada mit nuklearem Brennstoff versorgt wurde. Als Indien 1974 seine sogenannte friedliche atomare Testexplosion durchführte, stoppten die Kanadier die Lieferung von Uran an Pakistan. Deshalb müssen wir den Brennstoff selbst anreichern.«

»Aber für Ihren Reaktor in Karatschi brauchen Sie gar kein angereichertes Uran!«
»Doch! Der Reaktor braucht angereichertes Uran, soweit ich weiß.«
»Der Schwerwasser-Reaktor in Karatschi ist ein Natururan-Reaktor!«
»Ich weiß nicht, aber ich denke, er braucht angereicherten Brennstoff!«
»Und Ihre Botschaft hat auch nicht mit Agenten zu tun, die Technologie schmuggeln?«
»Nein, nein. Als Botschaft haben wir diplomatische Aufgaben, wobei wir die jeweiligen Gesetze streng beachten. Wir haben nichts zu tun mit Leuten, die solche Schmuggelgeschäfte tätigen.«
Kurze Zeit später versuchte Waheed bei einem Gespräch mit dem Intendanten des Westdeutschen Rundfunks, Friedrich Nowottny, eine unfaire und ungerechtfertigte Berichterstattung über Pakistan zu verhindern. Erfolglos. Nach der Ausstrahlung protestierte er erneut, verwies in einem Schreiben an Nowottny auf seinen Besuch »in Ihrem Büro, wo ich Sie bat, die Ausstrahlung des Films mit der Anti-Pakistan-Propaganda zu stoppen«.
Nach der Sendung erhielt ich aus den Niederlanden neue Informationen. Sie erhärteten nicht nur den Verdacht, die Bonner Botschaft Pakistans sei »Zentrum eines Agentenrings«, der Zubehör für das Bombenprojekt beschaffen soll (wie vorher schon die amerikanische Zeitschrift NEWSWEEK behauptet hatte), sondern warfen auch erhellendes Licht auf die Rolle seiner Exzellenz, des Botschafters.

Das »Atomshopping« in Europa wird von einem Ring von Ablenkern organisiert. Ihr Kopf ist Henk Slebos, Inhaber einer kleinen Elektronik-Handelsfirma in St. Pancras, ein Studienfreund von Abdul Quader Khan aus der Zeit in Delft. Bei dem Versuch, einen empfindlichen Oszillographen, mit dem sich die Funktionstüchtigkeit der stählernen Uranschleudern überprüfen läßt, zu exportieren, wurde Slebos im Oktober 1983 auf dem Amsterdamer Flughafen Schiphol vom ECD ertappt und im Juli 1985 wegen Verstoßes gegen die niederländischen Ausfuhrbestimmungen zu einem Jahr Gefängnis ohne Bewährung verurteilt. In der Berufungsinstanz kam er mit einer Geldstrafe davon.

Im Prozeß gestand der holländische Drahtzieher, diverse Geräte und Anlagen für das »Projekt Butterfabrik« geschmuggelt zu haben: »Ich war mir darüber im klaren, daß es sich um Geräte und Apparate handelte, die für das nukleare Projekt zur Anreicherung von Uran benötigt wurden. Ich tat es, weil es mir zu der Zeit finanziell schlecht ging. Natürlich wußte ich, daß ich mich dem Risiko einer Geldbuße aussetzte.« Schon in den Vernehmungen durch den Staatsanwalt hatte Slebos gestanden, wer unter seiner Regie noch für die illegale Beschaffung zuständig ist:

- Der walisische Geschäftsmann Peter Griffin. Er hatte 1978 im Auftrag der Botschaft in Bonn elektrisches Zubehör für die Uranzentrifugen nach Pakistan geliefert und war ein Jahr später bei dem Versuch erwischt worden, Spezialwerkzeuge auszuführen.
- Der deutsche Kaufmann Heinz Mebus. Er ist, wie Slebos, ein Studienfreund Khans, betreibt in Erlangen-Bü-

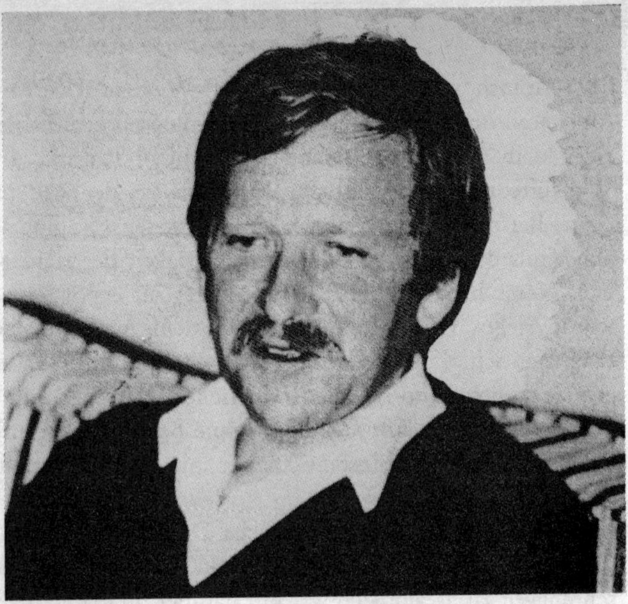

Der eifrige Holländer: Henk Slebos wurde 1985 wegen illegaler Exporte nach Pakistan verurteilt (Ausriß). Bezahlt wurde er zeitweise über ein Konto der Firma OPAK in Zürich (Ausriß). Slebos benutzte dabei den Namen seiner Freundin Carla Heger.

chenbach ein Ingenieurbüro und behauptet, sich bei seinen Geschäften mit Pakistan strikt an die deutschen Ausfuhrbestimmungen zu halten. Mebus war auch Mitarbeiter von Albrecht Migule, der für sein illegales Bombengeschäft mit Abdul Quader Khan im März 1985 vom Amtsgericht Freiburg zu acht Monaten Gefängnis mit Bewährung und 30000 Mark Geldstrafe verurteilt wurde. Migule und Mebus waren schon vorher von anderer Seite »bestraft« worden — sie erhielten Briefbomben zugeschickt, vermutlich vom israelischen Geheimdienst Mossad.

ARRONDISSEMENTSRECHTBANK TE ALKMAAR

VOLGNR.: 4

Parketnummer 14.007198.4

~~Rolnummer~~
Volgnummer 7
Uitspraak
dd. 2 juli 1985

Strafvonnis

De Arrondissementsrechtbank te Alkmaar meervoudige economische kamer van strafzaken, rechtdoende in de zaak van de Officier van Justitie in het Arrondissement Alkmaar aanhangig gemaakt bij dagvaarding ~~van~~ . tegen

[redacted],
geboren te [redacted],
wonende te [redacted]

terechtstaande terzake dat

primair:
De besloten vennootschap met beperkte aansprakelijkheid Slebos Research B.V. heeft op of omstreeks 28 oktober 1983, in elk geval in 1983, in de gemeente Haarlemmermeer, in elk geval in Nederland (opzettelijk), tezamen en in vereniging met een of meer andere personen en/of rechtspersonen en/of organisaties als bedoeld in artikel 51 lid 3 van het Wetboek van Strafrecht, althans alléén, een("mainframe" van een)kathodestraal-oscilloscoop (met vier bijbehorende inschuifeenheden), met een versterker waarvan de bandbreedte (zoals bedoeld in post 1584 van de hierna te noemen "bijlage") groter was dan 100 megahertz, zijnde (een) goed(eren) aangewezen in de bij het "Uitvoerbesluit strategische goederen 1963" behorende "bijlage (A)", onder post 1584 aanhef en onder a, uitgevoerd (in de zin van artikel 1 van de "In- en Uitvoerwet"), dan wel doen uitvoeren, (in de zin van artikel 1 van de"In- en Uitvoerwet"), zonder daartoe strekkende vergunning van de Minister van Economische Zaken. Hij, verdachte, heeft tot dat feit opdracht gegeven en/of aan die verboden gedraging feitelijke leiding gegeven.

subsidiair:
Hij, verdachte, heeft op of omstreeks 28 oktober 1983, in elk geval in 1983, in de gemeente Haarlemmermeer, in elk geval in nederland, (opzettelijk), tezamen en in vereniging met een of meer andere personen en/of rechtspersonen en/of organisaties als bedoeld in artikel 51 lid 3 van het Wetboek van Strafrecht, althans alléén, een("mainframe"/kathodestraal-oscilloscoop (met vier bijbehorende inschuifeenheden) met een versterker waarvan de bandbreedte (zoals bedoeld in post 1584 van de hierna te noemen

OPAK Intertrade Ltd 1982

	Handelsbank Hfl.	Handelabank SFr.	Treuhandanlage	Kontokt. Geschf.
Eröffnungsbilanz	178 569 15		125 000 —	(374 731 71)
Garantiezins	(762 —)			
LC Mebus	(77 300 —)			
LC Pak. Chemicals	93 930 15			
Rechnung LS AG	(2 237 —)			
Rechnung Smitforth	(27 739 20)			
Kommission Heger	(29 478 75)			29 478 75
Rg . Grandlyn (Fracht)	(3 882 82)			
LC Mebus	(116 879 —)			
LC Pak. Chemicals	153 400 06			
Festgeldabrechnung	3 236 20			
Barbezug Gesch'führer	(10 050 —)			10 000 —
Kommission Mebus	(8 523 20)			8 523 20
Kommission Heger	(8 420 20)			8 420 20
Zg. Gutschr. Philips	78 752 —			

1986 lieferte Mebus der pakistanischen Armee Großrechner, einen VAX 11/785 und einen Fujitsu M2361 sowie diverses Zubehör — mit Genehmigung der deutschen Behörden. Für eine befreundete Nation wie Pakistan gelten offenbar andere Kriterien als für den Ostblock, selbst wenn dieses Land an einer Atombombe bastelt.

- Der Türke Günes Cirek. Er hat ein Ingenieurbüro in Istanbul. Geheimdienste argwöhnen, daß Cirek seine Finger im Spiel hatte, als Pakistan 1981 und 1982 amerikanische Spitzentechnologie über die Türkei beschaffte, darunter 32 Stahlhalbkugeln mit einem Durchmesser von rund 33 Zentimetern, Bauteile für einen Kernsprengsatz. In den Halbkugeln wird das Bombenuran durch den äußeren Druck einer konventionellen Explosion zur kritischen Masse zusammengepreßt, so daß es zur Kettenreaktion und damit zur eigentlichen Zündung kommt.

Darüber hinaus gaben die bei Slebos im Zuge der Ermittlungen vom ECD beschlagnahmten Unterlagen und Bankauszüge Einblicke in die Finanzabwicklung des Agentenrings. Slebos kann demnach über Gelder verfügen, die von der Bonner Botschaft Pakistans regelmäßig auf das Konto der OPAK Intertrade Ltd. in Zürich überwiesen werden. OPAK — aber das ist lediglich eine Vermutung — könnte für »Organisation Pakistan« stehen. Die von der OPAK benutzte Telefonnummer 01/20 27 55, so erfuhr ich von Kontaktleuten in der Schweiz, gehört dem Steuerberater Dr. Leonard Jacob Stolk, der in der Züricher Bodmerstraße 8 ein Büro unterhält und »hier als Funktionsträger (Verwaltungsrat usw.) von zehn schweizerischen Firmen bekannt« ist. Außerdem soll in Zusammenhang mit den pakistanischen Bombengeschäften auch eine Roseko Finance Ltd. eine Rolle spielen, »ein ausländisches Unternehmen, das im Handelsregister der Schweiz nicht eingetragen und in Schweizer Telefonbüchern nicht vermerkt ist, aber in der Schweiz ein Bankkonto unterhält. Herr Dr. Stolk machte keine Anstalten, uns jegliche Informationen über dieses Unternehmen zu liefern, da er selbst auch keine näheren Angaben habe und nichts Näheres wisse« (so die Auskunft meiner Quelle).

Dieser Dr. Stolk, ein 1943 geborener Holländer, scheint jener »Notar« zu sein, an dessen Namen sich mein pakistanischer Gesprächspartner nur noch ungenau erinnern konnte. Er verwaltete nach Informationen meines holländischen Informanten die Gelder Pakistans für die Beschaffung von Technologie für Kahuta; von den Konten in Zürich seien zum Beispiel auch die Rechnungen von Heinz Mebus bezahlt worden.

Slebos übrigens ist ungeachtet seiner Verurteilung in den Niederlanden nach wie vor sehr aktiv. Er reist regelmäßig nach Islamabad, um neue Geschäfte abzusprechen.

Ende 1986 wurde Abdul Quader Khan in Pakistan zum »Mann des Jahres« gekürt; zu seinen Ehren wurde sogar eine Zeitschrift herausgegeben. Auf deren Titelbild ist neben seinem Kopf eine explodierende Bombe abgebildet — ein Zugeständnis an den »Vater der islamischen Atombombe«? In der Broschüre kommen rund ein Dutzend »Fachleute« zu Wort, um seine wissenschaftlichen Leistungen zu würdigen. Natürlich standen da auch die engsten Freunde aus Europa für so manches Lob zur Verfügung: Henk Slebos, Peter Griffin und Abdul Waheed.

Im Februar 1987 machte dann in der britischen Presse die Nachricht Schlagzeilen, Khan habe einem Journalisten gegenüber die nukleare Potenz seines Landes bestätigt. Das

Dementi kam prompt. Immerhin stand die milliardendollarschwere amerikanische Militärhilfe auf dem Spiel.
Er könne dieses Interview gar nicht gegeben haben, wie der Journalist behaupte, schrieb Khan einem Bekannten in Übersee, denn er sei an jenem Tag zu einem Dinner eingeladen gewesen, »das mindestens zwanzig Offiziere für Heinz Mebus gaben, der gerade im Hauptquartier der Armee zu Besuch war. Auch die Generäle Syed und Sajawal Khan waren anwesend. Herr Mebus wird das bestätigen können.«

Verraten und verkauft

Mitte Januar 1987, Vaduz/Liechtenstein. Ich treffe mich mit Bodo Lummar (Name geändert). Er hat mich einige Wochen vorher über den WDR angeschrieben und mir mitgeteilt, daß er zum Thema meiner Fernsehsendung über Bombenhilfe für Pakistan einen gewichtigen zusätzlichen Beitrag leisten könne.
Was mir Lummar berichtet, klingt so unwahrscheinlich, daß ich selbst den Dokumenten, die er mir vorlegt, zunächst äußerst mißtrauisch begegne. Denn der Schweizer, der ausdrücklich kein Geld für seine Informationen verlangt, weiß eine Ganoven- und Agentenstory von allererster Güte zu erzählen. Seine Quintessenz, die sich in den Wochen danach auf vielfältige Weise bestätigt: Der deutsche Industriekonzern Leybold-Heraeus sei maßgeblich am Bau einer zweiten pakistanischen »Butterfabrik« beteiligt, seine Chefmanager Heilingbrunner, Lerch und Durnez hätten illegale Geschäfte für Khans Bombenprojekt getätigt.

بسم الله الرحمٰن الرحیم

Tel : 843397

DR. A. Q. KHAN RESEARCH LABORATORIES, KAHUTA
P.O. BOX 502, RAWALPINDI.

Date : [redacted]

2. Another important point for your consideration is the fact that on 28 Jan. I had attended a dinner, hosted by the army officers, at 7 P.M. for Heinz Mebus (who was visiting GHQ for discussions) next door. Now that Mr. Nayyar said that it was 23th of Jan., I checked. There were at least 20 people including Mr. Mebus. I joined them at 7 P.M. Mr. Mebus (0049-9131-42088) would be able to confirm it. Gen. Syed, Brig. Sajawal Khan and many other senior army officers were present. According to

With kind regards,

Yours sincerely,

(Dr. A.Q. Khan)

Mebus war hier: Zum 50. Geburtstag des Vaters der pakistanischen Atombombe, Abdul Quader Khan, wurde 1986 eine Broschüre herausgegeben, die auf dem Titelbild neben seinem Porträt eine explodierende Bombe zeigt (oben). Engen Kontakt mit Khan hält auch der deutsche Ingenieur Heinz Mebus, der für seine Dienste teilweise über die Firma OPAK in Zürich bezahlt wurde. Von seinem Haus in Erlangen orderte Mebus zum Beispiel mehrere Computer für Pakistan. Im Februar 1987 gaben mindestens zwanzig pakistanische Offiziere in Islamabad ein Essen für den Freund aus Deutschland. »Herr Mebus (0049-9131-42088)«, schrieb Khan an einen Bekannten in Übersee, »wird das bestätigen können« (Briefausriß).

Westlichen Experten war seit langem klar, daß Pakistan irgendwann einen zweiten Anlagenkomplex aufbauen würde, um Uran-235 in größerem Stil anreichern zu können. Doch dafür waren die Pläne, die Khan selbst 1975 im holländischen Almelo beschafft hatte, zu alt. Seit seiner Flucht aus den Niederlanden wurden bei Urenco mindestens vier neue Anlagentypen entwickelt. Ein Nachbau der Pilotanlage kam deshalb nicht in Frage.
Für alle streng geheimen Urenco-Projekte in Almelo, im britischen Capenhurst und in der im Mai 1986 eingeweihten Produktionseinheit in Gronau bei Münster lieferte der Kölner Industriekonzern Leybold-Heraeus wichtiges Zubehör, unter anderem Spezialpumpen und Großapparate. (Seit Oktober 1987 haben sich die Besitzverhältnisse geändert: Leybold-Heraeus heißt seitdem nur noch Leybold, der Hauptsitz des Unternehmens wurde von Köln nach Hanau verlegt.) LH, so das Kürzel, beschäftigt weltweit 5000 Mitarbeiter und hat einem Umsatz von jährlich nahezu einer Milliarde Mark — ein expandierendes Unternehmen auf dem Gebiet der Verfahrenstechnik und Elektronik. Die LH-Direktoren Dr. Otto Heilingbrunner und Gotthard Lerch ließen nach den geheimen Blaupausen und Konstruktionszeichnungen, in deren Besitz sie durch die Zusammenarbeit mit Urenco gekommen waren, Anlagen für Pakistan in der Schweiz nachbauen.
Das geht aus einer Vielzahl von Aktennotizen, Vermerken und anderen Dokumenten hervor, die 1986 von der Schweizer Bundesanwaltschaft bei Gotthard Lerch in Buchs beschlagnahmt wurden. Danach lieferten Heilingbrunner und Lerch 1982 eine spezielle Schweißmaschine im Wert von rund sechs Millionen Mark. »For better cover«, zur besseren Verschleierung, kam Heilingbrunner damals mit seinen pakistanischen Geschäftspartnern überein, die Summe

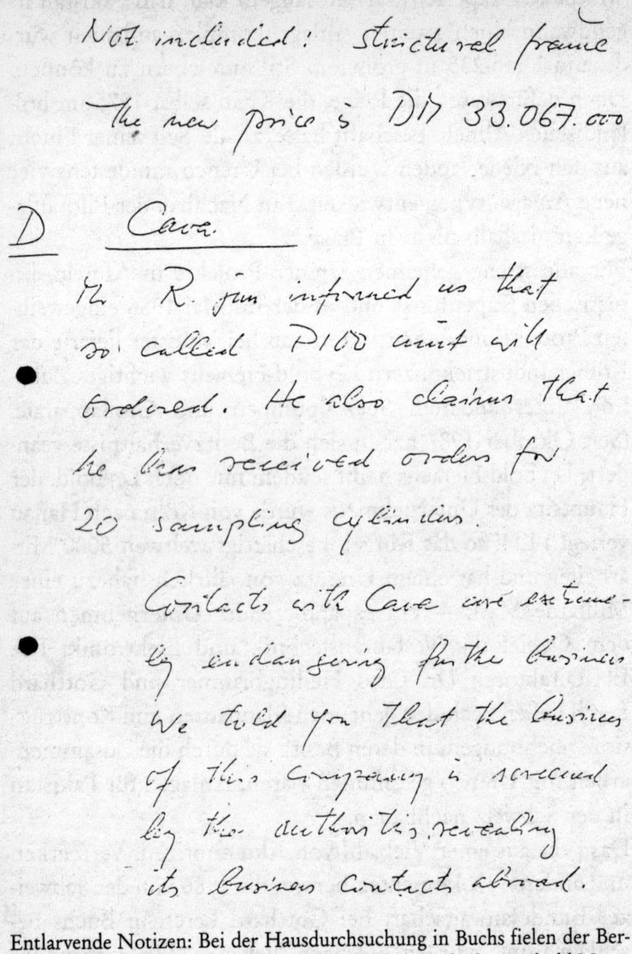

Not included: structural frame

The new price is DM 33.067.000

D Cava

Mr R. Jim informed us that
so called P100 unit will
ordered. He also claims that
he has received orders for
20 sampling cylinders.

Contacts with Cava are extreme-
ly endangering further business.
We told you that the business
of this company is screened
by the authorities, revealing
its business contacts abroad.

Entlarvende Notizen: Bei der Hausdurchsuchung in Buchs fielen der Berner Bundesanwaltschaft auch handschriftliche Briefe des Leybold-Managers Dr. Otto Heilingbrunner in die Hände (Ausriß). Er nennt seinen pakistanischen Geschäftspartnern darin einen neuen Preis von 33 Millionen Mark für eine komplette Anlage und warnt vor Kontakten mit der Firma CAVA, weil sie von den Behörden überwacht werde.

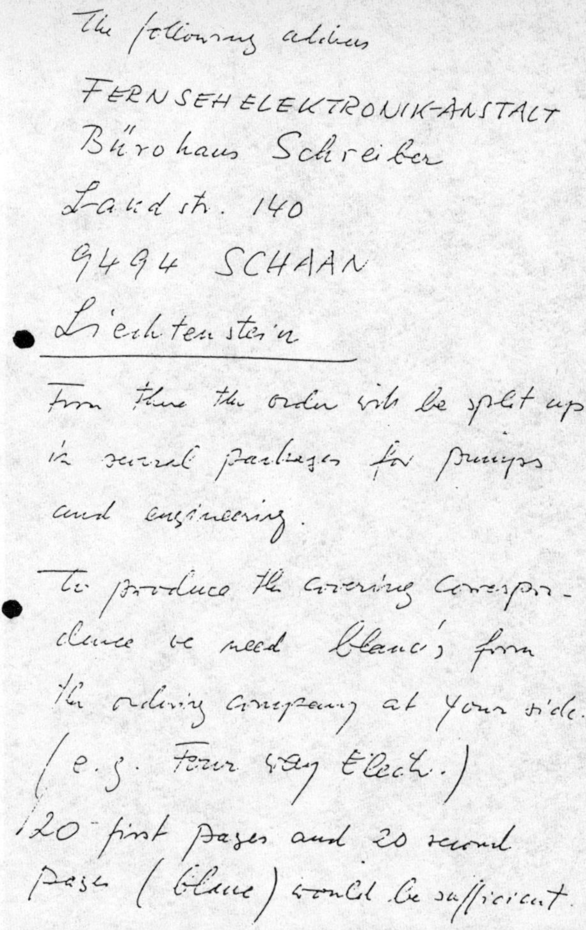

The following address
FERNSEHELEKTRONIK-ANSTALT
Bürohaus Schreiber
Landstr. 140
9494 SCHAAN
Liechtenstein

From there the order will be split up in several packages for pumps and engineering.

To produce the covering correspondence we need blancs from the ordering company at your side. (e.g. Four Way Electr.)
20 first pages and 20 second pages (blanc) would be sufficient.

Briefpapier geordert: Nach Heilingbrunners Anweisungen sollte die Bezahlung über Leybold in Brüssel und über die Fernsehelektronik-Anstalt in Schaan/Liechtenstein erfolgen. Um die Bestellungen besser vertuschen zu können, bat der Leybold-Manager seine pakistanischen Freunde in diesem Briefentwurf (Ausriß) um Blankogeschäftspapier (»20 erste Seiten und 20 zweite Seiten dürften ausreichen«).

Tagebuch gefunden: Otto Heilingbrunner erhielt am 27. April 1987 Besuch von der Zollfahndung. Bei der Hausdurchsuchung fand man auch persönliche Aufzeichnungen über seine Besuche in Pakistan. (Foto: *stern*)

aufzuteilen: 2,2 Millionen sollten an Leybold-Heraeus in Belgien und den dortigen LH-Manager Günter Durnez, der Rest an eine Briefkastenfirma in Liechtenstein gezahlt werden. »Um Briefe abfassen zu können, mit denen sich die Transaktionen vertuschen lassen, brauchen wir Blanko-Papier der bestellenden Firma von Ihrer Seite«, schrieb Heilingbrunner, so wie das bereits zwischen LH-Belgien und Ben Bilailah geschehen sei; Ben Bilailah Enterprises Ltd. in Dubai ist eine bekannte Deckadresse für das pakistanische Bombenprojekt. Eine Rückfrage bei einem Kontaktmann in London ergibt, daß sich hinter der Firma der Brite Peter Griffin verbergen soll.

Weiterhin bestätigte Heilingbrunner seinem Kunden, vermutlich Abdul Quader Khan selbst, daß ein Angebot für Spezialpumpen am 24. April 1982 »an Ihre Botschaft« abgeschickt wurde. Außerdem kündigte er seinen nächsten »Routinebesuch für Ende August oder Anfang September« in Pakistan an, »zusammen mit unserem Fachmann für die technische Ausbildung«.

In den Unterlagen des LH-Direktors ist auch von einer P2-Anlage im Gesamtpreis von mehr als 33 Millionen Mark die Rede: Dabei ging es wahrscheinlich um den Auftrag, alle wesentlichen Anlagen für Pakistans neue Bombenfabrik zu liefern — mit Ausnahme der Gaszentrifugen, die Khans Mannschaft selbst herstellt.

Nennen wir ihn Kotari!

Ende Juni 1983 tauchten Heilingbrunner und Lerch erstmals bei den Metallwerken in Buchs auf, erinnert sich Bodo Lummar. Die Fabrik im Besitz der Vaduzer Treuhandgesell-

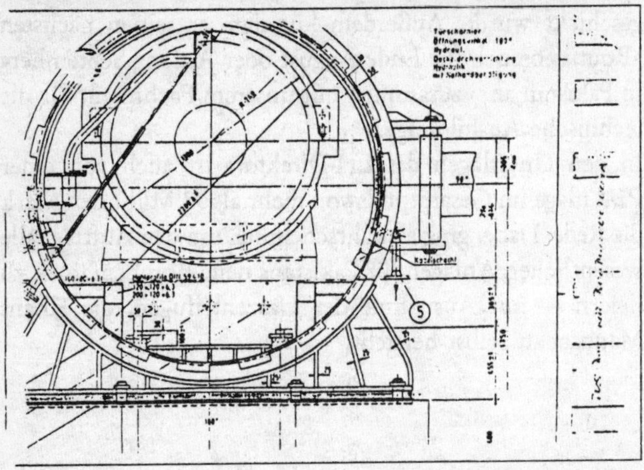

Blaupausen geklaut: Nach Konstruktionszeichnungen des europäischen Atomkonsortiums Urenco ließen die Leybold-Manager Zubehör für eine neue »Butterfabrik« Abdul Quader Khans in der Schweiz produzieren, darunter Stahlbehälter des Typs 48″-X. In ihnen wird das Uranhexafluorid für die Anreicherung in den Gaszentrifugen vorbereitet, wie oben bei der Urenco im holländischen Almelo. (Foto: Uranit)

schaft Präsidial-Anstalt sei damals vom Konkurs bedroht gewesen, so daß eine »schnelle Einigung mit der Geschäftsleitung kein Problem war«. Nach den Konstruktionsplänen sollte das Unternehmen Stahlbehälter (Typ 48″-X), Autoklaven, Vakuumpumpen, sogenannte Desublimatoren (Typ CB-AD-1), Spezialrohre und Schalttafeln herstellen. Es wurde ein Kaufpreis von zwei Millionen Schweizer Franken vereinbart, die Anzahlung, man solle sich darüber nicht wundern, komme aus London, Hongkong oder den Vereinigten Arabischen Emiraten am Persischen Golf, teilten Heilingbrunner und Lerch mit.

Doch bevor in Buchs die erste Schweißnaht gesetzt werden konnte, gab es eine unerwartete Wendung: Am 23. Januar 1984 schreckte ein Brief die Metallwerke auf. Absender: Uranit in Jülich bei Köln, der deutsche Urenco-Teilhaber. Man sei »zufällig darauf gestoßen«, heißt es in dem Schreiben, »daß sich technische Unterlagen, die von uns für unsere Anlage in Deutschland erstellt worden sind, im Besitz der Metallwerke Buchs befinden und dort verwendet werden«. Die Identität der Blaupausen mit den eigenen Unterlagen lag für Uranit klar auf der Hand: Die Jülicher hatten unter anderem ein Datenblatt zugespielt bekommen, in dem ein falscher Prüfdruck angegeben war, so wie er bis Anfang 1983 auch im Urenco-Original gestanden hatte, danach aber korrigiert worden war (vgl. Seite 268 f.). Helmut Eder, Geschäftsführer der Präsidial-Anstalt, rief gleich nach Eingang der unangenehmen Post bei Leybold-Heraeus in Köln an, um sich mit seinen Auftraggebern für einen der nächsten Tage am Züricher Flughafen zu verabreden. Dann ließ er sämtliche Zeichnungen einsammeln, schaffte sie eigenhändig aus der Schweiz nach Liechtenstein und damit in Sicherheit, und verdonnerte die verdutzten Techniker und Ingenieure der Metallwerke zu absolutem Stillschweigen.

Die größte Sorge aller Beteiligten: Was erzählen wir Uranit?
Heilingbrunner und Lerch treffen am 27. Januar 1984, gegen 14.15 Uhr, mit Flug LH 222 aus Frankfurt in Zürich-Kloten ein. In einem angemieteten Konferenzzimmer in der internationalen Abflughalle händigt Helmut Eder den Deutschen die geheimen Blaupausen aus. Heilingbrunner hat sich schon auf dem Flug von Frankfurt eine Lösung ausgedacht, um Uranit in die Irre zu führen: »Wir müssen jemanden erfinden!« Er kramt sofort Papier heraus und beginnt, handschriftlich einen Brief zu entwerfen: Zürich, den 28. September 1983, an die Metallwerke Buchs.
»Dear Sir, ich bin Teilhaber eines Ingenieurbüros, das sich mit High-Tech-Projekten im Mittleren Osten beschäftigt. Vielleicht können wir bei der Herstellung des als Zeichnung beigefügten Tanks ins Geschäft kommen. Die Sache ist selbstverständlich höchst vertraulich.« Wie aber sollte der erfundene Geschäftsmann heißen, der diesen Brief vor drei Monaten geschrieben hatte? Heilingbrunner: »Nennen wir ihn Kotari!«
Helmut Eder verspricht, in Buchs sofort eine entsprechende Akte anlegen zu lassen, falls Schweizer Behörden einmal ihre Nase in die Angelegenheit stecken sollten. Dann besorgt er sich, ganz konspirativ, aus dem Züricher Hotel »Hilton« Briefpapier, um das getürkte Schreiben glaubwürdiger erscheinen zu lassen, diktiert den Entwurf in Buchs einer Sekretärin (inklusive absichtlich eingebauter orthographischer Fehler) und läßt die Schreibmaschine hinterher — sicher ist sicher — aus dem Verkehr ziehen. Schließlich unterschreibt er den Brief: »Very truly yours, Dr. M. Kotari«.
Tatsächlich schluckte Uranit die Erklärung aus Vaduz. Eine Anzeige gegen Unbekannt wegen Diebstahls geistigen Ei-

gentums wurde von der Staatsanwaltschaft in Aachen schon nach einigen Monaten zu den Akten gelegt: Ein Täter namens Kotari war, was Wunder, nicht zu ermitteln.

Ein Jahr lang ließ Leybold-Heraeus Gras über die Sache wachsen. Doch Pakistan drängte wahrscheinlich auf Lieferung. Im Frühjahr 1985 wurden Heilingbrunner und Lerch wieder aktiv. Die Präsidial-Anstalt verlegte die ihr gehörende Firma Apparate, Verfahren und Engineering (AVE) von Winterthur in die Rheinstraße 14 c nach Buchs, Helmut Eder und Gotthard Lerch übernahmen dort das Ruder und ließen die geheimen Baupläne wieder in die Schweiz schaffen. Lerch zog in die Nähe nach Grabs, Reiherweg 4, erhielt nicht nur — ungewöhnlich genug — eine unbefristete Arbeitsbewilligung von den Eidgenossen, sondern auch einen Bauplatz (Grabs, Kreuzbergstraße, Parzelle 1148).

Gleichwohl schied Gotthard Lerch nicht etwa bei Leybold-Heraeus aus. Im Gegenteil: Der Konzern bestätigte im Dezember 1985 laut Handelsregister seine Prokura für »die Hauptniederlassung in Köln sowie die Zweigniederlassungen in Berlin und Hanau«. Lerch wurde gewissermaßen ein Schweizer Repräsentant von Leybold-Heraeus — mit besonderen Aufgaben. Erst Monate später gab er seinen Job bei LH offiziell auf.

Bei den Metallwerken, vis-à-vis von Lerchs Büro, begannen die Ingenieure im Sommer 1985 mit dem Bau der Anlagen. Um die Geheimhaltung zu gewährleisten, wurden Hausausweise eingeführt, Besucher mußten sich vorher schriftlich anmelden. Zur Abklärung von Detailfragen hinterließ Gotthard Lerch den Technikern eine Reihe von Telefonnummern in Hanau (34 14 07, 34 18 16, 34 16 64), Nebenstellen der Firma Leybold-Heraeus.

Doch Ende 1985 gab es erneut Komplikationen: Am 19.

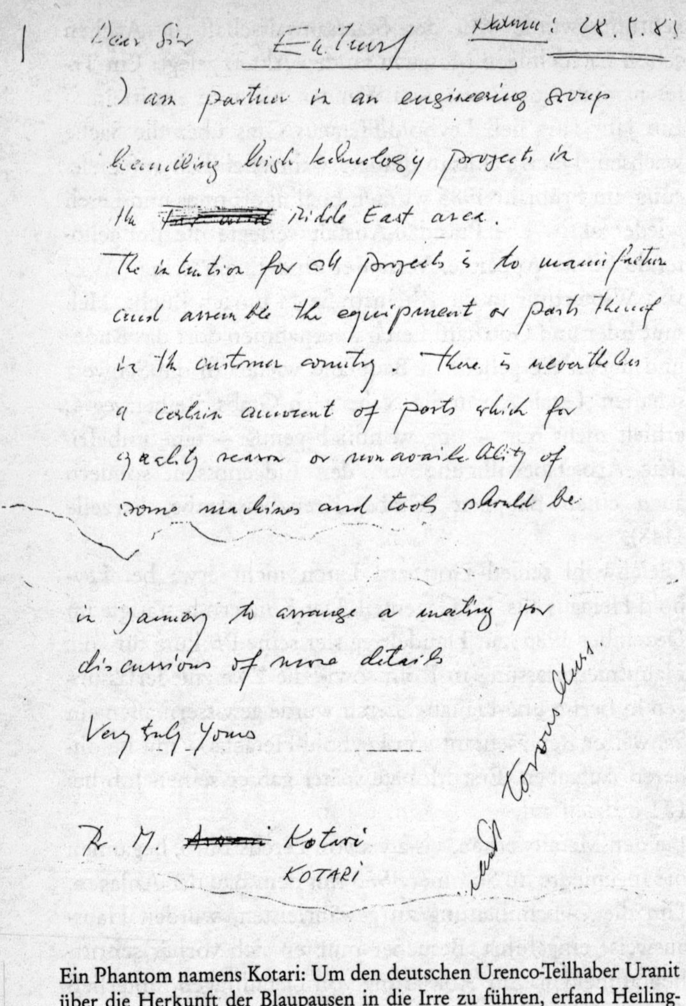
Dear Sir Entwurf Datum: 28.5.83

I am partner in an engineering group
handling high technology projects in
the Middle East area.
The intention for all projects is to manufacture
and assemble the equipment or parts thereof
in the customer country. There is nevertheless
a certain amount of parts which for
quality reason or unavailability of
some machines and tools should be

in January to arrange a meeting for
discussions of more details
Very truly Yours

Dr. M. Kotari
KOTARI

Ein Phantom namens Kotari: Um den deutschen Urenco-Teilhaber Uranit über die Herkunft der Blaupausen in die Irre zu führen, erfand Heilingbrunner einen Geschäftsmann aus dem Mittleren Osten. In einem handschriftlich aufgesetzten Schreiben (Ausriß), das danach auf Briefpapier des Züricher Hotels »Hilton« getippt wurde, ließ er zum Schein einen gewissen Dr. M. Kotari bei den Metallwerken in Buchs ein Angebot für einen Stahlbehälter aufgrund der »beigefügten Zeichnung« einholen.

Dezember revidierte der eidgenössische Nationalrat in Bern das Schweizer Atomgesetz. »Im Interesse unserer Glaubwürdigkeit«, so begründete einer der Bundesräte den Antrag, »dürfen wir nicht länger das multilateral vereinbarte Niveau unterschreiten.« Lerch muß die Bedeutung dieser Gesetzesänderung zum 1. Januar 1986 sehr schnell erkannt haben: Jede Lieferung aus der Schweiz nach Islamabad wäre fortan illegal gewesen.

In Buchs begann die große Hektik. Kurz vor Weihnachten wurden bei den Metallwerken noch Sonderschichten gefahren, die fertiggestellten Autoklaven und Großapparate für den Versand vorbereitet und auch die halbfertigen Geräte schnellstens verpackt. Ein Teil der »heißen Ware« ging Anfang Januar 1986 auf die Reise, erst nach Basel, dann nach Lyon, von dort zu drei verschiedenen französischen Flughäfen, dann an bekannte Tarnadressen für das pakistanische Bombenprojekt in Dubai und Kuwait, schließlich nach Pakistan. Drei Autoklaven indes, die Lerch in den Frachtdokumenten aus Gründen der Tarnung als »Druckbehälter aus Stahl« bezeichnet hatte, nahm der Schweizer Zoll unter Beschlag. Tage später konfiszierte die Berner Bundesanwaltschaft bei den Metallwerken und im Büro von Gotthard Lerch die Blaupausen und leitete ein Ermittlungsverfahren gegen die Verantwortlichen, darunter den Chef der Präsidial-Anstalt in Vaduz, Dr. Peter Ritter, ein (vgl. Seite 24).

Über diplomatische Kanäle erkundigte sich das Bundesamt für Energiewirtschaft beim Bonner Forschungsministerium, ob man nach den Plänen tatsächlich eine Urananreicherungsanlage bauen könne. Dessen Rückfrage bei Uranit brachte umgehend Gewißheit: Der »prinzipielle Aufbau« der geplanten pakistanischen Atomfabrik entspreche dem »der Almelo- und Gronau-Anlagen«, heißt es in den kommentierenden Bemerkungen der Uranit-Experten, und ei-

uranit

GRUNAU (UAG)

AUSLEGUNGSBLATT TANK / BEHÄLTER

[illegible]	02.02.83 Wö	INA-IDENT-NR	19.03110.•
[illegible]	28.07.81 D4	Benennung: Misch-Autoklav	BLATT 1

1	[illegible]	HUM	
2	[illegible]		
3	DESIGNATION / BEZEICHNUNG	Behälter einschl. Bajonettverschluß	
4	[illegible]	A1 dieser Spezifikation Punkt 3.1	
	DESIGN DATA / AUSLEGUNGSDATEN		
5	MAX. OPERATING PRESSURE / HÖCHSTZUL. BETRIEBSDRUCK	12	[bar]
6	MAX. OPERATING TEMPERATURE / HÖCHSTZUL. BETRIEBSTEMPERATUR	120	[°C]
7	MEDIUM / MEDIUM	Luft	
8	VOLUME / INHALT	20	[m³]
9	TEST PRESSURE / PRÜFDRUCK	15,6 bzw. Vakuum	[bar]
✓	TEST TEMPERATURE / PRÜFTEMPERATUR	Raumtemperatur	[°C]
11	TEST MEDIUM / PRÜFMEDIUM	Wasser	
12	LEAK RATE / LECKRATE	1 *)	[mbar·l/s]
13	VACUUM / VAKUUM	YES / JA → TEMP Raumtemperatur	[°C]
14	OPERATING TIME / BETRIEBSZEIT	8.760 h/a	[h]
	OPERATING DATA AND CONSTRUCTIONAL DETAILS / BETRIEBSDATEN UND KONSTRUKTIONSMERKMALE		
15	TYPE / BAUART	zylindrischer Druckbehälter	
16	ARRANGEMENT / ANORDNUNG	HOR./VERT./SUSPENDED / LIEGEND/STEHEND/HÄNGEND: liegend	
17	OPERATING PRESSURE / BETRIEBSDRUCK	1,35	[bar]
18	OPERATING TEMPERATURE / BETRIEBSTEMPERATUR	110	[°C]
19	DIMENSIONS / ABMESSUNGEN	2.200 Ø x 5.600	[mm]
20	LENGTH HEIGHT / LÄNGE HÖHE	ca. 5.600	[mm]
21	DIAMETER / DURCHMESSER	2.200	[mm]
22	TYPE OF HEAD / BODENFORM	Klöpperboden/Bajonettverschluß	
23	INSULATION / ISOLIERUNG	ca. 100 mm (siehe Bemerkung 42)	[mm]
24	SHIELDING / ABSCHIRMUNG	-	[mm]
25	CORROSION ALLOWANCE / KORROSIONSZUSCHLAG	-	[mm]
26	WEIGHT (EMPTY) / GEWICHT (LEER)	ca. 10.000	[kg]
27	SURFACE PAINT / OBERFLÄCHENANSTRICH	temperaturfester Korrosionsschutzanstrich	
28			
29		*) Zu Pos. 12	
30		Druckanstiegsmessung	
31		Doppeldichtung der Tür	
32		Standzeit: 30 min	
33		Prüfdruck: 1×10^{-2} mbar	
34			
35			

Verräterische Fehler: Das originale Auslegungsblatt des deutschen Urenco-Teilhabers Uranit in Jülich wies unter vielen Spezifikationen für den Bau eines Mischautoklaven einen falschen Prüfdruck von 15,6 bar auf, den die Uranit-Techniker Anfang 1983 entdeckten und sofort korrigierten …

DATA SHEET
AUSLEGUNGSBLATT

PROJ
SPEC SPEZ.
NO
SHEET BLATT — OF VON

VESSEL, TANK / BEHÄLTER

1	CORRESPONDING SYSTEM / ZUGEH. SYSTEM		
2	POS NO / POS NR	B1A / B1B / B1C	
3	DESIGNATION / BEZEICHNUNG	autoclave	
4	CLASSIFICATION GRADE / ANFORDERUNGSSTUFE		
	DESIGN DATA / AUSLEGUNGSDATEN		
5	MAX OPERATING PRESSURE / ZUL. BETRIEBSDRUCK	12	[bar]
6	MAX. OPERATING TEMPERATURE / ZUL. BETRIEBSTEMPERATUR	120 / RT	°C
7	MEDIUM / MEDIUM	air	
8	VOLUME / INHALT	appr. 20	[m³]
9	TEST PRESSURE / PRÜFDRUCK	15,6 / vac	[bar]
10	TEST TEMPERATURE / PRÜFTEMPERATUR	RT	°C
11	TEST MEDIUM / PRÜFMEDIUM	water	
12	LEAK RATE / LECKRATE	*	[mbar · l/s]
13	VACUUM / VAKUUM	YES/NO TEMP / JA/NEIN TEMP	°C
14	OPERATING TIME / BETRIEBSZEIT per anno	8760	[h]
	OPERATING DATA AND CONSTRUCTIONAL DETAILS / BETRIEBSDATEN UND KONSTRUKTIONSMERKMALE		
15	TYPE / BAUART	Cylinder vessel	
16	ARRANGEMENT / ANORDNUNG	HOR./VER./SUSPENDED / LIEGEND/STEHEND/HÄNGEND horizontal	
17	OPERATING PRESSURE / BETRIEBSDRUCK	1,35	[bar]
18	OPERATING TEMPERATURE / BETRIEBSTEMPERATUR	110	°C
19	DIMENSIONS / ABMESSUNGEN	see drawing	[mm]
20	LENGTH/HEIGHT / LÄNGE/HÖHE	see drawing	[mm]
21	DIAMETER / DURCHMESSER	see drawing	[mm]
22	TYPE OF HEAD / BODENFORM	dished head	
23	INSULATION / ISOLIERUNG	100 mm mineral wool and galvanized steel jacket	[mm]
24	SHIELDING / ABSCHIRMUNG		[mm]
25	CORROSION ALLOWANCE / KORROSIONSZUSCHLAG	temperature resistant painting	[mm]
26	WEIGHT (EMPTY) / GEWICHT (LEER)	appr. 10.000	[kg]
27	SURFACE/PAINT / OBERFLÄCHE/ANSTRICH		
28		* pressure increase measurment	
29		double sealing of the door	
30		measuring time 30 min.	
31		test pressure 1×10^{-2} mbar	
32			
33			
34			
35			

... Für die Leybold-Manager Heilingbrunner, Lerch und Durnez kam die Korrektur jedoch zu spät. Sie hatten sich die Zeichnungen und Datenblätter von Uranit schon vorher beschafft. Die in Buchs beschlagnahmte Unterlage für den Mischautoklaven mit der Phantasiebezeichnung GB war eine exakte englische Übersetzung des Uranit-Originals. Sie wies allerdings auch den falschen Prüfdruck auf.

Ruder übernommen: Leybold-Manager Gotthard Lerch sorgte für die Abwicklung des Deals in Buchs. (Foto: *stern*)

nige Formblätter seien wörtlich »identisch mit denen, die Leybold-Heraeus Hanau« von Uranit für den Bau des eigenen Betriebs erhalten habe. Beim Vergleich der Blaupausen fiel den Jülichern aber auch auf, daß Khans Bombenteam nicht nur die Unterlagen mehrerer Anlagengenerationen kombiniert, sondern offenbar das Design, eigenen Bedürfnissen entsprechend, verändert hatte. Manches stuften sie als »seltsam«, »nicht bekannt« und »fremd« ein. Die »Verschaltung« der »einzelnen Spezialbehälter, Autoklaven, Heizanlagen, Rohre und Geräte gar sei rätselhaft« und lasse auf ein Verfahren »zum Zwecke der Hochanreicherung« von Uran schließen. Mit anderen Worten: zum Zwecke des Bombenbaus.

Ende Dezember 1985. Während in Buchs die Anlagenteile für Khans neue »Butterfabrik« verpackt werden, bin ich in Zürich mit einem Informanten verabredet. Er deutet mir an, worüber ich erst ein Jahr später durch die Hinweise von Bodo Lummar Klarheit erlangen werde: Leybold-Heraeus wickele über die Schweiz eine (so wörtlich) »Riesenschweinerei« mit Pakistan ab. Genaueres wollte er mir dann aber doch nicht sagen. »Aber sie können ja LH mal ansprechen«, rät er mir zum Abschluß unseres Gespräches.

Am 2. Januar 1986 werde ich fernschriftlich bei Leybold-Heraeus vorstellig, suche um einen Gesprächstermin nach. Zunächst stellt mir die Pressestelle ein Treffen mit dem Vorstandsvorsitzenden, Dr. Alfred Hauff, in Aussicht, sagt dann aber wieder ab: »Der Termin ... bei Herrn Dr. Hauff kann so nicht wahrgenommen werden.« Und am 3. Februar – da hatte der Schweizer Zoll gerade einen Teil der Anlagen aus Buchs beschlagnahmt – telexte die Pressestelle: »Wir haben beschlossen, zu diesem Fragenkomplex keine weiteren Statements abzugeben.«

Das Auswärtige Amt war schon sehr bald nach den ersten Informationen aus Bern, Mitte Februar 1986, zu der Einschätzung gelangt, daß allein die Verwendung der Uranit-Pläne in der Schweiz eine schwerwiegende Verletzung der Ausfuhrbestimmungen, wenn nicht Geheimnisverrat darstelle. Jedenfalls werde durch die Vorgänge »dem internationalen Ansehen der Bundesrepublik schwerer Schaden« zugefügt. Diplomatische Verwicklungen seien vor allem mit den anderen Urenco-Partnern Holland und Großbritannien zu befürchten.

»Das gibt schlimmeren Krach als nach der Spionageaffäre mit Abdul Quader Khan 1975 in Almelo«, sagt mir ein Ex-

perte aus dem Bonner Außenministerium, »denn hier hat offenbar ein renommierter deutscher Industriekonzern jahrelang als eine Art Frontorganisation für das pakistanische Bombenprojekt gedient.«
Doch erst Anfang Februar 1987, nachdem die Zollfahndung von meinem Gespräch mit Bodo Lummar Kenntnis erhalten hatte, rangen sich die zuständigen Bonner Ministerien dazu durch, ein Verfahren nach dem Außenwirtschaftsgesetz einzuleiten. In der Antwort der Bundesregierung auf eine kleine Anfrage der Grünen, wann die Regierung erstmals von dem Atomschmuggel nach Pakistan erfahren habe, stellte der parlamentarische Staatssekretär im Bundeswirtschaftsministerium, Dr. Erich Riedl, den Sachverhalt einige Monate später reichlich wirr dar: »Die Bundesregierung geht seit 1983 Hinweisen über angebliche illegale Ausfuhren von Komponenten für Atomanlagen durch deutsche Firmen nach Pakistan nach. Dabei ist festgestellt worden, daß deutsche Unternehmen zwischen 1981 und 1983 in Einzelfällen Geräte, die für die Urananreicherungstechnik von Bedeutung sind, ohne Genehmigung in Staaten des westlichen Auslands exportiert haben. Anhaltspunkte für eine Weiterleitung nach Pakistan ergaben sich nicht. Seit 1986 wird gegen eine Firma ermittelt wegen des Verdachts der ungenehmigten Lieferung von Konstruktionszeichnungen für den Bau von Urananreicherungsanlagen über die Schweiz nach Pakistan.«
Am 27. April 1987, Punkt 10.30 Uhr, schlug die Kölner Staatsanwaltschaft zu: In der Kölner Zentrale, im Zweigwerk in Hanau und in der Bensberger Privatwohnung von Dr. Otto Heilingbrunner wiesen die Fahndungsbeamten ihre Durchsuchungsbeschlüsse vor. Als die mehr als zwanzig Ermittler spätnachmittags wieder abrückten, nahmen sie Berge von Aktenmaterial, Korrespondenz und Bankaus-

zügen mit. Tags darauf bestätigte LH Durchsuchungen und Vernehmungen: »Angeschuldigt werden zwei Mitarbeiter.«
Mit der Stellungnahme seines Vorstandsvorsitzenden Dr. Alfred Hauff wollte das Unternehmen offensichtlich deutlich machen, daß lediglich Heilingbrunner und der zwischenzeitlich ausgeschiedene LH-Manager Gotthard Lerch im Verdacht stünden, die geheimen Blaupausen von Uranit an Pakistan verraten und Anlagen in der Schweiz in Auftrag gegeben zu haben.
Dagegen sprechen Notizen und Schriftstücke, die der Schweizer Bundesanwaltschaft im Zuge ihrer Ermittlungen Anfang 1986 in die Hände fielen: Danach war stets auch Günter Durnez, Direktor der Leybold-Niederlassung in Belgien, mit von der Partie. Über ihn wurden — das besagen die beschlagnahmten Unterlagen — nicht nur einige Millionenbeträge aus Pakistan »gewaschen«, er verfaßte zusammen mit Lerch und Heilingbrunner auch die fingierten Schreiben an Tarnfirmen in Dubai am Persischen Golf — den eidgenössischen Ermittlern fielen in Lerchs Büro in Buchs diverse Blankobriefbögen und -umschläge in die Hände.
Gegen die These der alleinigen Verantwortung von Heilingbrunner und Lerch spricht aber vor allem, daß es bei den illegalen Geschäften um erhebliche Provisionen ging, die sich Durnez, Lerch und Heilingbrunner gegenseitig zuschusterten. Wozu aber Provisionen, wenn die Herren den gesamten Atomdeal ohnehin auf eigene Rechnung abwickelten? In den handschriftlichen Unterlagen von Heilingbrunner ist überdies bei einer der vielen Transaktionen auch von einer »Sondervereinbarung GF Dr. Hauff« die Rede, Wert: 100 000 Mark. War der Leybold-Boß also ebenfalls an den krummen Geschäften beteiligt?

Aus drei der in Buchs sichergestellten Aktenordner, die mit »Kerntechnik Urananreicherung«, »Urananreicherung 2«, »Wiederaufarbeitung« bezeichnet waren, wird außerdem deutlich, daß Leybold-Heraeus seit fast zehn Jahren direkt oder indirekt in die Bombengeschäfte mit Pakistan verwickelt ist: Im Juni 1978 – so hatten Schweizer Zeitungen schon vor einigen Jahren berichtet – flogen drei dickbauchige Herkules-Transportflugzeuge der pakistanischen Luftwaffe, vollgestopft mit Inventar für Khans Pilotanlage, unter den Augen der Schweizer Regierung nach Islamabad. Die Großapparate für die Urananreicherung sollen von dem eidgenössischen Unternehmen Vakuum Apparate Technik (VAT) in unmittelbarer Nachbarschaft zu den Metallwerken Buchs hergestellt worden sein – im Auftrag von Leybold-Heraeus.
Ebenfalls 1978 gründete der Ingenieur Werner Rüegg, Mitarbeiter bei LH in Hanau, die Industrie-Anlagen-Vertriebsgesellschaft mbH (IAVG) in Bayerisch Gmain, darüber hinaus 1980 zusammen mit seinem Sohn Bernd – die Chemische-Anlagen-Vertriebsgesellschaft mbH (CAVA) in München. Die IAVG bestellte Anfang 1979 elektrische Konverter im Wert von 360000 Mark das Stück für Pakistans Bombenprojekt bei AEG, allerdings über einen südafrikanischen Mittelsmann bei der AEG-Telefunken (Pty) Ltd in Johannesburg. Die AEG-Tochter am Kap nahm offensichtlich keinen Anstoß an der Order, obwohl die technischen Details – so stellten jetzt die Uranit-Experten anhand der in Buchs vorgefundenen Dokumente fest – eindeutig auf verbotenes Zubehör für die Urananreicherung hinweisen. Otto Heilingbrunner warnte seine Partner in Pakistan später vor Rüegg-Junior und CAVA: Kontakte mit ihnen »gefährden im höchsten Maße zukünftige Geschäfte«, weil sie »von den Behörden überwacht werden«.

Bei Uranit ist man sich darüber im klaren, daß die »Leute von Leybold nicht erst seit ein paar Jahren Blaupausen weitergegeben haben, und sicherlich auch nicht nur solche, die sie aufgrund der Geschäftskontakte mit unserer Firma besaßen. Da muß es«, fürchtet man, »noch andere undichte Stellen geben.«
Nicht nur deshalb bereitet die »Leybold-Affäre« im Bonner Wirtschaftsministerium und im Auswärtigen Amt erhebliches Kopfzerbrechen. Einerseits wird hinter vorgehaltener Hand darauf hingewiesen, daß durch den Atomschmuggel außenpolitisch sehr viel Porzellan zerschlagen worden sei. Andererseits: »Vergessen Sie nicht, daß Pakistan ein befreundetes Land und nach Regierungsmeinung ein Bollwerk gegen den Sowjetimperialismus in dieser Region ist«, sagt man mir im Auswärtigen Amt — inoffiziell selbstverständlich.
Der amerikanische Senat übrigens ließ sich ebenfalls von der geopolitischen Situation beeindrucken: Er fror die Militärhilfe an Pakistan zwar im Herbst 1987 ein, beschloß dann aber einen Kompromiß, der sinngemäß lautet: Solange Indien nicht verbindlich erklärt, keine Bombenpläne zu schmieden, dürfe man eine solche Zusage auch nicht von Pakistan erwarten. Senator John Glenn: »Eine politische Katastrophe!« Bonns Diplomaten hatten schon nach der Migule-Affäre vor einigen Jahren die Parole ausgegeben: »Niedrig hängen!« (Vgl. Seite 249 f.)
Das ist Wasser auf die Mühlen der Befürworter des uneingeschränkten Außenhandels in den bundesdeutschen Finanzbehörden. Hinter den Kulissen wird mit allen Tricks der Versuch unternommen, es nicht zu einem großen Prozeß gegen Leybold-Heraeus kommen zu lassen. Hintergrund: Der Betrogene und der Betrüger haben eine gemeinsame Mutter. Sowohl Leybold-Heraeus als auch Uranit ge-

hören letztendlich zum Frankfurter Degussa-Konzern, an dem wiederum der Staat erheblich beteiligt ist. Es könnte deshalb so kommen, wie mir ein Beamter des Auswärtigen Amtes schon zu Beginn der Affäre prophezeite: »Valium für die Ermittler und damit sanft einschlafen lassen.«

Heiße Ware im Kofferraum

Vieles deutet darauf hin, daß LH-Manager Günter Durnez auch in andere merkwürdige Geschäfte verwickelt ist. Es geht um Pläne über das Herzstück der Urenco-Atomanlagen, die Zentrifugen, und Schweizer Geldgeber, die an dem Deal beteiligt waren, behaupten, es sei dabei von Libyen als Abnehmer die Rede gewesen.
Im Frühjahr 1984 ließ der 1942 in Berlin geborene Durnez von einem Mittelsmann Blaupausen für eine Gaszentrifuge als Sicherheit für einen Geschäftskredit in Höhe von 600 000 Mark bei einem Notar in Zürich hinterlegen. Erläuterungen über das Projekt schickte er auf LH-Firmenpapier in die Schweiz und führte dann einem der Geldgeber im Keller der Veedol-Tankstelle in Elsdorf, keine zwanzig Kilometer von Uranit in Jülich entfernt, eine offensichtlich funktionierende Zentrifuge vor, die etwa fünfzig bis sechzig Zentimeter lang war und etwa zehn Zentimeter Durchmesser hatte. Es könnte sich nach der Beschreibung um ein »altes Modell« einer Uranschleuder handeln (so Uranit), eventuell aber auch um ein Gerät, das für die Produktion von biologischen und chemischen Waffen verwendet wird (so britische Experten). Die dritte Alternative ist die wahrscheinlichste: Es handelte sich um ein Modell, das ausschließlich zu dem Zweck angefertigt wurde, die Geldgeber

in der Schweiz erst zu blenden — und dann hinters Licht zu führen. Als die eidgenössische Regierung davon erfuhr, daß mit dem Kredit womöglich eine »Energieanlage« gebaut und dann Libyen zum Kauf angeboten werden solle (so die Behauptung von Durnez), setzte sie umgehend die Behörden in Bonn und Brüssel in Kenntnis, aber ohne jede Resonanz. »Überall hatte Leybold einen guten Leumund«, beschwerte sich mein Gesprächspartner in Bern. Dabei seien doch »für Gaddafi auch nostalgische Zentrifugen von erheblichem Interesse, wenn sie funktionieren«.

Freilich neigt man auch in der Schweiz zu der Vermutung, daß alles nur ein geschicktes Betrugsmanöver war. Die drei Finanziers haben bis heute von Durnez angeblich keinen Pfennig wiedergesehen. Es bleibt allerdings nicht nur die Frage, wie er in den Besitz der offensichtlich echten Blaupausen gekommen ist, sondern auch, warum er auf Firmenpapier von Leybold-Heraeus gewissermaßen einen Privatkredit beantragen konnte, ohne hinterher Konsequenzen seines Arbeitgebers befürchten zu müssen. Weshalb deckte man in der Kölner Zentrale auch diesen Deal?

Im Mai 1985 nämlich informierte der Züricher Anwalt, der die Pläne im Banksafe liegen hat und nun im Auftrag der Geldgeber den Kredit zurückfordert, Aufsichtsrat und Vorstand von Leybold-Heraeus umfassend über die Aktivitäten von Günter Durnez. Die barsche Antwort: »Ein Anspruch ... gegen LH ist aus dem Sachverhalt ... nicht erkennbar. Sofern Sie uns keine Tatsachen mitteilen, insbesondere nicht weitere Dokumente vorlegen, betrachten wir die Sache als abgeschlossen ...«

Libyen-Deal oder Betrug? Diese Zentrifuge führte Leybold-Manager Durnez im Kofferraum eines Pkw mit sich.

Die seltsamen Geschäfte des A. H.

Zum 65. Geburtstag am 25. Juli 1986 bekam ein Düsseldorfer Unternehmer von seiner Frau und seinen rund 75 Mitarbeitern ein bemerkenswertes Geschenk: zwei mannshohe Marmorlöwen, ein bißchen im Stil Arno Brekers gemeißelt. Sie waren mit der transsibirischen Eisenbahn aus China herbeigeschafft worden und zieren seitdem den Eingang des Firmensitzes in der Düsseldorfer Cecilienallee 36. Ansonsten jedoch verlief der Ehrentag des Geschäftsmanns gar nicht nach Wunsch. In Basel drohte ihm just an jenem Tag ein Millionengeschäft zu platzen. Beim Versuch, über sein Schweizer Tochterunternehmen heiße Ware, Zubehör für einen indischen Reaktor, aus Moskau über Zürich, die Vereinigten Arabischen Emirate nach Bombay zu verschieben, war er vom eidgenössischen Zoll ertappt worden; die Regierung in Bern hatte sich deshalb an das Außenministerium in Bonn gewandt. Diplomatische Verwicklungen sind schwarzen Geschäften, so wußte der Düsseldorfer Unternehmer, meist abträglich.

Alfred Julius Paul Hempel, von dem hier die Rede ist, kann auf seine Art als bemerkenswerter Mann gelten. Seit zwanzig Jahren versteht er es, lukrative Geschäfte zwischen Ost und West zu machen, obwohl er nie verwand, daß die Deutschen den Krieg verloren haben. Ein paar Monate nach seinem Geburtstag, Weihnachten 1985, verschickte Hempel dreisprachige Karten, die ihn in einer dunklen Wehrmachtsuniform mit allerlei Orden zeigen. Nach Auskunft seines Schweizer Anwalts war der Zweite Weltkrieg für Hempel ein Lebensabschnitt, den er nicht vergessen könne und wolle. »Wissen Sie, Hempel war halt so ein alter Frontkämpfer«, zitiert die *Schweizer Illustrierte* den Anwalt, »der ist stolz auf seine Vergangenheit...« Andere Vertraute und frühere Mitarbeiter lassen keinen Zweifel daran, daß »Hempel auch aus seiner braunen Gesinnung kein Hehl macht«: Mit Kriegsbeginn 1939 war der Stettiner in die NSDAP eingetreten (Mitgliedsnummer 7 15 84 C 4).

Geschäftlich hinderte ihn dies freilich nie, nach dem Krieg mit der kommunistischen Sowjetunion Verträge zu schließen: Die Alfred Hempel GmbH & Co KG begann ihre Tätigkeit 1967 mit der Vermittlung sowjetischer Lizenzen. Später kam der internationale Handel mit Isotopen und Radiopharmaka hinzu. Darüber hinaus schloß Hempel dank hervorragender Kontakte in Moskau einen Exklusivvertrag über die Anreicherung des Kernbrennstoffs Uran für deut-

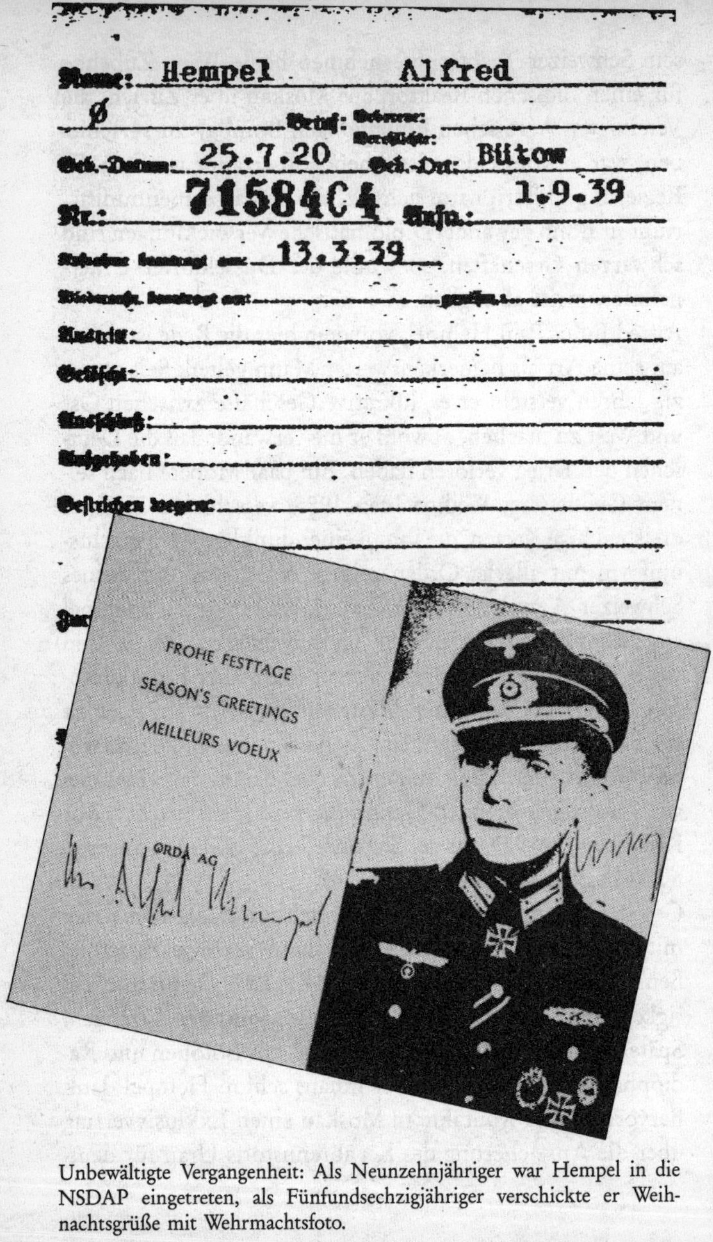
Name: Hempel Alfred
Beruf:
Geb.-Datum: 25.7.20 Geb.-Ort: Bütow
Nr.: 71584C4 Aufn.: 1.9.39
Aufnahme beantragt am: 13.3.39
Wiederaufn. beantragt am: genehm.:
Austritt:
Gelöscht:
Ausschluß:
Aufgehoben:
Gestrichen wegen:

Unbewältigte Vergangenheit: Als Neunzehnjähriger war Hempel in die NSDAP eingetreten, als Fünfundsechzigjähriger verschickte er Weihnachtsgrüße mit Wehrmachtsfoto.

Atomdealer: Alfred Hempel versorgte Dritte-Welt-Länder mit nuklearem Material.

sche Atomkraftwerke in der Sowjetunion ab, der bis zum Jahr 2010 läuft und Hempel nicht nur stattliche Provisionen, sondern auch maßgeblichen Einfluß auf die bundesdeutsche Energiepolitik sichert.

Seit einigen Jahren setzt Hempel verstärkt auf die »chinesische Karte«, eröffnete inzwischen ein Büro im »Xiyuan Hotel« in Peking und trieb die Gespräche voran, abgebrannte Brennelemente aus europäischen Atommeilern in China aufarbeiten oder endlagern zu lassen. Seit 1984 ist die Wüste Gobi als »Friedhof« unter anderem für deutschen Nuklearmüll im Gespräch, und nach der letzten China-Reise des Bundeskanzlers im Juli 1987 erklärte Klaus Barthelt, Vorstandsvorsitzender der KWU, die Atomreaktoren nach

China exportieren möchte, seine Verhandlungspartner in Peking hätten »die Bereitschaft erklärt«, zur Bezahlung von KWU-Kraftwerken eine Endlagerstätte für abgebranntes Kernmaterial zu errichten. Zwar wurde eilends von der Bundesregierung dementiert — doch die Siemens-Tochter ist seit mindestens 1984 mit den Chinesen in Verhandlungen. Zunächst liefen alle Gespräche über Hempels Firma Inter-Nuclear. Doch inzwischen wurde das Unternehmen offensichtlich ausgebootet, was Alfred Hempel ärgert. Es ist möglich, daß sich die Bundesregierung gegenüber dem Atomdealer Hempel inzwischen etwas reserviert zeigt. Dem Düsseldorfer bleibt die Aussicht, mit der Schweiz und anderen europäischen Ländern bei der fernöstlichen Atomentsorgung ins Geschäft zu kommen.

Die Inter-Nuclear mit Sitz in Hanau und in Zug in der Schweiz ist eine Gründung Hempels mit der inzwischen berüchtigten Nuklearfirma Nukem (35prozentige Beteiligung) und der ebenfalls in Hanau ansässigen Transnuklear (zehnprozentige Beteiligung), die wegen der Bestechung von Kraftwerksmitarbeitern in ganz Europa ins Gerede gekommen ist und ein Monopol für den Transport von Plutonium und hochangereichertem Uran — Waffenmaterial mithin — hat.

Und auch zwei andere Hempel-Tochterunternehmen in der Bundesrepublik und in der Schweiz sorgten schon häufiger für Aufsehen, wenn auch nur hinter den politischen Kulissen, weil sie an nuklearen Schwarzmarktgeschäften beteiligt waren: die Rohstoff Einfuhr GmbH und die Orda AG.

Beide Firmen waren auch im Spiel, als es um das dubiose Nukleargeschäft mit Indien ging. Dem eidgenössischen Zoll waren an jenem 25. Juli 1985 53 Edelstahlcontainer aus Moskau aufgefallen, weil sie schweres Wasser enthielten. Diese Flüssigkeit, äußerlich nicht von normalem Wasser

(H_2O) zu unterscheiden — das Schwerwassermolekül weist Deuterium (D_2) anstelle von Wasserstoff (H_2) auf — wird in solchen Kernkraftwerken benötigt, in denen sich Plutonium, spaltbares Nuklearmaterial also, erzeugen läßt. Der Atomwaffensperrvertrag verbietet deshalb in einem Zusatzabkommen (Londoner Richtlinien) den Export von mehr als einer Tonne Schwerwasser in Länder, die ihre Reaktoren nicht internationaler Kontrolle unterstellt haben. Indien gehört dazu.

Besonders stutzig machte die Schweizer Zöllner allerdings, daß die Ware aus Moskau im Freilager Zürich plötzlich ihre Zielrichtung änderte: Die Lieferung mit einem Marktwert von mindestens acht Millionen Mark sollte laut Frachtbrief ursprünglich auf sieben europäische Länder verteilt werden, jeweils rund 990 Kilogramm — also unter dem Limit — für Dänemark, Schweden, Belgien, die Niederlande, Österreich, die Schweiz und die Bundesrepublik Deutschland. Dann jedoch wurden die Stahlfässer plötzlich zu einer Partie zusammengefaßt und an eine Spedition in Sharjah, eines der Vereinigten Arabischen Emirate (VAE), adressiert, obwohl es dort weder die besagte Spedition und schon gar nicht einen Bedarf für Schwerwasser gibt.

15. Januar 1986. Ich treffe Paul E. Halter in Basel. Er ist Manager der Fluggesellschaft Trans Mediterranean Airways, die das Schwerwasser am 31. Juli 1985 nach Sharjah fliegen sollte, den Transport aber ablehnte, »weil er uns ausgesprochen dubios« vorkam. »Die Herren von der Düsseldorfer Spedition«, so erinnert er sich, »sollten ihre eigene Ware in den Emiraten wieder in Empfang nehmen und dann von dort nach Bombay weiterleiten.«

Halter hat herausgefunden: Am 3. August 1985 verließ die heiße Ware dann doch vom Flughafen Basel aus Schweizer Territorium, flog mit der Westafrican Airline ins Emirat

Dubai. Für den eidgenössischen Zoll gab es damals noch keine gesetzliche Möglichkeit, den Transit durch die Schweiz zu verhindern. Das änderte sich erst ein halbes Jahr später, als der Bundesrat in Bern aufgrund dieses Vorfalls die Gesetzesbestimmungen verschärfte (vgl. Seite 267).
Gleichwohl — so erfuhr ich — war die Schweiz seinerzeit diplomatisch aktiv geworden: Das Departement des Äußeren setzte am 26. Juli die Deutsche Botschaft in Bern in Kenntnis, diese kabelte postwendend an das Außenministerium in Bonn (DB 399/401 Wi.491.10 VS/NfD), die Schweiz sehe es »als erwiesen an«, daß hier seitens der Rohstoff-Einfuhr GmbH, einer Firma der Alfred-Hempel-Gruppe, »mit falschen Karten gespielt wurde«. Es handele sich wahrscheinlich erst um die »Spitze eines Eisberges«. Man sei daher an genauen Informationen über die Aktivitäten der Firma interessiert. Doch Bonn gab sich nicht nur zugeknöpft, sondern geradezu arrogant: Der Vorgang enthalte »keinen Sachverhalt, der ein Eingreifen der deutschen Behörden erfordert beziehungsweise ermöglicht«. Insbesondere verspreche es keinen Erfolg, »die Firma Rohstoff-Einfuhr GmbH zu einer Erklärung über den Endverbleib des Schweren Wassers zu veranlassen«. Mit anderen Worten: Es war gar nicht erst versucht worden. Da es sich um ein Transitgeschäft über die Schweiz handelte, habe man keine Möglichkeit gesehen einzugreifen, »und über die moralischen Kategorien solcher Geschäfte dürfen wir nicht urteilen, nur über die juristischen«, sagte mir ein hoher Beamter des Auswärtigen Amtes später. Dabei war ihm durchaus bewußt, daß die Alfred-Hempel-Gruppe seit Jahren anrüchige Bombengeschäfte tätigt.
Ende Januar 1986. Ich bin mit Helmut Swyen, dem Geschäftsführer der Alfred Hempel KG verabredet. Es geht um ein Fernsehinterview zum Thema »schweres Wasser«

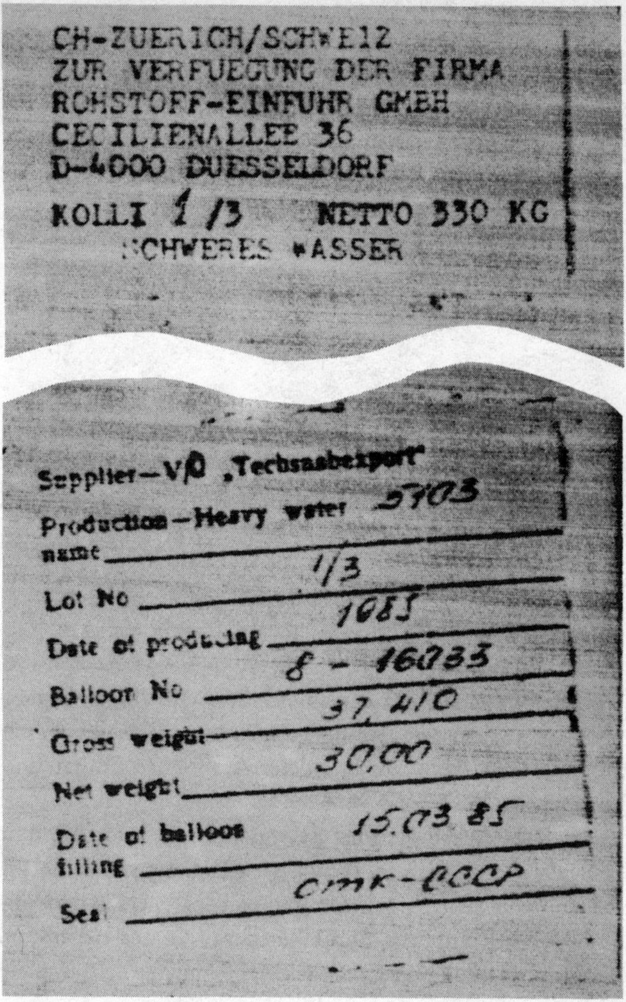

CH-ZUERICH/SCHWEIZ
ZUR VERFUEGUNG DER FIRMA
ROHSTOFF-EINFUHR GMBH
CECILIENALLEE 36
D-4000 DUESSELDORF
KOLLI 1 /3 NETTO 330 KG
SCHWERES WASSER

Supplier—V/O „Techsnabexport"
Production—Heavy water 5703
name
Lot No 1/3
Date of producing 1985
Balloon No 8 - 16033
Gross weight 37,410
Net weight 30,00
Date of balloon filling 15.03.85
Seal CMK-CCCP

Umweg über die Emirate: Im Juli 1985 verschob Hempels Tochterfirma Rohstoff-Einfuhr GmbH Schwerwasser über die Schweiz und die Golfstaaten nach Indien. Die Container waren laut Aufkleber am 15. März 1985 bei Techsnabexport in Moskau abgefüllt worden.

Unglaubwürdiges Dementi: Helmut Swyen bestritt den Schwerwasserverkauf an Indien. (Foto: Maywald)

für meine ARD-Reportage über »Atomhilfe«. Das Gespräch verläuft wie folgt (Auszüge):
»Wir haben eine Information erhalten, daß Ihr Unternehmen ... aus der Sowjetunion 6,8 Tonnen schweres Wasser über die Schweiz in die Vereinigten Arabischen Emirate ausgeführt hat.«
»Weder die Alfred Hempel KG noch die Rohstoff-Einfuhr hat Schwerwasser in die Vereinigten Emirate geliefert. Wir haben in die Schweiz geliefert und von dort, gemäß den Vorschriften mit unserem Kontraktgeber ... in der UdSSR, an Länder innerhalb der Europäischen Gemeinschaft. Weitere Erkenntnisse haben wir nicht, Herr Koch!«
»Könnten Sie das uns gegenüber auch dokumentieren?«
»Wir wären bereit, diese Sache aufzuklären. Sie müssen aber verstehen, aus rein unternehmerischen, wirtschaftlichen

Gründen ... können wir Ihnen diese Firmen nicht namhaft machen.«
»Wie soll ich Ihrer Version Glauben schenken, wenn Sie das nicht dokumentieren wollen? Unsere Unterlagen und Frachtbriefe sprechen eine andere Sprache!«
»Ich habe mich bereit erklärt, Ihnen die adäquaten Frachtbriefe zu zeigen, wobei ich Wert darauf legen muß, daß unsere Klienten ... nicht genannt werden.«
Schon einige Tage später gilt diese Zusage Swyens nicht mehr. Er teilt mir mit, er sei nicht mehr bereit, weitere Informationen und Auskünfte zu geben. Als Grund führt er an, ich hätte hinter seinem Rücken weiterrecherchiert. Das empfinde er als Vertrauensbruch.

Interessen am Kap

Um »ungestört, ohne Kontrollen, business as usual betreiben zu können, erwarb Hempel 1981 eine Beteiligung an der Firma Orda AG in Zug in der Schweiz«, heißt es in einem Hempel-Dossier des britischen Nachrichtendienstes. Auf diese Weise konnte das Unternehmen zum Beispiel mit dem damaligen argentinischen Militärregime und der Regierung in Südafrika Abschlüsse tätigen, ohne sich hierzulande unangenehme Fragen stellen lassen zu müssen. Beide Länder haben seit Jahren ein starkes Interesse an der Entwicklung eigener Kernwaffen, für beide Länder gibt es deshalb ein Embargo.
Im Februar 1981 habe Alfred Hempel über die Orda AG Argentinien nukleares Material aus China angeboten, darunter schweres Wasser und angereichertes Uran, wobei die finanziellen Transaktionen vom Frankfurter Bankhaus Hauck & Sohn abgewickelt worden sein sollen.

Insgesamt 45 Tonnen Uranerz wurden dann im Mai 1981 von Hongkong über Europa nach Buenos Aires ausgeführt. Die Fluggesellschaft Cargolux mußte den Speditionsauftrag wieder zurückgeben, weil das luxemburgische Außenministerium auf Veranlassung der US-Botschaft interveniert hatte. Begründung der USA: »Weder das Uran noch das Schwerwasser unterliegen in Argentinien internationaler Kontrolle.« Statt dessen sei die heiße Ware dann von der Air France nach Argentinien geflogen worden.

Im selben Jahr lieferte Orda nach Informationen des britischen Nachrichtendienstes sechzig Tonnen angereichertes Uran für einen Preis von mehr als zweihundert Millionen Mark nach Südafrika — die Bezahlung soll über die Credit Swiss in Zürich erfolgt sein — so steht es in dem mir vorliegenden Hempel-Dossier.

Auch danach sei noch so manches Geschäft mit Pretoria über Zug abgewickelt worden, erzählte mir Hermann Frers (Name geändert), einer der damaligen Mitarbeiter Hempels am Kap, den ich in Österreich traf. Helmut Swyen, der Chefmanager der Unternehmensgruppe, habe ihm einmal gesagt, »ich weiß zwar nicht, ob Südafrika bereits die Bombe hat, aber ich weiß, daß sie alles Material haben, das sie dazu brauchen. Ich habe es ihnen ja verkauft!« Swyen dementiert das.

Moralische Bedenken, daß sie Südafrika womöglich ein entscheidendes Stück auf dem Weg zur Atommacht voranbrachten, hätten Hempel und Swyen schon deshalb nicht gehabt, weil sie sich von der Regierung in Pretoria Unterstützung beim Abbau von Uran in Namibia erhofften, betonte Frers. »Und dann gab es da ja noch die alten Nazibekanntschaften in Deutsch-Südwest, die sich Hempel zunutze machte.«

1979 begann Hempel in Namibia mit dem Abbau von Roh-

FUTURA EXPLORATION CO. (PTY) LTD.
P.O. Box 2771 Telex 56-860 Telephone 28537
WINDHOEK 9100

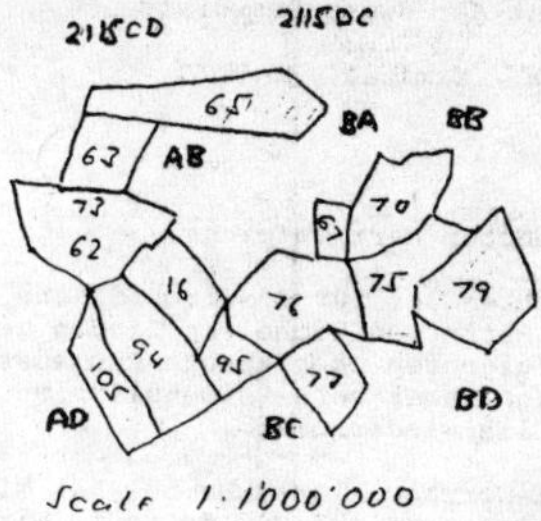

Stinkbank 62	Kubas 77
Lukasbank 63	Abbabis 70
Usakos West 65	Narubis 67
Stinkbank North 73	Tsarisis 16
Goas 79	Wolfkuppe 105
Etusis 75	Bergrus 94
Ubib 76	Tsarisis S 95

»Stinkbank« gepachtet: Hempels Firma Futura Exploration besaß Uranschürfrechte in Namibia.

stoffen, obwohl die Vereinten Nationen 1974 das sogenannte Namibia-Dekret Nr. 1 erlassen hatten. Dort wurde kategorisch festgelegt, daß niemand ohne Zustimmung des UN-Namibia-Rates Grundstoffe aus dem Land exportieren dürfe, solange der Status des Landes ungeklärt sei. Die Bundesrepublik hat dieses Dekret der UN zwar nie anerkannt, gleichwohl ist es verbindlich. Schon ein Jahr zuvor hatte der Düsseldorfer Atomdealer über seine Firma Futura Exploration eine Konzession zum Uranabbau für ein 126000

ALFRED HEMPEL KG

GmbH & Co

Herrn
Andreas Shipanga
Präsident der Swapo Democrats

Windhoek / Namibia / S.W.A.

Düsseldorf, den 8. Jan. 1979
Ei/sch

Sehr geehrter Herr Shipanga,

wir bedanken uns für das freundliche Gespräch, das Sie mit unserem Herrn von Eichel in London geführt haben und möchten Sie im folgenden über unsere Firmenstruktur unterrichten und Ihnen dann unser bereits mündlich unterbreitetes Angebot schriftlich wiederholen.

Die Firmengruppe Alfred Hempel hat sich seit geraumer Zeit in Namibia engagiert und folgende Firmen in Windhoek gegründet:

1) Futura Exploration (Pty.) Ltd., Windhoek,
2) Futura Mineral Processing Namibia (Pty.), Windhoek,
3) Futura Namibia Ombiri (Pty.) Ltd., Windhoek.

Die Futura Exploration und die Futura Mineral Processing sind 1oo-%-ige Töchter der Futura Exploration GmbH, Düsseldorf. Die Futura Exploration GmbH, Düsseldorf, gehört zu 51 % Herrn Alfred Hempel und zu 49 % Frau Renate Hempel.

Die Futura Namibia Ombiri ist eine 1oo-%-ige Tochter der Alfred Hempel KG GmbH & Co, Düsseldorf. Die Alfred Hempel KG GmbH & Co, Düsseldorf, gehört zu 5o % Herrn Alfred Hempel und zu 5o % Frau Renate Hempel.

Die Aufgabengebiete der drei in Windhoek eingeschriebenen Firmen sind wie folgt:

1) Futura Exploration:

Futura Exploration verfügt über Konzessionen für folgende Gebiete:

a) Stinkbank:

Größe: 126.ooo ha, hier wird Uran vermutet.

- 2 -

DÜSSELDORF 4000 Düsseldorf 1, Taunusstraße 61, Telefon (0211) 68 66 43-9, Telex 08 596 694 ah d
MOSKAU Hotel Metropol, Zimmer 586, Moskau 103 150 / UdSSR, Prospekt Marxa 1/4, Tel. 225 65 55
WARSCHAU 00-511 Warschau/Polen, ul. Nowogrodzka 30, Tel. [illegible]
STERLING HEIGHTS, [illegible] Sterling Heights, Michigan [illegible] / USA, Telefon [illegible], Telex [illegible]

Partner gesucht: Dem schwarzen Namibia-Politiker Andreas Shipanga versuchte Hempel 1979 eine Beteiligung in Höhe von 750 000 Rand, mehr als 1,5 Millionen Mark, aufzuschwatzen. Shipanga, inzwischen Minenminister der von Südafrika gesteuerten Regierung in Namibia, lehnte ab. Keinen Gefallen an einer Zusammenarbeit hatte auch der schwarze Geschäftsmann und Ovambo-Häuptling Franz Indonga, den Hempel in seine Luxusvilla »Sterenal« bei Nizza (rechts oben) eingeladen hatte.

Hektar großes Areal nahe der Rössing-Mine, die sogenannte Stinkbank, erworben. Jahrelang suchte er dann unter einflußreichen, südafrikafreundlichen schwarzen Politikern Partner, um den sehr aufwendigen Uran-Abbau finanziell und politisch abzusichern. Er umwarb zum Beispiel Andreas Shipanga von den Swapo-Demokraten, einer Pretoriahörigen Absplitterung der Swapo. Doch diese Aktivitäten blieben, allen »braunen Beziehungen« zum Trotz, erfolglos. Nach einer schweren Herzoperation hat sich Hempel inzwischen zumindest zeitweise aus dem Düsseldorfer Alltagsgeschäft zurückgezogen. Er lebt vorwiegend in seiner Luxusvilla »Sterenal« im französischen Prominentenort Saint-Paul-de-Vence am Mittelmeer. Dorthin hatte Hempel 1980 den Owambo-Häuptling und Geschäftsmann Franz Indonga aus Namibia eingeladen und mit gutem Essen und leichten Mädchen zu einer Beteiligung an der Futura zu überreden versucht.

Schon nach einigen Tagen war der reiche, aber bescheidene Indonga schockiert nach Windhuk zurückgekehrt. »Die Bundesrepublik hat einen guten Namen und zeigt verantwortliches Verhalten auf dem Gebiet des Nuklearexports«, heißt es in dem Hempel-Dossier des britischen Nachrichtendienstes, um so schlimmer sei es, »vom nationalen wie vom internationalen Standpunkt, wie diese Reputation augenscheinlich mit Füßen getreten wird von einem skrupellosen Unternehmer, dessen Verhalten auf diesem Gebiet eine eiskalte, gefühllose Mißachtung des Wohlergehens künftiger Generationen erkennen läßt«.

Deutsche Firmen an der Front

War es Zufall oder Timing? Am 19. November 1987 ruft mich ein Anonymus aus Hamburg an und offeriert mir »komplette Unterlagen« über die geheime Zusammenarbeit deutscher Firmen mit dem Irak bei der Produktion chemischer Waffen. Seit Herbst 1983, so ist bekannt, setzt die Regierung in Bagdad den Hautkampfstoff Lost (Senfgas) und das Nervengas Tabun gegen Khomeinis Soldaten und aufständische Kurden ein.

Am 23. November treffe ich mich mit dem Informanten. Er hat nicht zuviel versprochen: Sein Material läßt nicht den geringsten Zweifel daran, daß die Hamburger Firma W. E. T (Water Engineering Trading GmbH) dem Irak eine Chemiefabrik geliefert hat, in der zwei Ausgangsprodukte der Nervengase Tabun und Sarin hergestellt werden können. Woher er die Unterlagen habe, will ich wissen, immerhin handele es sich zum Teil um Originale. Der Informant versichert mir, daß die Dokumente eigentlich für den Geschäftspartner in Bagdad bestimmt gewesen, dort aber offenbar nicht angekommen seien. Und dann frage ich nach seinem Motiv, mir die Akten zu überlassen und damit der Öffentlichkeit preiszugeben. Dazu möchte er keine konkrete Auskunft geben.

Zwei Tage später, am 25. November 1987, kommt es bundesweit zu einer der größten Hausdurchsuchungsaktionen in der Geschichte der deutschen Zollfahndung. Von langer Hand vorbereitet, sind etwa hundert Staatsanwälte und Ermittlungsbeamte im Einsatz. In mehreren Städten durchstöbern sie insgesamt dreißig Geschäftsräume von Firmen, Büros von Steuerberatern und Wohnungen von leitenden Angestellten. Auch die Hamburger Firma W. E. T. zählt dazu. Überall wird kartonweise Material sichergestellt und zur Fahndungszentrale im Kölner Zollkriminalinstitut (ZKI) geschafft. Es soll den Verdacht erhärten, daß von den Unternehmen »Spezialmaschinen, Ausrüstungen, Werkzeug, Chemikalien, die zur Herstellung chemischer Kampfstoffe bestimmt waren, an den Irak geliefert« wurden (AZ: 21 Js 35285/87).

Ob die Zollfahnder bei W. E. T alles finden, was sie suchen, ist zumindest an diesem 25. November mehr als fraglich, weil die Chefs der Hamburger Firma die wichtigsten Unterlagen in zwei Aluminiumkisten irgendwo bei Freunden versteckt haben sollen. Ist es das Material, das mir ein paar Tage zuvor offeriert wurde? Noch am 3. Dezember 1987 beobachtet ein Zeuge, wie im Kofferraum eines Audi 100 im Morgengrauen mehrere Aktenordner aus dem Büro der W. E. T in der Hamburger Leunastraße 50 weggeschafft werden.

In Schifferstadt kommt der Staatsanwalt im Schneetreiben. Als er an der Tür des dortigen Bauunternehmers Berthold Heberger klingelt, ahnt dieser Ungemach, setzt sich über die Hintertür ab und radelt durch den ersten Schnee davon. Erst Stunden später kann er aufgegriffen und verhört werden.

Die Heberger Bau GmbH steht im Verdacht, Bunker, Gebäude und Fabrikhallen in Samarra, dem geheimen C-Waffen-Zentrum des Irak, gebaut und damit indirekt zum Gaskrieg gegen den Iran beigetragen zu haben. Einundvierzig Kisten mit Akten werden in Schifferstadt beschlagnahmt. Wenige Tage später läßt die Baufirma, die »mehr als 1000 Familien Existenz und Einkommen« verschafft, verlauten: »Da unser Unternehmen seit Beginn der Auslandstätigkeit niemals Anlagenbau betrieben hat, ... können wir mit gutem Gewissen das Ergebnis der Untersuchung abwarten.« Der Ausreißversuch des Chefs sei lediglich ein »Mißverständnis« gewesen.

Das Kölner ZKI, eine Art Möchtegern-Bundeskriminalamt des Zolls, hat erstmals in seiner Geschichte eine Sonderkommission aus Fahndern mehrerer Oberfinanzdirektionen zusammengestellt (Behördenjargon: »Soko Irak«). Mehrere Tonnen Aktenmaterial wurden bei der Novemberaktion einkassiert und im ZKI zunächst einmal provisorisch auf Fluren und Gängen gestapelt. Es wartet eine monatelange Arbeit auf die zehnköpfige Soko.

Wie auch immer die juristische Seite — Verstoß gegen die Ausfuhrbestimmungen des Außenwirtschaftsgesetzes (vgl. Seite 47) — letztendlich zu beurteilen sein wird, die beteiligten Firmen haben ein moralisch verwerfliches, todbringendes Geschäft betrieben. Zur selben Zeit, als iranische Soldaten von den Schlachtfeldern des Golfkriegs in die Bundesrepublik geflogen wurden, um sich hier die Wunden der Gasangriffe in Spezialkliniken behandeln zu lassen, reisten deutsche Unterhändler in den Irak, um dessen Nachschub an chemischer Kriegsmunition zu gewährleisten. Während

21 Js 35285/87
25 Gs
==============

B e s c h l u ß

Die Durchsuchung der Wohnung, Geschäfträume, Lager- und sonstigen Nebenräume und Kraftfahrzeuge

der Fa. Karl Kolb GmbH & Co. KG (Karl Kolb),
Im Steingrund 3, 6072 Dreieich

wird gem. § 102 StPO angeordnet, da die Verantwortlichen der Firmen

a) Fa. Karl Kolb GmbH & Co. KG,
Im Steingrund 3, 6072 Drieich

b) Fa. Pilot Plant Engineering & Equipment GmbH,
Am Molkenborn 2, 6072 Dreieich

c) Fa. Heberger Bau GmbH,
Waldspitzweg 3, 6707 Schifferstadt

d) Fa. Ludwig Hammer GmbH,
Bruchtannenstr. 9, 8752 Kleinostheim

e) Fa. Preussag AG,
Leibnizufer 9, 3000 Hannover

f) Fa. Dipl. Ing. Jacobs Industrietechnik GmbH & Co. KG,
Kaiserallee 8, 3000 Hannover

g) Fa. WET Water Engineering Trading GmbH,
Leunastr. 30, 2000 Hamburg 50

verdächtig sind, Spezialmaschinen, Ausrüstungen, Werkzeug, Chemikalien, die zur Herstellung chemischer Kampfstoffe bestimmt waren, an den Irak für die dortige Kampfstoffabrik bei Samarra geliefert zu haben (Vergehen nach §§ 7, 34 Außenwirtschaftsgesetz in Verbindung mit § 5 Abs. 1 AWV in Verbindung mit Teil I Abschnitt A Nr. 0007 und 0018 der Ausfuhrliste und § 5 a AWV in Verbindung mit Teil I Abschnitt C und D der Ausfuhrliste,
...ndert ... Rechtsverord... ...GBl. I S. 1079/1080).
... ...nteilen und ...

Geschäftsunterlagen, Abrechnungsunterlagen, Pläne, Schriftverkehr mit Fa. SEPP/Irak und anderen Firmen und der oben aufgeführten Firmen untereinander, soweit sie die fraglichen Lieferungen betreffen etc. .

Ferner wird die Beschlagnahme der aufgefundenen Gegenstände gem. §§ 94, 98 StPO angeordnet, weil diese als Beweismittel für die Untersuchung von Bedeutung sein können.

Darmstadt, den 19.11.1987
Amtsgericht - Abt. 25 -

Wenn der Staatsanwalt klingelt: Am 25. November 1987 kam es zu bundesweiten Hausdurchsuchungen wegen des Verdachts, deutsche Firmen hätten den Irak mit Anlagen zur Nervengasproduktion beliefert. Laut Beschluß des Amtsgerichts Darmstadt (Ausriß) sind sieben Firmen in die Ermittlungen einbezogen.

die Großmächte über die Vernichtung ihrer C-Waffen-Arsenale konferieren und sich der deutsche Außenminister mit besonderem Engagement für eine internationale Ächtung der heimtückischen und grauenvollen Kampfstoffe einsetzt, rüsten Unternehmen aus der Bundesrepublik den Irak mit Know-how und Zubehör auf, mit der Folge, daß eben diese heimtückischen und grauenvollen Kampfstoffe zum Einsatz gelangen. Deutsche Firmen – wieder einmal an der Front.

Geschäftspartner in Bagdad ist das State Establishment for Pesticides Production (SEPP). Unter dem Tarnmantel der Herstellung von Pflanzenschutzmitteln sei SEPP vor allem für die Produktion der chemisch eng verwandten Nervengase verantwortlich, besagen Informationen westlicher Nachrichtendienste. Dabei gibt es im Irak gar keine Notwendigkeit, Unkraut- und Insektenvertilgungsmittel im großen Stil zu produzieren oder gar neue Stoffe zu erforschen – der Bedarf des Landes kann durch Importe wesentlich besser und billiger gedeckt werden.

Zentren von SEPP im Irak sind Samarra und Fajullah. Das rund 25 Quadratkilometer große Areal bei Samarra mitten in der Wüste ist ein ehemaliges Militärgelände. Dort hat der Irak seit Mitte der siebziger Jahre und verstärkt seit dem Angriff israelischer Bomber auf den Atomreaktor Osivis 1981 (der die Hoffnungen Bagdads auf eigene Kernwaffen zerstörte) unterirdische Fabrikationsstätten für die Produktion von Lost, Tabun und Sarin (der Atombombe des armen Mannes) gebaut – unter anderem mit Hebergers Hilfe. Möglicherweise war ein Teil der Anlagen ursprünglich tatsächlich für die Synthese von Pflanzenschutzmitteln gedacht – Fotos von Aufklärungssatelliten und nachrichtendienstliche Informationen lassen jedoch keine Zweifel an den heutigen Absichten der Iraki zu. Und auch in Fajullah

UNITED NATIONS

S

Security Council

Distr.
GENERAL

S/16433
26 March 1984

ORIGINAL: ENGLISH

REPORT OF THE SPECIALISTS APPOINTED BY THE SECRETARY-GENERAL TO INVESTIGATE ALLEGATIONS BY THE ISLAMIC REPUBLIC OF IRAN CONCERNING THE USE OF CHEMICAL WEAPONS

Note by the Secretary-General

1. On 3 November 1983, the Government of the Islamic Republic of Iran alleged for the first time in a communication to the United Nations that chemical weapons were being used by Iraq (S/16128). The reference to such weapons was made in the context of reiterating a request, made initially on 28 October 1983 (S/16104), that the Secretary-General should send a second mission to the area to ascertain damages to civilian targets. 1/

2. In accordance with the procedure used for the dispatch of the first mission, the Secretary-General consulted Iraq on Iran's request. Iraq indicated that the Security Council had, in the meantime, on 31 October 1983, adopted resolution 540 (1983), by which the Council, inter alia, condemned violations of international humanitarian law and called for the immediate cessation of all military operations against civilian targets, including city and residential areas. By that resolution, the Council also requested the Secretary-General to continue his mediation efforts. The position of Iraq was that the Council's resolution should be implemented in an integrated manner (see A/38/560-S/16120). Iran dissociated itself from the resolution for the reasons given in document S/16213.

3. In the circumstances, and mindful of the concerns expressed by the two parties, the Secretary-General proposed that a mission be sent to the area with a combined mandate to ascertain the authoritative positions of the parties on the issues of the conflict and to examine the damages to civilian targets, including the determination of the type of munitions that might have been used. The proposal was first made by the Secretary-General orally, and was subsequently contained in documents S/16337 and S/16338 as well as in private communications. The reactions of the parties to the Secretary-General's proposal are contained in documents S/16340, S/16342, S/16352 and S/16354.

VI. CONCLUSIONS

35. The following are our unanimous conclusions.

(a) Chemical weapons in the form of aerial bombs have been used in the areas inspected in Iran by the specialists as indicated above.

(b) The types of chemical agents used were bis-(2-chlorethyl)-sulfide, al known as mustard gas, and ethyl N, N-dimethylphosphoroamidocyanidate, a nerve a known as Tabun.

36. The extent to which these chemical agents have been used could not be determined within the time and resources available to us.

Zeugen eines chemischen Krieges: Eine internationale Gruppe von Fachleuten ging im März 1984 an der iranischen Front dem Vorwurf Teherans nach, der Irak setze Giftgase ein. Die Experten reisten im Auftrag des UN-Generalsekretärs. Ihre Befunde faßten sie in einem Bericht für den Sicherheitsrat der Vereinten Nationen zusammen (Ausriß). Demzufolge wurden der Hautkampfstoff Senfgas und das Nervengas Tabun in irakischen Blindgängern eindeutig analysiert.

baut SEPP seit mindestens 1983 an Anlagen, die mehr oder weniger eindeutig der Herstellung von Rohstoffen für C-Waffen dienen. Beide Gebiete sind von hohen Doppelzäunen umgeben, von Militär strengstens bewacht und mit Boden-Luft-Raketen gegen iranische Luftangriffe geschützt. Mindestens eine halbe Milliarde Mark, so erfuhr ich aus bundesdeutschen Quellen, hat das Land in den Gaskrieg investiert.

Der Irak produziere ausschließlich Insektizide, »um während der Dattelernte Schädlinge bekämpfen zu können«, behauptet Seine Exzellenz Abdulrazzak Al-Hashimi, Botschafter des Irak in Bonn, bis heute. Eine Expertenkommission der Vereinten Nationen kam jedoch schon im März 1984 nach der Besichtigung eines iranischen Frontabschnitts zu der Überzeugung, daß irakische Truppen die Kampfstoffe Senfgas und Tabun aus eigener Produktion einsetzen, weil einige Proben mit einem der Ausgangsstoffe, Phosphortrichlorid (PCl_3), stark verunreinigt waren. Die Herstellung des Hautkampfstoffs Senfgas in den vorhandenen Industrieanlagen des Irak hält Oberst Ulrich Imobersteg, promovierter Chemiker, Leiter der Abteilung C-Waffen-Verteidigung im Schweizer Militärdepartement und Mitglied der UN-Kommission, für kein nennenswertes Problem.

Neue nachrichtendienstliche Erkenntnisse deuten darauf hin, daß der Irak auch die Anwendung des noch toxischeren Sarin vorbereitet. Sarin übrigens wurde wie Tabun Ende der dreißiger Jahre von dem deutschen Chemiker Dr. Gerhard Schrader bei der Suche nach neuen Pestiziden entdeckt.

K. K. und P. P. und Samarra

Dieter Backfisch fiel aus allen Wolken: Am Morgen des 30. März 1981 schreckten Journalisten den Geschäftsführer der Firma Karl Kolb GmbH in Dreieich bei Frankfurt auf. In der just jenseits des Atlantiks erschienenen Ausgabe der *New York Times*, so hielten sie ihm vor, werde sein Unternehmen von der CIA beschuldigt, das geheime C-Waffen-Zentrum Samarra mit Laborausrüstungen und Einrichtungen »für die Selbstversorgung des Irak mit Kampfstoffen« aufgerüstet zu haben. Backfisch wies die Vorwürfe entschieden zurück: Die Firma Karl Kolb (Kürzel: K. K.) liefere ausschließlich »Analysen- und Untersuchungsgeräte«, die zur »Herstellung irgendwelcher chemischer Produkte ungeeignet« sind; und das Tochterunternehmen Pilot Plant GmbH (Kürzel: P. P.) exportiere lediglich »experimentelle Anlagen im Labor- und Versuchsmaßstab« in den Irak, die der »Entwicklung und Herstellung von Pflanzenschutzmitteln dienen« und für die eine Ausfuhrgenehmigung nicht erforderlich sei. Der K. K.-Chef schloß auch kategorisch aus, daß man seine Anlagen »Ahmed 1« und »Ahmed 2« zur Herstellung von Nervengasen mißbrauchen könne.

Das sah auch die Bundesregierung so — zunächst jedenfalls. Sie ließ sich dann aber von angereisten Experten der CIA vom Gegenteil überzeugen: Das zuständige Hauptzollamt in Darmstadt verbot im August 1984 »auf Anweisung von oben«, also aus dem Bundesfinanzministerium, den Export weiterer Teile für die beiden noch im Bau befindlichen Anlagen »Mohammed« und »Ali«, die seitdem auf dem Wüstengelände verstauben.

Ende April 1984, vier Wochen nach der ersten Veröffentlichung in der *New York Times* und lange vor dem Ausfuhrstopp, als Dieter Backfisch noch fast täglich Dementis abgeben mußte, brach in seinem Auftrag der Ingenieur Siegfried Schön (Name geändert) mit zwei Kollegen zu einer Geschäftsreise in den Irak auf. Dessen Firma Rhema-Labortechnik GmbH in Hofheim/Taunus hatte von der Karl Kolb GmbH den Auftrag erhalten, eine sogenannte Inhalationskammer in Samarra zu installieren und den Iraki zu übergeben.

K. K. konnte und wollte offenbar seine Geschäftsbeziehungen zu den Iraki nicht unterbrechen, nur weil der amerikanische Geheimdienst behauptet hatte, in Samarra würden Kampfstoffe hergestellt. SEPP war ein wichtiger Partner vor allem für die Tochterfirma Pilot Plant. Karl Kolb besaß sogar in Klaus Frenzel einen ständigen Vertreter in Samarra, der dort »allerlei Privilegien« genoß, wie mir Ludger Raste (Name geändert) erzählte, der damals im Auftrage der Firma Heberger auf dem Wüstengelände tätig war. »Während uns immer mindestens zwei irakische Soldaten auf den Füßen standen und jeden Handgriff argwöhnisch beobachteten, konnte sich der Frenzel frei auf dem gesamten Gelände bewegen. Der wußte mit Sicherheit, was Sache war.«

Auch Frenzels Chef Backfisch muß spätestens nach dem Pressewirbel klar geworden sein, daß die Gaskammer, die er in den Irak liefern ließ, sehr wohl mißbräuchlich verwendet werden konnte.

Ludger Raste wurde Augenzeuge beim Aufbau der Inhalationskammer in einem halb unter der Erde liegenden Bunker im hinteren Teil des Areals von Samarra. Über den Zweck der Anlage hätten sich seine irakischen Gesprächspartner ausgeschwiegen. »Aber es war alles schon recht merkwürdig!«

Ich wollte es genauer wissen und wandte mich deshalb zunächst einmal an die Rhema GmbH, den Hersteller. Ihre Inhalationskammern seien »ausschließlich für die Untersuchungen von pharmazeutischen Produkten« an Versuchstieren entwickelt worden, sie stünden »in vielen Laboratorien der Pharmaindustrie«, teilte man mir fernschriftlich mit, lehnte aber ein persönliches Gespräch ab. Ansonsten ein entschiedenes Dementi: Rhema habe keines dieser Geräte nach Samarra geliefert. »Wir unterhalten mit dem Irak keinerlei Geschäftsbeziehungen.«

»Aber der Friedrich und die zwei anderen Leute von der Rhema waren doch in Samarra und haben das Ding aufgebaut«, erinnert sich Raste genau und zeigt mir zum Beweis auch noch einige Fotos, die das Rhema-Team in einem Camp nahe Samarra zeigen. Da könne sich die Firma doch nicht auf die Position zurückziehen, sie sei »lediglich Subunternehmer gewesen und habe nur an K. K. geliefert«. Raste hat nach eigenem Bekunden schon damals mit den Rhema-Leuten im Irak diskutiert, ob sich das durch den Krieg gegen den Iran auch finanziell ausgeblutete Land »eine solche Gaskammer mit allem elektronischen Zubehör im Wert von mehr als zwei Millionen Mark leisten kann, um Pillen oder Pestizide zu erforschen«.

»Die letale Dosis von Schädlingsbekämpfungsmitteln läßt sich doch in Fachbüchern nachlesen«, dafür gebe es in Entwicklungsländern wie dem Irak »null Forschungsbedarf«, sagt mir ein Toxikologe, der hierzulande in solchen Inhalationskammern Tierexperimente durchführt, aber mich eindringlich bittet, seinen Namen und den seiner Forschungsinstitution nicht zu nennen — aus Angst vor Anschlägen. Außerdem würden für wissenschaftlich seriöse Tierversuche mindestens zwei Kammern benötigt: »Es müssen immer gleichzeitig Experimente mit und ohne Belastung gefahren werden, um die Auswirkungen vergleichen zu können.«

Wurde die Gaskammer also für ganz und gar unwissen-

Gaskammer für den Irak: Die hessische Firma Rhema stellte eine Inhalationskammer wie diese auf ihrem Prospekt für das irakische C-Waffen-Zentrum in Samarra her. Der Auftrag wurde über die Karl Kolb GmbH in Dreieich abgewickelt. Nachrichtendienstlichen Informationen zufolge wird die Gaskammer aus der Bundesrepublik dazu benutzt, Nervengase wie Tabun und Sarin an streunenden Hunden zu testen.

schaftliche Experimente in Hessen geordert, um beispielsweise die Effektivität der selbstproduzierten Nervengase Sarin und Tabun zu testen? Ludger Raste war wegen der Größe der Gaskammer »von Anfang an klar, daß da was an streunenden Hunden geprüft werden sollte, und, wer weiß, vielleicht auch an feindlichen Soldaten«. Ihn habe vor allem die »doppelte und dreifache Sicherung« im Bunker stutzig gemacht, erzählt er mir: Die Bedienung der Anlage erfolge von einem abgetrennten Raum, »mit Blickkontakt durch eine dicke Panzerglasscheibe«. Hinzu komme: Der gekachelte Raum, der wie ein Operationssaal anmute, münde hoch oben in einer überdimensionierten Klimaanlage, die nur Sinn mache, »wenn man nicht allein für extreme Hitze, sondern auch für andere Eventualitäten gewappnet sein will«. Schließlich gebe es im Eingangsbereich des Bunkers »eine Art Dekontaminationsanlage«.
Nochmals bat ich nach diesem Gespräch die Rhema GmbH um eine Erklärung zu der Darstellung des Augenzeugen. Lakonische Antwort: »Für die unterstellten Zwecke« seien die Kammern »völlig ungeeignet«. Dagegen heißt es im Firmenprospekt, Rhema liefere »maßgeschneiderte Inhalationssysteme für toxikologische Untersuchungen« — auch »mit Gasen«. Und Dieter Backfisch teilte ebenso kurz und bündig mit: »Wir sind... nicht bereit, Auskünfte zu erteilen.«
Das war am 30. September 1987. Knapp zwei Monate später kreuzten auch bei ihm die amtlichen Durchsucher auf und beschlagnahmten große Mengen von Geschäftspapieren. Seine Firma war erneut in Verdacht geraten, illegale Geschäfte mit SEPP getätigt und damit gegen das Außenwirtschaftsgesetz verstoßen zu haben. Für Backfisch muß diese Aktion überraschend gekommen sein, denn er hatte nach den ersten Beschuldigungen im März 1984 mit Hilfe seines

Anwalts einen durchaus erfolgreichen Weg eingeschlagen, den der juristischen Auseinandersetzung mit der Bundesregierung.
Und das kam so: Am 6. August 1984 verschärfte das Kabinett die Exportrichtlinien für Anlagen, Geräte und Chemikalien, die sich zur Herstellung und Erprobung von chemischen Kampfstoffen mißbrauchen lassen. K. K. und P. P. mußten daraufhin ihre vertraglich zugesicherten Lieferungen in den Irak stornieren. Dieter Backfisch sagte, wohl nicht völlig unbegründet, die Verordnung sei gewissermaßen eine »Lex Kolb« und auf amerikanischen Druck und unter Mißachtung der gesetzlichen Vorschriften zustande gekommen. Die Pilot Plant GmbH klagte vor dem Hessischen Finanzgericht und bekam Recht. Begründung der Richter: Einerseits hätten zwei Experten, die im Auftrag der Bundesregierung nach Samarra entsandt worden seien, nicht bestätigen können, daß in »Ahmed 1« und »Ahmed 2« tatsächlich Kampfstoffe produziert werden, andererseits habe man das Ausfuhrverbot im Eilverfahren durch eine Stellvertreter-Regierung gepaukt, weil fast alle Minister urlaubsbedingt nicht anwesend gewesen seien.
Zwar ging die Bundesregierung in die Revision, schloß dann aber mit den Dreieicher Anlagenbauern einen außergerichtlichen Vergleich über 1,6 Millionen Mark — eine Teilerstattung der Verluste aus den zwangsstornierten Pilot-Plant-Geschäften mit SEPP gewissermaßen.
Doch Bonn zahlte nicht. Denn inzwischen hatten sich neue Erkenntnisse über die Aktivitäten der beiden hessischen Firmen ergeben. »Und da können wir denen doch nicht noch Steuergelder hinterherschmeißen«, erfuhr ich in Bonn hinter vorgehaltener Hand. Ob sich diese Position halten läßt, wird die Auswertung der beschlagnahmten Akten zeigen. Der Aufwand bei der Durchsuchungsaktion im

November muß allerdings vor diesem Hintergrund beurteilt werden.
So oder so – das letzte Wort in der Affäre ist gewiß noch nicht gesprochen. Die Chronologie der Ereignisse im Frühjahr 1984 deutet jedenfalls darauf hin, daß die Gründung des Hamburger Unternehmens W. E. T. etwas mit den damaligen Schwierigkeiten von K. K. und P. P. zu tun haben könnte.

»Projekt 33/85«

Am 17. April 1984, also nicht einmal drei Wochen nach den CIA-Beschuldigungen in der *New York Times*, gründeten zwei Männer und drei Frauen mit jeweils 10 000 Mark Einlage in Hamburg die Water Engineering Trading GmbH (W. E. T.) und ließen sie ins Handelsregister eintragen (HR 32783). Firmenzweck: »Ein- und Verkauf von Waren aller Art – mit Ausnahme erlaubnispflichtiger.« Daran hielt man sich dann freilich nicht so genau.
Alleinvertretungsberechtigter Geschäftsführer wurde einer der beiden männlichen Miteigentümer, Reinhold Krauskopf; weitaus größeres Interesse verdienen indes zwei der weiblichen Gesellschafter: Karin Leifer und Johanna Holzer. Deren Männer Peter beziehungsweise Otto nämlich waren zum damaligen Zeitpunkt Angestellte des Hannoveraner Konzerns Preussag AG und dabei ganz besonders im Irak-Geschäft tätig. Die Preussag hatte Wasseraufbereitungscontainer und Lastkraftwagen nach Samarra geliefert.
W. E. T. schloß außerdem einen Beratervertrag mit dem Iraker Nazar Al-Kadhi, dem Vertreter der Preussag in Bagdad. Al-Kadhi, der mit einer Deutschen verheiratet ist und einen deutschen Paß hat, verfügte über blendende Kontakte zu

Water Engineering Trading GmbH
Huetten 86 · 2000 Hamburg 36 · Federal Republic of Germany

W. E. T.

Water Engineering Trading GmbH · Huetten 86 · D-2000 Hamburg 36

MINISTRY OF INDUSTRIES
STATE ORGANIZATION FOR
CHEMICAL INDUSTRIES
SEPP

BAGHDAD/IRAQ

Telephone: 34 29 64
Telex: 217 30 43
Bank Accont: 3953 486
Deutsche Bank
BLZ: 200 700 00

Your Ref./Ihr Zeichen | Your letter of/Ihre Nachricht vom | Our Ref./Unser Zeichen

Hamburg,
30. April 1985

Sir,

in accordance with your requirements we herewith submit our Quotation Number 33/85 for supply and erection of one Chemical PlaNT FOR PROCESSING Pesticide as follows:

1 PC Chemical Plant for processing Pesticide (for example PCL^{3} in industrial quality) with a capacity of approximately 3.875 t/year= 17,6 tons per day during 24 hours, based on about 220 working-days per year.

PCL^{3} made out of CL^{2} (gaseous) and P (white phosphorus) in solid, unmelted matter.

Processing Plant similar to flowsheet 102/485.

Covering:

A - 1 all the machines, apparatus, regulating devices etc., by means of a turn-key installation, including the steel-construction for the whole processing plant area.

- 2 the complete equipment for the storage of the raw materials (P and CL^{2}) and also the final product(PCL^{3}).

- 3 the complete equipment for feeding and dosing of the raw materials into the plant.

- 4 water cooling equipment including the tower for re-cooling water and exhaust air with the necessary fan.

CTD. Page 2

Managing-Director: R. Krauskopf · Registered: Hamburg HRB B 32 783

Hamburger lieferten »Pestizidfabrik«: Die Firma W. E. T. machte dem Industrieministerium in Bagdad im April 1985 ein Angebot (Ausriß) über eine komplette Chemieanlage zur Herstellung von Phosphorchlorid. Diese Chemikalie ist Ausgangsstoff für die Herstellung der Nervengase Tabun und Sarin.

SEPP. Einer der beiden Experten der Bundesregierung, die im Sommer 1984 die Pilot-Plant-Anlagen in Samarra inspizieren konnten, erinnert sich, daß Al-Kadhi versehentlich in ein Gespräch platzte, das er gerade mit dem Samarra-Boß führte.

Vielleicht übernahm der Preussag-Mann damals gerade einige Aufträge von K. K. und P. P., vielleicht nutzte er die Gunst der Stunde und verhandelte über ein Projekt, für das W.E.T. dann Ende April 1985 ein Angebot nach Bagdad schickte: den Bau einer Chemiefabrik zur »Produktion von Pestiziden« (»Projekt 33/85«). Preis: knapp zwanzig Millionen Mark inklusive der Produktionslizenz. Von der Summe buchte Nazar Al-Kadhi erst einmal, in Absprache mit den Vertretern von SEPP, eine Provision von 1,2 Millionen Mark auf seinem eigenen Konto ab (erst später sollte sich dies im Zusammenhang mit anderen Geschäften für ihn als verhängnisvoll erweisen).

Aus den Unterlagen, die mir einige Tage vor der Durchsuchungsaktion des Zolls in Hamburg zur Verfügung gestellt wurden, geht hervor, daß das »Projekt 33/85« aus zwei Anlagenkomplexen besteht, in denen die Chemikalien Phosphortrichlorid (PCl_3) und Phosphoroxitrichlorid ($POCl_3$) hergestellt werden sollen — Ausgangsstoffe auch für die Nervengase Tabun und Sarin. Geplanter Tagesausstoß: 17,6 Tonnen. Sechzehn Schreibmaschinenseiten umfaßt das Angebot inklusive Anhang (»Apparateliste für Zeichnung 102/485«), und W. E. T. schlägt darin vor, »daß der Transport mit Lkw über die Türkei und/oder mit Schiffen über türkische Häfen« abgewickelt werden müsse.

Um die Produktion bis zur Errichtung der Chemiefabrik nicht ins Stocken geraten zu lassen, orderte SEPP erst einmal jede Menge Chemikalien von den Hamburgern: Phosphortrichlorid, Isopropylamin, Natriumfluorid, Methylen-

Hanseatischer Drahtzieher: Peter Leifer gilt als die treibende Kraft beim Irak-Geschäft. (Foto: *stern*)

chlorid — alles Stoffe, die für die Nervengasherstellung von Bedeutung sind.
Im Juli und September 1985 erhielt SEPP insgesamt 58 Tonnen dieser Chemikalien (»Projekt 31/85 b«) — doch bei der zweiten Lieferung ging etwas daneben. Am 30. August 1985 erhielt die Preussag AG in Hannover ein Fernschreiben, adressiert an den Versandsachbearbeiter Otto Holzer. Eine Münchner Spedition kündigte darin die Verladung von 256 Fässern Chemikalien nach Bagdad an. »Das kam uns reichlich merkwürdig vor«, erinnert sich Holzers damaliger Vorgesetzter Dr. Maruan Rifai, »denn die Preussag hatte niemals zuvor Chemie-Geschäfte mit dem Irak getätigt.« Sein Mitarbeiter, danach befragt, habe etwas von einem »offensichtlichen Irrtum« gestammelt.
»Richtig stutzig wurden wir aber erst«, erzählt mir Rifai, »als wenige Minuten später ein zweites Telex einging, in dem die Spedition sich nicht nur für den Irrläufer entschul-

digte, sondern darum bat, das erste Fernschreiben umgehend zu vernichten.« Die Nachricht sei nämlich für die Hamburger Firma W. E. T. bestimmt gewesen.
Rifai, der Holzer und dessen Kollegen Peter Leifer bereits vorher im Verdacht hatte, »hinter dem Rücken der Preussag private Geschäfte mit dem Irak zu tätigen«, holte Erkundigungen bei einer Wirtschaftsauskunftei ein und stieß so auf das doppelte Engagement seiner Mitarbeiter Leifer, Holzer (über deren Ehefrauen) und Al-Kadhi. Ohne großes Federlesen, aber auch ohne größere Probleme trennte man sich.
Am 9. Dezember 1985 beschloß die Gesellschafter-Ehefrauen-Versammlung der W. E. T., das Grundkapital auf 170 000 Mark aufzustocken und Peter Leifer sowie Nazar Al-Kadhi zu weiteren Geschäftsführern zu bestellen. Der Umzug von Hannover nach Hamburg wird den drei Herren nicht schwergefallen sein, denn inzwischen hatte SEPP seine Zustimmung zu »Projekt 33/85« erteilt. Der Vertrag wurde unterschrieben. W. E. T. erwarb daraufhin für eine Million Mark die Lizenz einer PCl_3/$POCl_3$-Anlage von dem französischen Chemiekonzern Atochem, dem allerdings vorgegaukelt wurde, die Fabrik sei für Nigeria bestimmt. Danach kauften die Hamburger auf dem deutschen Markt die besten Apparate, Druckbehälter, Rohre und Pumpen zusammen. Die Iraki legten Wert darauf, daß alle Teile Expertisen, TÜV-Zeugnisse und Qualitätszertifikate aufweisen — und, selbstredend, den »deutschen DIN-Normen entsprechen« müssen.
Schon im Sommer 1986 ging ein Großteil des Zubehörs für die Chemiefabrik nach Fajullah, dem nach Urteil westlicher Nachrichtendienste zweiten Zentrum für die C-Waffen-Produktion im Irak. Es kam zu Konferenzen in Hamburg und in Bagdad. Wohl um Zwischenbilanz zu ziehen, trafen sich zwischen dem 8. und 10. März 1987 vierzehn SEPP-Experten (angeführt von Muzahim Shihab) mit einer

Bauplätze bei Fajullah: Die »Pestizidfabrik« soll an dieser Stelle errichtet werden. W. E. T. lieferte erst die Anlagen und bot dann für einen Preis von 35 Millionen Mark deren Aufbau an. Mit den Bodenarbeiten war schon begonnen worden (oben). Für die Energieversorgung der Chemiefabrik hatten die Iraki bereits ein Kraftwerk gebaut (unten).

vierköpfigen Delegation der W. E. T. (angeführt von Peter Leifer) in der irakischen Hauptstadt. Es gab zwar einige Beschwerden der irakischen Seite darüber, daß die Angaben der inzwischen eingetroffenen Anlagenteile nicht mit denen auf den Lieferlisten übereinstimmten. Gleichwohl war SEPP an einer weiteren Zusammenarbeit mit den Hamburgern interessiert. Leifer und seine Partner, so geht aus dem mir vorliegenden Verhandlungsprotokoll hervor, sollten ein neues Angebot erarbeiten, diesmal über den Zusammenbau der gelieferten zwei Produktionseinheiten in Fajul-

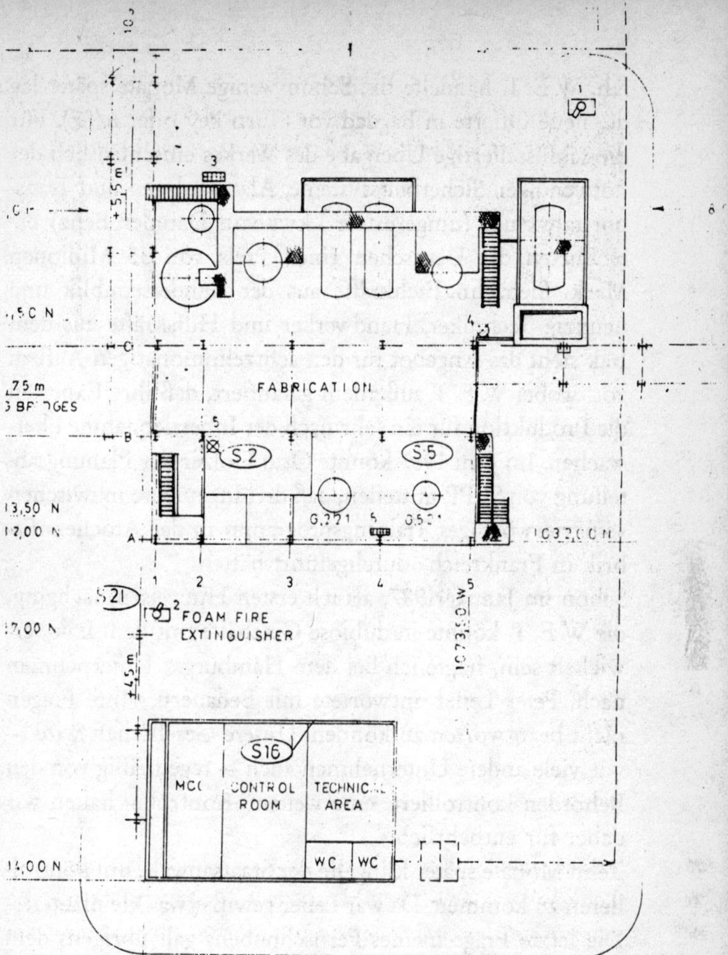

Pläne abgeliefert: Die Zeichnungen für die Errichtung der Phosphorchlorid-Fabrik wurden bereits an den Auftraggeber in Bagdad übergeben. Ob die Anlage jemals von den Deutschen gebaut wird, ist durch die Ermittlungen der Zollfahndung allerdings mehr als zweifelhaft geworden, Die Iraki sind über diese Entwicklung sehr erbost. Peter Leifer wurde schon wenige Tage nach der Durchsuchungsaktion in die irakische Botschaft nach Bonn zitiert.

lah. W. E. T. handelte fix. Schon wenige Monate später lag die neue Offerte in Bagdad vor (Turn key offer 6/87). Für die schlüsselfertige Übergabe des Werkes einschließlich der notwendigen Sicherheitssysteme, Alarmanlagen und Transportfahrzeuge (umgerüstete Lkws von Daimler Benz) berechneten die Deutschen einen Preis von 35 Millionen Mark. Siebzehn Fachkräfte aus der Bundesrepublik und neunzig Techniker, Handwerker und Hilfskräfte aus dem Irak sieht das Angebot für den achtzehnmonatigen Aufbau vor, wobei W. E. T außerdem garantiert, daß ihre Experten die Produktion für ein Jahr nach der Inbetriebnahme überwachen. Im Juni 1987 konnte Otto Holzer der Planungsabteilung von SEPP mitteilen, daß drei Ingenieure inzwischen »ein vierwöchiges Trainingsprogramm in der Atochem-Fabrik in Frankreich« durchgeführt hätten.

Schon im Januar 1987, als ich ersten Hinweisen nachging, die W. E. T. könnte in dubiose Geschäfte mit dem Irak verwickelt sein, fragte ich bei dem Hamburger Unternehmen nach. Peter Leifer antwortete mit Bedauern, »Ihre Fragen nicht beantworten zu können. Unsere Gesellschaft wird – wie viele andere Unternehmen auch – regelmäßig von den Behörden kontrolliert, eine weitere ›Kontrolle‹ halten wir daher für entbehrlich.«

Zehn Monate später klingelte der Staatsanwalt, um kontrollieren zu kommen. Da war Leifer gewiß etwas kleinlauter.

Die letzte Frage meines Fernschreibens galt übrigens dem Verbleiben seines irakischen Partners Nazar Al-Kadhi. Der soll nämlich seit Herbst 1986 in einem irakischen Gefängnis auf sein Todesurteil warten. Er wurde wegen Kollaboration verurteilt. Es ist der blanke Hohn: Al-Kadhi, so versicherte mir mein Hamburger Informant, habe zwei Herren gleichzeitig dienen wollen – dem Irak habe er die Kampfgase und dem Iran die Gasmasken verkauft.

الجمهورية العراقية – المؤسسة العامة للبريد والبرق والهاتف

الجمهورية العراقية

TE ORGANISATION OF PTT

REPUBLIC OF IRAQ / STATE ORGANISATION OF P

NOV 18 1985 21:44 ⊕
212563 PRAG IK

2173043 ROK D

NO: 0621 18.11.85 20:52
COMPUTER MESSAGE - DON'T INTERR.

Z. HDN. HERRN AL-KADHI

SEHR GEEHRTER HERR AL-KADHI,

FOLGENDE NACHRICHT VON HERRN LEIFER:

WENN SIE MORGEN MIT HERRN W. SPRECHEN, BITTE ERWAEHNEN SIE, DASS DAS ANGEBOT ST 19 A MIT DEN WICHTIGEN ERSATZTEILEN FUER DIE 20 REAKTOREN, DIE IN DIESEM MONAT GELIEFERT WERDEN, NOCH NICHT BESTELLT WORDEN IST.

MFG
REINHOLD KRAUSKOPF
⊕
212563 PRAG IK
2173043 ROK D

Hinweise an Herrn W: In den Fernschreiben zwischen W.E.T. in Hamburg und den Auftraggebern in Bagdad ist mitunter von einem Mann die Rede, der geheimnisvoll mit W. abgekürzt wird. Er scheint eine entscheidende Rolle bei der Produktion der Nervengase zu spielen. Bei den zwanzig Reaktoren, von denen in diesem Telex die Rede ist, handelt es sich offensichtlich um Anlagenteile für das »Projekt 33/85«.

Water Engineerung Trading GmbH Page 1 of 5

Minutes of Meeting held in Baghdad

on 08.03.1987 until 10.03.1987

Concerning Plant "A + B"

Participants: W.E.T.
Mr. Leifer
Mr. Schilling
Mr. Hass
Mr. Richter

S.E.P.P.
Mr. Muzahim Shihab
Dr. Salah Abdullah
Mr. Ali Noori
Dr. Amir Mohammed
Mr. Abdul Razaqsaeed
Mr. Imad Zaki
Mr. Kasim Hussain
Mr. Waleed Elia
Mr. Basil Attallah
Mr. Ali Talib
Mr. Samir Rida
Mr. Kousay Zuhair
Mr. Ibrahim Muhammed
Mr. Wassan Ali

1. SEPP asked WET to submit a turn-key offer as follows:-

a) The turn-key offer shall be based on offer 33/85 and the contract for supplying different Oil Industriess Plant excluding commercial part.

b) All additional offers as listed below will be incorporated by WET into the turn-key offer
- 78/86 P4 acceptance
- 79/86 Water Treatment Plant
- 27/86 Fire Water Increasing Pump Station
- 26/86 Civil Work Draeings
-149/86 Process Automation
-153/86 Drum Filling Plant
- 43/86 Transportation Equipment
- Nitrogen Plant
- Fire Fighting Tank incl. Interfaces
- Chemicals for Start-up
- Electrical Generator
- Safety Devices and First Aid
- other necessary systems

Konferenz in Bagdad: Das Protokoll einer dreitägigen Geschäftsbesprechung in der irakischen Hauptstadt (Ausriß) illustriert, welche Bedeutung das State Establishment for Pesticides Production (SEPP) der Kooperation mit der W.E.T. beimaß: Die irakische Delegation bestand aus vierzehn Mitarbeitern; aus Hamburg war Peter Leifer mit drei Mitarbeitern angereist.

Schlußbemerkung: Entmummungsgebot

Wer das Buch bis zu diesem Punkt gelesen hat, wird, fürchte ich, deprimiert und vielleicht auch irritiert sein: deprimiert über die Schamlosigkeit, mit der Wirtschaftskriminelle ihre grenzenlosen Geschäfte tätigen, und irritiert über die vielen Details, über die Aneinanderreihung von Daten und Namen. Beides macht diesen Stoff nicht eben leicht verdaulich.

Kann man das alles überhaupt glauben, was da an Fakten, Indizien, Hinweisen und Verdachtsmomenten zusammengetragen wurde? Diese Frage stellten mir die meisten meiner Kollegen und Freunde, die das Manuskript in seiner ursprünglichen Fassung lasen. Ihre Reaktion veranlaßte mich zu einer erneuten Überarbeitung. Um der Glaubwürdigkeit willen mußte ich so präzise wie möglich über die Ergebnisse meiner journalistischen Nachforschungen berichten, mußte statt dessen auf ausschmückende atmosphärische Darstellungen so mancher konspirativen Begegnung verzichten. Es sollte zwar ein spannender Buchreport werden, aber kein amüsanter Krimi für die Bettlektüre. Ein solcher Charakter ist der Thematik nicht angemessen. Ich wäre dann wahrscheinlich auch viel eher der Gefahr erlegen, die Ganoven, und sei es unterschwellig, in sympathischerem Licht erscheinen zu lassen, als handele es sich zwar um Kriminelle, aber doch irgendwo auch um tolle Kerle, die mit Cleverness Gesetze mißachten, den Fiskus austricksen und Firmen übers Ohr hauen.

Und damit sind wir bei einigen eher grundsätzlichen Aspekten.

Als die Empörung nach den ersten Recherchenmonaten gewichen war und einer weniger emotionalen Verwunderung Platz gemacht hatte, drohte mir zeitweise auch der

Maßstab für viele Wirtschaftsstraftaten abhanden zu kommen. Wer Steuern hinterzieht und sich nicht erwischen läßt, hat fast immer den Beifall auf seiner Seite. Ich will gewiß nicht, und schon gar nicht an dieser Stelle des Buches, zu dieser möglichen Irritation beitragen. Aber können nicht die folgenden vier Argumente, mit denen ich immer wieder konfrontiert wurde, selbst wenn sich ihnen vieles entgegensetzen läßt, ein bißchen Wahrheit für sich beanspruchen?

- Durch den internationalen Zigarettenschmuggel sichern die Syndikate in Italien und Spanien Tausenden von Menschen einen Arbeitsplatz;
- durch die Schiebereien der Hemden-Mafia kommen die Kunden europäischer Kauf- und Versandhäuser in den Genuß preiswerter Angebote;
- durch Transaktionen mit High-Tech wird das technologische Gefälle und damit die Gefahr einer kriegerischen Auseinandersetzung zwischen West und Ost verringert;
- durch Bombengeschäfte verletzen die Atomdealer zwar das Embargo der Industrieländer, nicht aber die Souveränität der Importländer; umgekehrt leisten durch das Embargo die Industrieländer einer Bevormundung der dritten Welt Vorschub.

Der Reihe nach: Daß die Untergrundwirtschaft Arbeitsplätze sichert – wer wollte das bestreiten. Auch die Waffenindustrie sichert Arbeitsplätze. Und das individuelle Schicksal jedes einzelnen Beschäftigten darf dem, der von einer »höheren Warte« urteilt, zum Beispiel aus dem Blickwinkel einer gesicherten beruflichen (journalistischen) Existenz, nicht gleichgültig sein. Wer die Großen treffen will, weil sie den Reibach machen und sich in ihrer Villa im Tessin die Wasserhähne vergolden lassen, trifft unvermeidlich, sogar zuvorderst, die Kleinen, die nur in Lohn und Brot stehen. Wer also will die süditalienischen Straßenhändler und Kinder verteufeln, die geschmuggelte Zigaretten verkaufen, um — und dies wortwörtlich — ihren Lebensunterhalt sichern zu können?

Daß Konkurrenz das Geschäft belebt und dem Konsumenten nützt — wer wollte das leugnen? Kaufleute, die ihre Ware, beispielsweise Textilien, billiger herstellen oder beschaffen können und den Preisvorteil an ihre Kundschaft weitergeben, werden davon auch selbst profitieren. Das ist simpelste Marktwirtschaft. Nutznießer sind wir alle. Wollen wir also den Firmen oder gar deren Arbeiterinnen in Fernost verdenken, daß sie auch »illegale« Ware produzieren, wenn man nur mitmachen oder aufgeben, leben oder sterben kann? Und ob die heimischen Arbeitsplätze der Textilindustrie dadurch in Gefahr geraten — wer weiß das schon genau?

Daß militärisches Ungleichgewicht die Gefahr einer kriegerischen Auseinandersetzung erhöht — wer wollte das in Abrede stellen? Bei den Abrüstungsverhandlungen wird immer wieder ins Feld geführt, der Ostblock sei der Nato im konventionellen wie im nuklearen Bereich *quantitativ* überlegen. Wenn das stimmt, dann überrascht allerdings, daß niemand bislang über den *qualitativen* Vorsprung des Westens spricht. Oder andersherum: Der Krieg der Sterne, das weltraumgestützte Abwehrkonzept SDI, ist, wenn überhaupt, dann nur mit westlicher Hochtechnologie denkbar.

Wäre nicht, so gesehen, die Aufrüstung der Sowjetunion und ihrer Alliierten mit militärischem High-Tech ebenso friedensfördernd wie die Abrüstung der russischen Raketenarsenale?

Daß Entwicklungsländer ein Recht haben, allein und ausschließlich über ihre politischen Ziele zu entscheiden — wer wollte das verneinen? Vielen Staaten der dritten Welt geht es heute allerdings weit mehr um politische Macht und militärische Stärke als um die Bewältigung ihrer sozialen Nöte. So gesehen, ist der sogenannte Nord-Süd-Konflikt eine Mär. Den meisten Herrschern, Demokraten, Pseudodemokraten, Potentaten und Diktatoren ist nichts so lieb wie Wohlstand und Macht, nichts so fremd wie Hunger und Armut im eigenen Land. Deshalb fällt den Industrienationen noch lange nicht die Rolle eines Weltschiedsrichters zu, höchstens die eines Beraters, der vorgeben kann, aus eigenen Fehlern gelernt zu haben. Doch Rat ist selten gefragt und wird nie uneigennützig erteilt: Die hochentwickelten Länder wollen ihre Waffen verkaufen, um die heimischen Arbeitsplätze zu sichern, oder sie verfolgen geopolitische und ideologische Ziele — mit Scheuklappen oder als Vabanquespiel (wie bei der Iran-Contra-Affäre); andererseits versperren sie den Habenichtsen aber den Zutritt zum exklusiven Club der Atom- und Chemiewaffen-Staaten. Weht da nicht der Geist des Kolonialismus durch die westliche Politik von Geschäft und Embargo, von Aufrüstung und globaler Friedenssicherung? Da wird viel geheuchelt bei den Regierungen der ersten Welt, da ist viel Verlogenheit im Spiel.

So viel ist sicher: Wir können nicht die Lieferung von Nuklearmaterialien oder ganzen Nervengasfabriken in die Krisengebiete dieser Welt verdammen, weil Wirtschaftskriminelle dem schnöden Mammon nachjagen, wenn wir nicht mit der gleichen Entrüstung auf den Waffenexport reagieren, den die Industrieländer offiziell betreiben und staatlich sanktionieren, weil es ihren sogenannten vitalen Interessen entspricht. Grenzenlose Geschäfte und grenzenlose Macht-

ansprüche liegen in ihrer Verwerflichkeit nicht eben weit voneinander entfernt.
Wirtschaftskriminalität und Politik überschneiden sich an vielen Stellen, verhalten sich zueinander, zugespitzt formuliert, wie ein Teil zum Ganzen. Ohne den politischen Boden könnten die Machenschaften der Euroganoven nicht gedeihen.

- Erstens widerspräche es der Natur organisierter Banden, wenn sie nicht versuchten, Einfluß auf Politiker zu nehmen und dabei nicht auch erfolgreich wären, wie dies beim Zigaretten- und beim Textilschmuggel deutlich wurde;
- zweitens werden Wirtschaftsstraftäter, wenn sie politische Bedeutung oder zumindest ein gewisses Maß an Prominenz besitzen, mit Samthandschuhen angefaßt oder gar unter dem weiten Mantel der politischen Verschwiegenheit versteckt: Der Fall der nach Südafrika verschobenen U-Boot-Pläne ist dafür geradezu ein Paradebeispiel;
- drittens ist es längst nicht dasselbe, wenn zwei dasselbe tun. Es hängt vielmehr vom politischen Rahmen ab, in dem es geschieht: Wer verbotene Atomtechnik in ein befreundetes Land wie Pakistan expediert, kann mit größerer Nachsicht rechnen als derjenige, der ein paar Chips in den Ostblock schmuggelt;
- viertens schließlich gibt es mafioses Verhalten und Skrupellosigkeit nicht nur in den Syndikaten der Wirtschaftsganoven, sondern in allen etablierten Institutionen, Organisationen und Parteien: Es spricht viel dafür, daß die Ereignisse um den früheren Kieler Ministerpräsidenten Uwe Barschel im Grunde die Regel sind.

Und deshalb wäre es fatal, eine simple Meßlatte anzulegen, die da »Normen des gesellschaftlichem Zusammenlebens« heißt. Es reicht eben nicht, sich auf Gesetze und Verordnungen zu berufen, etwa nach dem Motto: Wer sich bereichert, indem er sich den Regeln widersetzt, muß bestraft werden. Was Recht und was Unrecht, was Moral und was Verwerflichkeit sind, wird weniger von der Verfassung oder von den »guten Sitten« als von der politischen Macht definiert.

In diesem Sinne ist die konsequente Entmummung der politischen Hintermänner mindestens ebenso dringend geboten wie die konsequente Verfolgung der Wirtschaftsganoven. Aber das wäre dann schon ein neues Buch.